1923–2023

群馬の部落解放運動史

群馬県水平社創立100年

部落解放同盟群馬県連合会 発行

発刊にあたって

長い江戸時代がおわり、明治時代になって、新政府は身分制度を廃止し、一八七一年に解放令を発布しました。すべての国民は平等であるとされ、職業や住む場所も自由に選べるようになりましたが、政府は差別をなくす啓発や生活環境改善は実行しませんでした。その為に、生活の基盤であったいろいろな職業を失いかえって経済状況は苦しくなり、我々の先輩たちをことさらに蔑む新しい差別が始まりました。明治時代も後期になると、被差別部落の人たちは、深刻化し増大する貧困と差別に苦しみ、「特殊部落民」という差別的な名称を押し付けられ、あらたな近代の部落問題となりました。

一九二二年三月三日、長い間、貧困と差別に苦しんできた被差別部落民が京都市岡崎の京都市公会堂に結集し、全国水平社創立大会が挙行され、群馬県からも数名の活動者が参加しました。水平社宣言は、「全国に散在する吾が特殊部落民よ団結せよ」との呼びかけで始まり、「人の世に熱あれ、人間に光あれ」で結ばれています。この水平社宣言のもと、群馬県下の活動者も県内の被差別部落民に呼びかけ、一九二三年三月二三日、群馬県水平社は太田町電気館において結成され、県下全域で支部も結成され、同年には八九件の差別糾弾闘争が取り組まれました。一九二五年に世良田事件が起こります。群馬県下各支部はもとより、埼玉県や関東一円、そして全国から救援活動もあり、水平社の団結力をもとに糾弾闘争を展開しました。しかし、その後、糾弾闘争をめぐって運動の分岐が生まれ、水平社とは別に融和会が結成されるなど、離合集散をくりかえしつつも、群馬の部落解放運動は水平社宣言の基本を堅持しつつ、労働運動・農民運動などとも連携しながら、大衆的な活動を展開しました。しかし、日本は軍事大国化へ進み、戦争体制に突入し、県下の部落解放運動の組織のなかには、全国に先駆けて荊冠旗を焼き捨てることもありました。このことは、群馬の部落解放運動の負の遺産として、是が非でも教訓化したいものです。

戦後は、群馬の活動者たちは水平社運動を引き継ぐかたちで、部落解放委員会群馬県連合会を結成し、活動を再開しました。やがて部落解放同盟群馬県連合会へと改称し、戦後の部落解放運動も活発となっていきます。群馬県連は、部落の女性・青年の力を合わせて、部落民による農地の獲得、全国中央委員長松本治一郎（解放の父）の公職追放反対闘争、勤評・安保闘争などに取り組みました。また、中央本部と連携し、部落解放に向けた国策樹立運動にも取り組み、同和対策特別措置法を制定させ、この法律に基づき行政闘争を展開してきました。同和地区の住宅改善・環境改善、産業の振興、職業の安定、同和教育の推進などにより、部落差別解消に向けた活動に取り組むとともに、狭山差別裁判糾弾闘争や部落地名総鑑糾弾闘争にも全力を傾注してきました。二〇一六年に部落差別解消推進法が制定されましたが、インターネットによる悪質な差別が拡散し、このことがあらたに結婚差別等を生み出すなど、部落差別を解消することがいまだに出来ていません。先輩たちは、水平社創立から一〇〇年が経っても、いまだに部落差別が続いているとは考えていなかったと思います。

群馬県水平社創立一〇〇年にあたって、先輩たちの涙、汗、血に染まった部落解放運動の歴史を本書に纏めてみました。これからの部落解放運動、人権問題への取り組みなどに、少しでも役に立てれば幸いです。また、本書の苦難の時代に登場する先輩、同志、そして最先端で部落解放運動を支えた無名戦士のご冥福と、存命者のご長寿を心からお祈り申し上げます。最後に、短期間にもかかわらず、鋭意本書を纏め上げた吉田勉先生と、本書の作成に携われた先生方に心から感謝を表します。

二〇二三年三月二三日

部落解放同盟群馬県連合会　執行委員長　内林房吉

凡例

一、全編を通して、出典史料の多くは、部落解放同盟群馬県連合会『群馬県部落解放運動60年史』に依った。また第2部は主として『解放新聞』に拠った。上記のほか、参考文献・参考史料は文中の（　）内に「執筆者・書名」を簡略に記載し、巻末に史料・文献名、執筆者・刊行者、年次などを一覧（五十音順）で示した。
一、年月は原則として西暦で示した。ただし、引用については和暦を示した箇所もある。
一、漢字は原則として旧字は新字に、俗字・異体字・略字は正字に改めた。ただし、歴史的な用語や地名・人名などで一部残したものもある。
一、運動関係者や、知事・市町村長など公人などについては、氏名をフルネームで示したが、それ以外は基本的に伏せた。ただし、たとえば世良田事件など、すでに関係文献・関係史料が公刊されているものについては、事件関係者をフルネームで示したものもある。
一、被差別部落にかかわる地名については、基本的に大字の記載にとどめた。
一、組織名・団体名、法律名称などは、初出は正式名称で表記し、再出以降は一般的に使用されている略称を用いた場合もある。
一、人名は敬称などを略し、必要な場合は役職・肩書を示した。

群馬県水平社創立100年

群馬の部落解放運動史 1923–2023

目次

第3部

コラム／群馬の闘い・生業・女性の活動・文化　079

第1部

群馬県水平社の歴史

序章

群馬県の部落の概況

本書は、群馬県水平社創立一〇〇年を記念して、群馬県の部落解放運動の歴史を明らかにしようとするものである。序章では、読者の理解の一助となるように、全国および群馬県の部落の概況と、群馬の部落問題の地域的特性について述べることとする。

1 全国・群馬県の部落

全国の部落の概況

全国には、北は青森県から南は鹿児島県まで、およそ六〇〇〇の被差別部落（部落）がある。一九九三年の地方別の分布状況を示すと、図表1–序–1のようになる。

地方別分布のパーセンテージを見ると、近畿が四一・八%とダントツに多く、近畿・中国・四国・九州の合計は八二・二%となり、西日本に偏重しているのが分かる。群馬県が属する関東はと言えば、九・三%と一〇%に満たない。なお、図表1–序–1に東北のデータがないのは、この表は一九九三年度の同和地区の同和関係人口をまとめたものであり、東北の部落が同和地区指定を受けていないためである。

なお、同和対策特別措置法に基づいて、同和地区の指定は行政行為としてなされるのであるが、地区内の同和関係住民の同意を必要としていた。東北の部落が同和地区指定を受けていないのは、行政の責任であるとともに、県によって状況は異なるが、部落解放運動の組織が未確立だったことによる。

次に、図表1–序–2の関東の各都県別の部落の分布状況を見てみよう。

関東では、群馬県は埼玉県と並んで、部落数・戸数・人口とももっとも多いエリアであり、後述するように、戦前から戦後まで部落解放運動が積極的に展開されてきたエリアでもある。

2 群馬県の部落問題

群馬県の地理的・歴史的特徴

群馬県の地理的環境は、北部に三国山地と足尾山地、南西部に関東山地があり、平野部は渡良瀬川・利根川・烏川の下流域に広がる（図表1–序–3）。

群馬県は、古代の律令制に起源をもつ旧国名で言うと、上野国（こうづけのくに）の範囲と重なる。県域は、北部（北毛）・中部（西毛）・中部（中毛）・東部（東毛）に区分される。なお、地域名に「毛」が使われるのは、かつて群馬県全域と栃木県南部を指した「毛野国（けぬのくに）」に由来する。

群馬県の被差別部落の分布状況

次に、群馬県の地図と群馬の部落の郡別分布状況を見てみよう。

図表1–序–4・7を見ると、群馬の部落は西毛地区が五九・一六%ともっとも多く、次に東毛地区に二〇・九九%、中毛は一四・五〇%、北毛は五・三四%となっている。群馬の部落は西毛から東毛の平野部に集中していると言ってよいだろう。

次に、群馬の部落の特徴を見てみたい。一九三五年のデータによれば、各部落の平均戸数は六・一六と小規模で、一～九戸が四八・三%、一〇～四九戸が四二・六%で、あわせて八〇・九%を占める。五〇～九九戸は七・二%、一〇〇戸以上はわずかに一・九%である。なお、一〇〇戸を超える部落は、東毛の甘楽郡にひとつ、中毛の前橋市と勢多郡・佐波郡にひとつずつ、西毛の倉賀野町にひとつ、都市部と農村部に存在している。北毛には一〇〇戸を超える規模の部落はなく、きわめて小規模である。

■図表1-序-1　同和関係人口の地方別分布（1993年調査）

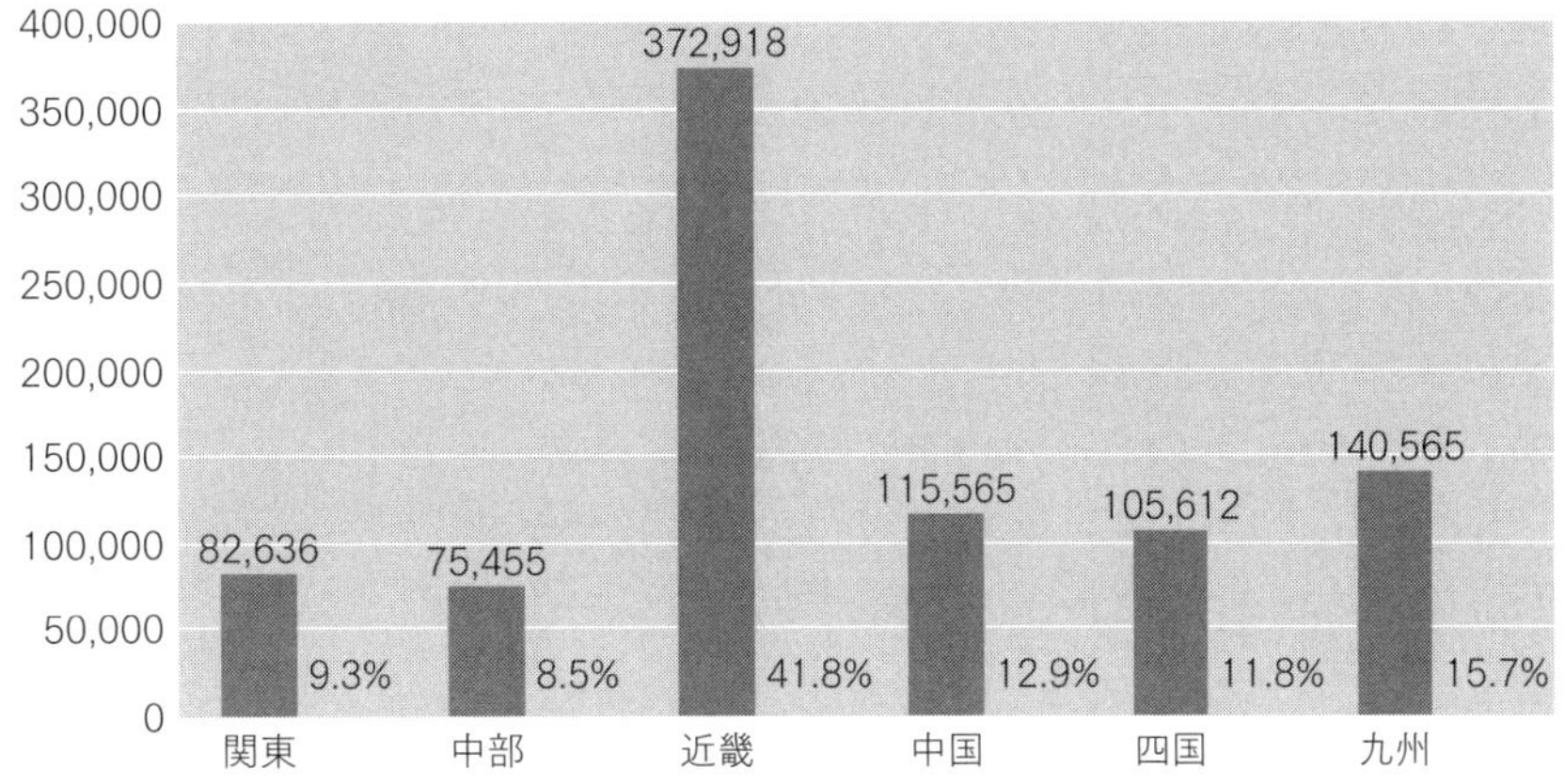

（出典）部落解放研究所編『図説　今日の部落差別』、1997、解放出版社

■図表1-序-2　関東各府県の分布状況（1935年調査）

	東京	神奈川	埼玉	群馬	千葉	茨城	栃木	全国
部落所在市町村数	18	31	128	108	32	45	64	3,152
部落数	20	31	263	262	39	57	104	5,367
戸数	1,378	933	5,402	4,870	559	877	2,581	191,554
人口	7,248	5,400	32,875	30,005	3,533	5,329	15,863	999,678
対全国戸数比率	719	487	2,820	2,542	291	457	1,347	100,000
同順位	28	29	13	15	35	31	22	

（出典）中央融和事業協会『全国部落調査』より、1935

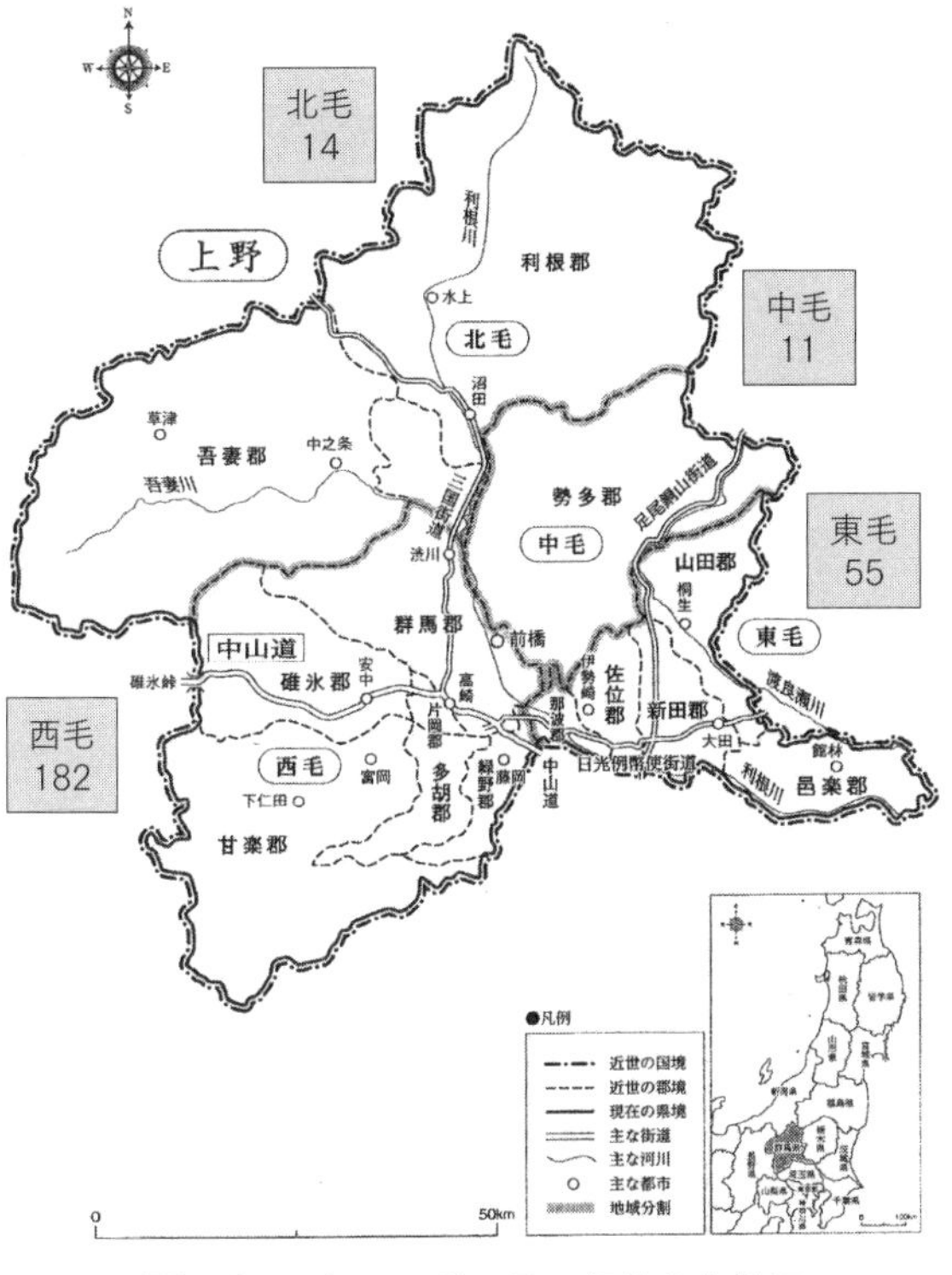

■図表1-序-4　群馬県の部落分布状況

（出典）東日本部落解放研究所『東日本の部落史』第1巻、220pの図を加工、2017、現代書館

■図表1-序-3　群馬県の地形・地盤

（出典）ジオテック（株）サイト

群馬の部落の特徴は、他の関東の各都県と同様に、小規模かつ農村散在型という特徴をもつと言ってよいだろう。

東毛・中毛・西毛・北毛のエリア別の地区数と生業の特徴

次に、群馬県は東毛・中毛・西毛・北毛の四エリアに区分することができるが、各エリアの生業などの特徴を見てみよう。

各エリアの部落数は、東毛が五五、中毛が三八、西毛が一五五、北毛が一四で、各地区の平均戸数もおおむね六戸を超える程度であり、大きな違いはない。

次に、エリア別の生業の特徴を見てみたい（図表1–序–8）。

四エリアに共通して、農業を主業とする割合が平均で五五・七％と高く、残りのほぼすべての世帯が農業とともに商業や日傭などを兼業している。昭和期の群馬県の部落の生業は農業であった。後述するように、部落の農業経営は圧倒的に小作である。ほかに生業としては、いわゆる部落産業として、竹細工・藁細工・草履表・下駄表・食肉などがある。ほかの雑業としては、日傭・商業・土工・車引などがある。工場勤めなど、企業に勤務するものは皆無に近い。

昭和期の群馬県の部落の生業は、零細な農業を主業としながら、ほとんどの場合は農業だけでは暮らしが成り立たず、竹細工・藁細工・草履表・食肉などのいわゆる零細な部落産業や、日傭・商業・土工・車引などの雑業を兼業しており、きわめて貧窮を強いられていた。

■図表1–序–5
群馬県の部落の戸数別分布状況

区分	区分数	%
1–9戸	128	48.3
10–49戸	113	42.6
50–99戸	19	7.2
100戸以上	5	1.9

（出典）中央融和事業協会『全国部落調査』より、1935

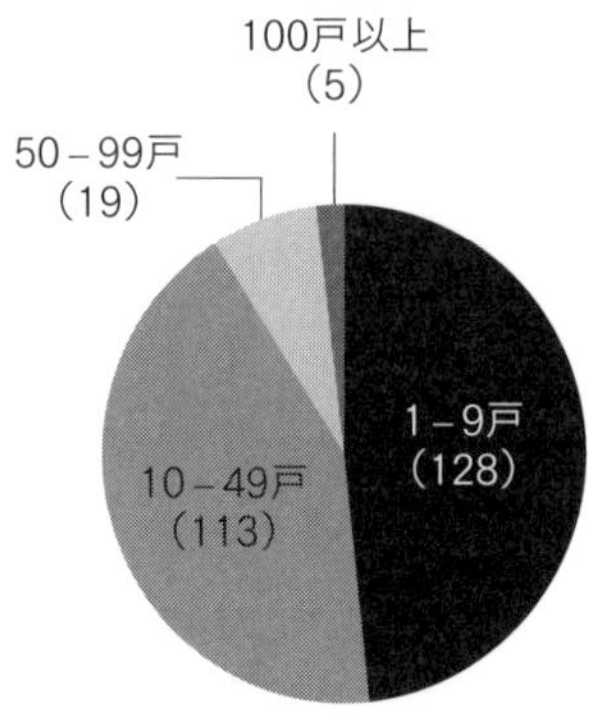

■図表1–序–6
群馬県の部落の戸数別分布状況

（出典）中央融和事業協会『全国部落調査』より、1935

■図表1–序–7　群馬県の部落／郡ごとの分布状況

	西毛					東毛				中毛			北毛	計
郡名	群馬郡	多野郡	北甘楽郡	碓井郡	高崎市	新田郡	山田郡	邑楽郡	桐生市	勢多郡	佐波郡	前橋市	吾妻郡	
地区数	53	23	22	51	6	19	19	12	5	9	27	2	14	262
合計	155					55				38			14	262
%	59.16					20.99				14.50			5.34	100

（出典）中央融和事業協会『全国部落調査』より、1935

■図表1–序–8　エリア別の生業の特徴

エリア	地区数	農業を主業	農業＋α	非農業	部落産業	部落産業以外の生業	特筆すべき事項
東毛	55	31	24	0	製縄・竹細工・藁細工・下駄歯直し・肉行商など	日傭・商業・荷馬車挽・織物賃業	桐生市の織物賃業
中毛	38	26	11	1	竹細工・藁細工・食肉など	土工・日傭・職工・機巻など	
西毛	155	81	73	1	南部表・下駄表・草履表・製靴職・竹細工・藁細工・養鶏など	日傭・行商・土工・荷馬車挽など	倉賀野町の南部表
北毛	14	8	5	1	竹細工・藁細工・食肉・	土工・日傭・職工など	
計	262	146	113	3			

（出典）中央融和事業協会『全国部落調査』より、1935

第1章

「解放令」と群馬の旧被差別身分

全国水平社の創立が一九二二年、群馬県水平社創立が翌一九二三年であるが、本章では、群馬県水平社創立に先立つこと半世紀、明治維新と「解放令」以降の群馬の地域社会の歴史を見ておこう。

1 明治維新と「解放令」

日本近代国家の誕生

一八六七年に大政奉還、一八六八年の五カ条の誓文、府藩県三治制、明治への改元、一九六九年の版籍奉還の建白、戊辰戦争の終結、藩主の知藩事任命、華族・士族・卒族制、一九七〇年の藩制、一八七一年の戸籍法、廃藩置県、「解放令」、一八七二年の学制、一九七三年の徴兵令、地租改正など、一連の近代化政策によって、日本近代国家が誕生することになる。

戸籍法から「解放令」の発布へ　―近世身分制の解体―

明治政府による近世身分制の解体政策は、一九七一年四月の戸籍法に始まる。しかし、戸籍法は人民のうち「華族・士族・卒・祠官・僧侶・平民」には属地主義を原則として戸籍を与えた。しかし、「穢多非人等」を別扱いとして、戸籍を与えず、「其最寄の区（戸籍区のこと）もて其区長へ名前書を出させ」るにとどまっていた。戸籍法段階では、近世身分制の解体は不十分であり、「穢多非人等」の身分の解体は手つかずであり、人民の一元的掌握は未完だった。

明治政府は、一九七一年七月の廃藩置県を待って、同年八月二八日に「解放令」を発布した。

布告

穢多・非人等の称廃せられ候条、自今身分・職業共平民同様たるべき事

（明治四年「解放令」）

戸籍法に遅れること四カ月、「解放令」によって穢多・非人等の身分が解体された。これで、近世身分制は法的・制度的には解体されたのである。

「解放令」と失われる旧被差別身分の経済基盤

近世身分制とは「身分・職業・居住地」を一体として掌握するものであった。近世身分制の解体とは、国民（臣民）を創出するとともに、すべての国民に職業および居住の自由を保障するものであった。では、近世身分制の解体以降、武士・平民（百姓・町人）・旧被差別身分（穢多・非人等）の生活はどのように変わったのか。まず、それぞれの職業の動向を見てみたい。

近世身分制の解体とは職業・居住の自由を保障するものではあったが、旧身分のものが新たな職業・居住の自由を獲得するには長い時間が必要であった。概して、旧百姓身分は近世以来の農業活動を続けることができたし、旧町民身分も近世以来の商工業活動を続けることができた。それに対して、幕府や藩に属して、軍事・行政などに従事してきた旧武士は、政府や府県の役人にスライドしたり、明治初期の公立小学校教員に就職できたものもいたが、失職するものも多く、農業や商工業への転職を余儀なくされた。それでも、旧武士の場合は、秩禄処分によって、帰農商を奨励され、なにがしかの経済的保障が行われた。

旧平民身分・旧武士身分と引き比べると、穢多・非人等の旧被差別身分のものは、何の経済的保障もうけることなく、近世以来の職分・生業を失うことになった。具体的には、一九七一年の斃牛馬勝手処置令により、近世以来の経済的基盤

であった斃牛馬処理権を失い、近代になって靴が主たる履物になることで、専業的な製造・販売権を持っていた竹皮草履の経済的価値が激減した。また、近世後期以来、営々たる努力によって集積した農地の多くも、地租改正によって、手放すことになっていく。また、一八八一年の松方デフレは農産物の下落を招き、零細な農民や部落民は打撃を受けて、総じて旧被差別身分の総体的な貧困化が進行していったのである。

[2]「解放令」以降の群馬における生業・生活・差別

本節では、「解放令」以降、明治初年代の群馬の地域社会の生業・生活・差別について見ていきたい。

大区小区制＝旧村落の統合、失われる旧長吏共同体の代表権

さて、「解放令」など一連の近代化政策によって、旧被差別身分が失ったのは、斃牛馬処理権や竹皮草履の専業的製造・販売権だけではなかった。

近世身分制においては、百姓身分は領主支配のもと名主という役職をもち、百姓共同体を代表することができた。明治維新以降、戸籍区制に続いて、大区小区制という地方行政制度が導入されるが、旧百姓は区長・戸長という役職につき、百姓共同体の代表権をもち続けることができた。

それに対して、旧長吏身分は弾左衛門支配においては、いくつかの長吏集落を束ねる組（地方組織）を形成し、その代表者は小頭という役職についていた。また、領主支配に基づく居住村落では、本村の百姓共同体とは別の枝村の長吏共同体を形成し、枝村を代表する組頭という役職をもち、長吏共同体の代表権をもつことができた。しかし、初めは戸籍区制が、続いて大区小区制が導入されると、ほとんどの場合、区長・戸長の役職から排除される。また、一村内の分界撤廃が布告されて枝村が廃止され、本村に統合されたため、枝村＝長吏共同体の代表する役職もなくなることになる。

込皆戸村では、旧百姓からの差別的な分村運動

結果として、旧長吏は共同体の代表権を失い、多くの地域では、大区・小区＝新しい行政村において、自らの共同体の利益を主張することが困難になっていった。

一八八〇年に、勢多郡込皆戸村では、旧百姓身分から群馬県令あてに分村願いが出された。というのは、分村時の一八八〇年の込皆戸村では、本村（百姓村）が三八戸（一七七人）、岡村（旧長吏村）が六二戸（三二〇人）であり、岡村の人口は本村の一・八倍となっている。込皆戸村の長吏村落は、群馬でももっとも大規模村落のひとつであり、きわめて社会的な力量を有していたのである。

実は、二年前の一八七八年に地方三新法が公布され、大区小区制のもとで合併されていた旧村落の復活が認められていた。もし、旧込皆戸村が復活すれば、岡村＝旧長吏が多数派となってしまう。このことを恐れて、本村の旧百姓サイドが岡村（旧長吏村落）からの分離を画策し、込皆戸村の名称を捨て、自らの村落を稲里村と命名した。この分村運動は、旧百姓村による旧長吏村落の忌避・差別に基づくものであったと言ってよいだろう。

明治初期の込皆戸村の農地所持・物産 ―深刻化する貧困―

さらに、明治初期の込皆戸村の農地所持や物産を見ておこう。まず、農地所持

■図表1-1-1　旧身分の職分・生業の明治維新以降の変化

	職分・生業	明治維新以降	備考
武士	政治・軍事・行政	○	政府・府県の役人
百姓	農業	○	地租改正
町人	商工業	○	
穢多	斃牛馬処理	×	斃牛馬勝手処理令
	草履づくり	×	靴が主たる履物に
	農業（生業）	△	地租改正で…
非人	番役	×	

（出典）筆者作成

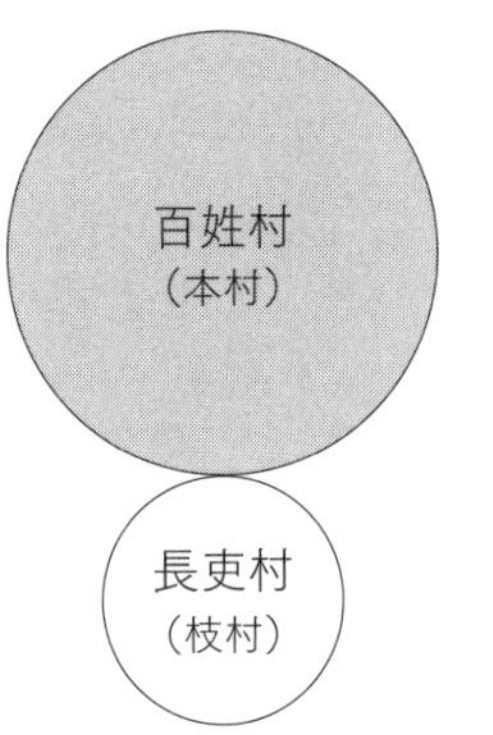

■図表1-1-2　近世村落における「本村―枝村」関係

（出典）筆者作成

の推移について、近世期と明治初期を比較してみよう。

天明年間の農地所持の一戸平均は、本村が五・八六反、岡村が三・〇三反で、本村と岡村の比は六五対三五となる。それが、一八七七年になると、本村が一二・六八反、岡村が三・一五反となり、本村は二・二倍、岡村の農地所持は減少しており、本村と岡村の比は八〇対二〇となり、両者の格差はきわめて拡大している。旧百姓側がリードした地租改正の作業によって、農地所持は旧百姓側に有利に働き、旧長吏側に不利に働いた結果と思われる。

さらに、一八七五年の物産収入を比較してみよう。

物産組合限取調帳

本村と岡村の物産収入の一戸平均額を比較すると、本村が七〇円七四・八銭、岡村が二〇円七二銭、本村と岡村の比は七七対二三となる。

「解放令」と地租改正などを通じて、旧長吏たちの農地所持が減っただけではなく、物産収入も三分の一以下に減じた。「解放令」以降、旧長吏村落の貧困は深刻化していったのである。

神社祭礼や神社氏子組織からの排除

次に、群馬の地域社会における差別について見ていこう。一八七一年の「解放令」は「旧穢多・非人等」を「平民同様」とすると宣した。しかし、全国各地に

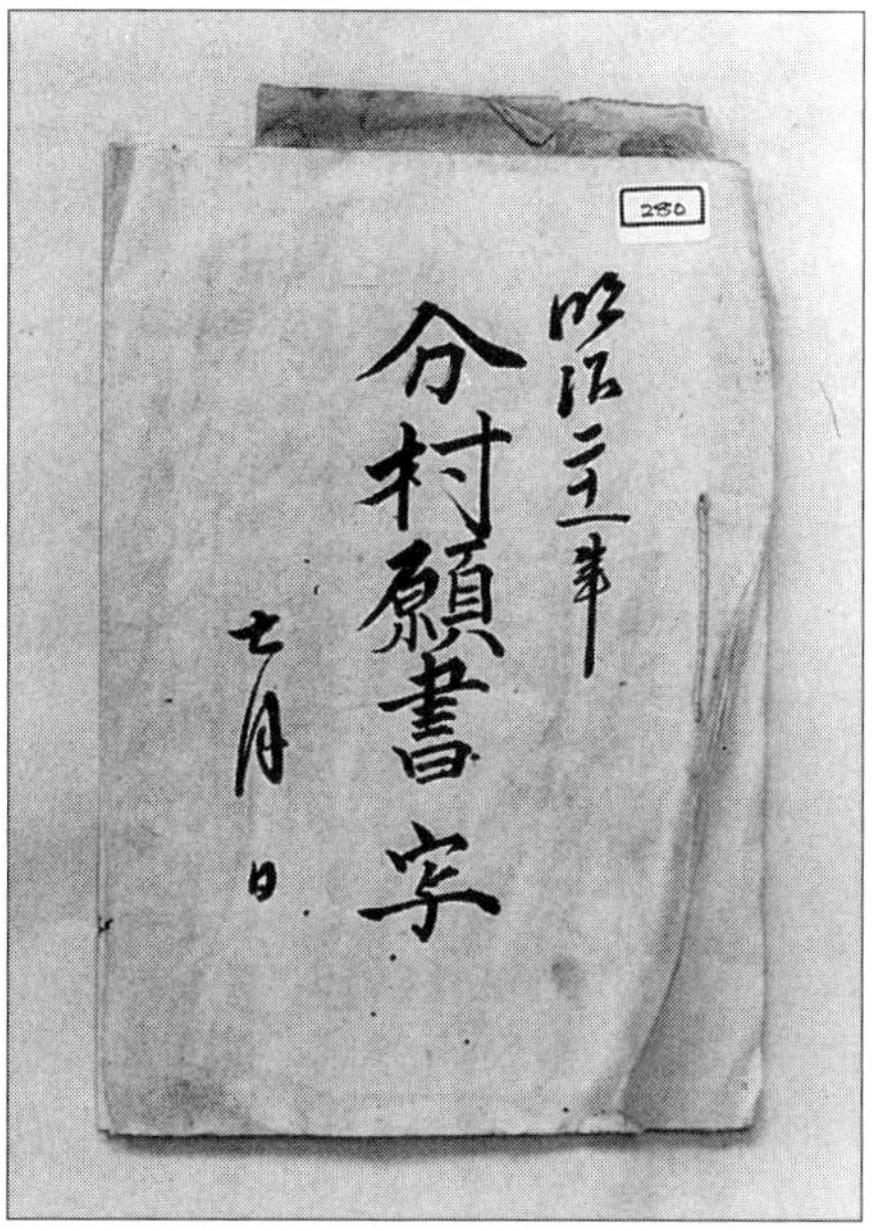

■写真1-1-1　分村願

■図表1-1-3　込皆戸村の農地所持状況（1778〔天明8〕年）

	10反以上	5-9反	1-4反	1反以下	合計反数	戸数	1戸平均	本村：枝村
本村	7	14	19	6	222.6	38	5.86	65
枝村	0	10	30	11	154.3	51	3.03	35

（出典）東日本部落解放研究所『込皆戸の歴史と生活』、1994

■図表1-1-4　込皆戸村の農地所持状況（1877〔明治10〕年）

	田	畑	田畑合計	戸数	1戸平均	本村：枝村
本村	204.4	252	456.4	36	12.68	80
枝村	36.5	146.2	182.7	58	3.15	20

（出典）東日本部落解放研究所『込皆戸の歴史と生活』、1994

■図表1-1-5　込皆戸村の「本村―枝村」物産比較表

	米穀類	芋など	菜子など	鶏・味噌	養蚕・製糸	炭・皮・草鞋・薪	合計	戸数	1戸平均	本村：枝村
本村	1385.24	77.585	2.58	590	324.63	166.9	2546.935	36	70.748	77
枝村	575.94	41.26	0	400	26.31	158.225	1201.735	58	20.720	23

（出典）東日本部落解放研究所『込皆戸の歴史と生活』、1994

おいて、旧長吏身分の人々が神社の氏子組織から排除されたり、公立小学校への入学を忌避される事例が頻出する。群馬の地域社会でも、鎮守社をめぐる差別事件や、公立小学校をめぐる入学忌避や、分校の設立を余儀なくされた。

一九七六年、那波郡後箇村・上茂木村の旧長吏身分の人々は、大審院に訴状を提出した。「解放令」以来、自分たちは「平民一般ノ取扱ヲ受ケサルニ付」と理由を挙げ、上茂木村戸長と後筒村元戸長を被告として、次のように請求している。

何卒被告人ヲ呼出サレ、自分共平民一般ノ取扱ヲ受ケ、学校ニ、八幡氏子祭典トモ、一村一致ノ取扱ニ成ルヤウ、被告人共説諭アランコトヲ請求ス

（『明治前期　大審院民事判決録』）

後箇村・上茂木村の旧長吏身分の人々は、「解放令」発布後も、氏子祭典や公立小学校から排除され続けていたのである。この訴状で主たる争点になっている八幡神社祭典問題について、やや詳しく見ておこう。

上記の訴状によれば、原告たちは「解放令」以来「平民一般ノ取扱」を求めてきたが、玉村八幡宮の氏子になっているにもかかわらず、被告である戸長たちは旧長吏身分の鎮守は白山神社であって、玉村八幡宮を鎮守とすることを拒否してきた。原告たちは、初め群馬県に箱訴したところ、県は原告の言い分を認め、被告らに説諭したが、受け入れられなかった。そこで、原告たちは高崎支庁・高崎裁判所などに訴えるが埒があかず、大審院に訴えることになったのである。

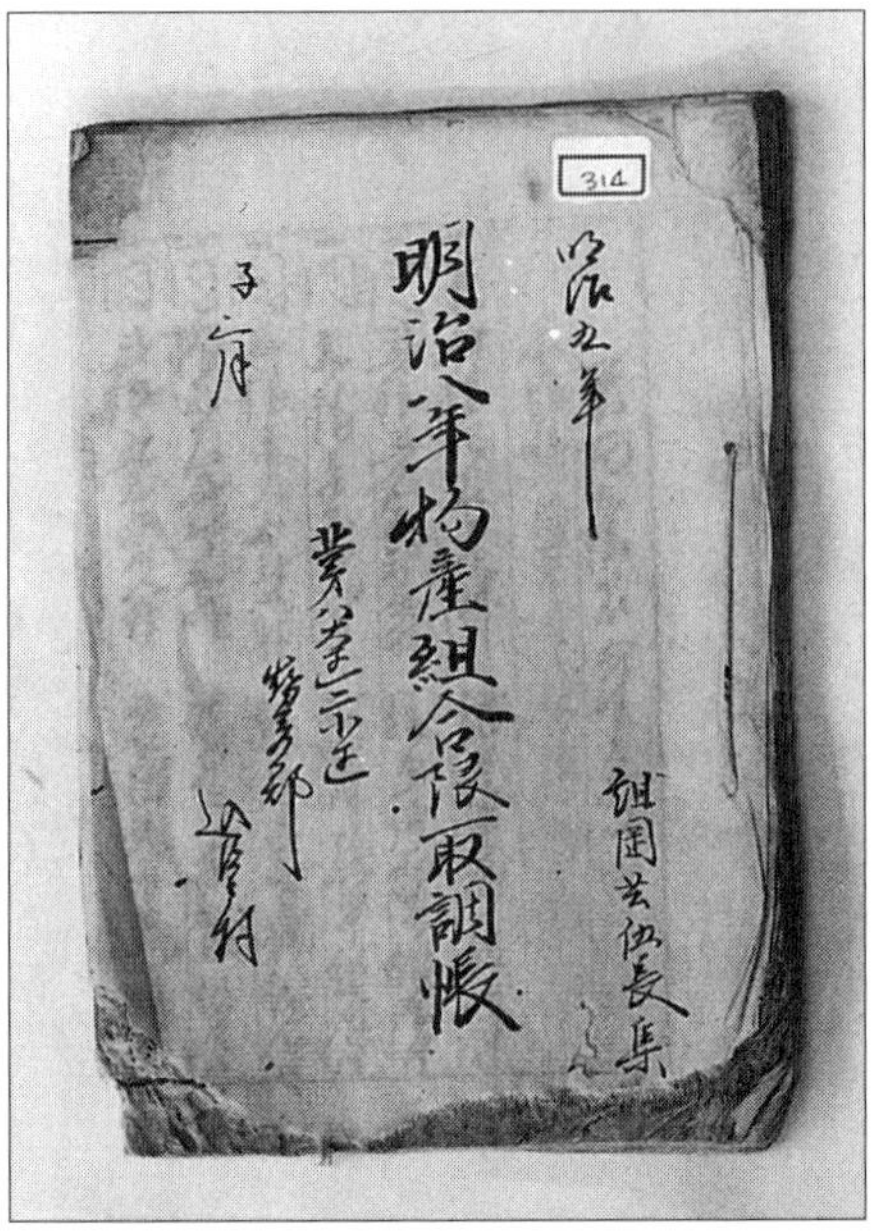

■写真1-1-2　物産組合限取調帳

大審院は原告の訴えを不当にも門前払いとした。しかし、その後、一八八〇年の長野県の洩矢神社や一八八一年の埼玉県の八坂神社など、祭礼参加めぐる大審院の判決はいずれも旧長吏側の勝訴となっている。ともあれ、群馬のみならず、全国各地で、氏子組織や祭礼をめぐって、旧長吏身分に対する忌避・排除が横行していた。「解放令」以降も、地域社会における差別慣行は旧長吏身分を苦しめ続けたのである。

公立小学校からの排除と分学校の設立

次に、公立小学校からの忌避・排除を見てみよう。先述の那波郡の後筒村や上茂木村でも、公立小学校の入学問題が俎上にのぼっていたが、この時期、全国各地で、公立小学校を設立したものの、旧長吏身分の子どもたちには入学案内がこず、就学を求めても忌避・拒否される事態が起きている。

ここでは、勢多郡込皆戸村の「分学願書」をめぐる動向を見てみよう。込皆戸村のエリアでは、一八七四年に女淵学校が設立されている。この設立願いを見ると、エリア内の深津村・女淵村・月田村・込皆戸村の有力者各二〜四人が寄付者として名前を連ねているが、岡村の名前はなく、寄付の呼びかけがなかったものと思われる。はたして、込皆戸村の旧長吏身分の子どもたちは女淵学校に就学することができたのだろうか。

女淵学校設立から二年、一八七六年段階で、込皆戸村の本村の就学率は四〇・七四％である（なお、女子の就学率が低いのも、ほぼ全国平均と等しい）。それに対して、枝村である岡村の就学率はゼロ％である。岡村の人々は、女淵学校設立の寄付人から排除されただけではなく、岡村の子どもたちも女淵学校から忌避・排除されたのである。

こうした公立小学校からの忌避・排除に際して、旧長吏身分の人々は手をこまねいていたわけではなかった。対応策は、①就学を求めて、旧百姓たちや戸長役場と掛け合い、それで埒があかなければ、県に掛け合い、就学説諭を願い出る、②経済力のある旧長吏村の場合は、独力で部落学校を設立し、教員の給料をまかない、子どもたちを就学させる、というものであった。

込皆戸村の岡村の人々は、上記のうち、②の部落学校を設立する対応策をとることになる。

当組学校の未就学の児童今ヨリ就学校を遂げ候よう仰せ出で候、然るところ、隔地あに岨嶮にして且つ暮昇降ノ弁難渋ニツキ、何卒御仁恵を以って、当地にて校営を設け（中略）差出人　六〇人連名

（「学校分学願書」）

岡村の全村民の六〇人が連名しているところを見ると、「学校分学願書」を村を挙げて提出し、部落学校の設立を願いでたのである。なお、同村の聞き取りによれば、同地区内には、学校があったと伝えられる場所があり、間取りは、八畳間が六部屋あったようだ。一八七六年の岡村の就学適齢期児童二七人を収容するには、これくらいの広さが必要だったのだろう。明治末期になると、部落学校は廃止され、女淵小学校に包摂・統合されることとなり、同学校跡は「避病院（伝染病患者の隔離施設）」に転用されたという。

このように、「解放令」以降の群馬の地域社会においては、全国各地と同様に、旧長吏身分の人々は、経済的困窮を強いられ、神社の氏子組織や公立小学校から忌避・排除され、明治末期から大正期を迎えることとなる。

■図表1-1-6　女淵学校就学状況（1876〔明治9〕年）

就学児童	男	女	不就学	男	女	就学率	
本村	11	10	1	16	6	10	40.74
枝村	0	0	0	27	12	15	0

（出典）東日本部落解放研究所『込皆戸の歴史と生活』、1994

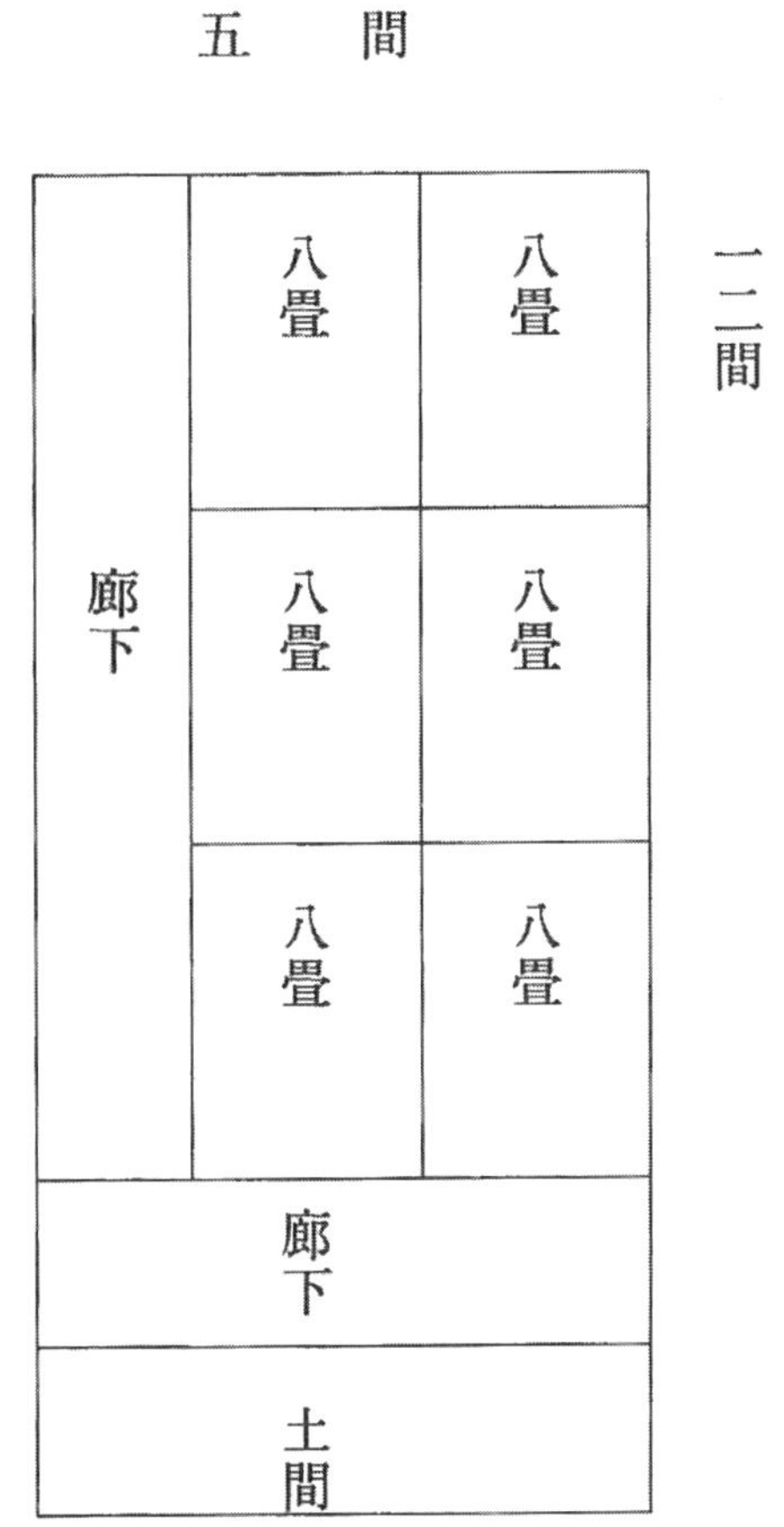

■写真1-1-3　学校間取り

（出典）東日本部落解放研究所『込皆戸の歴史と生活』

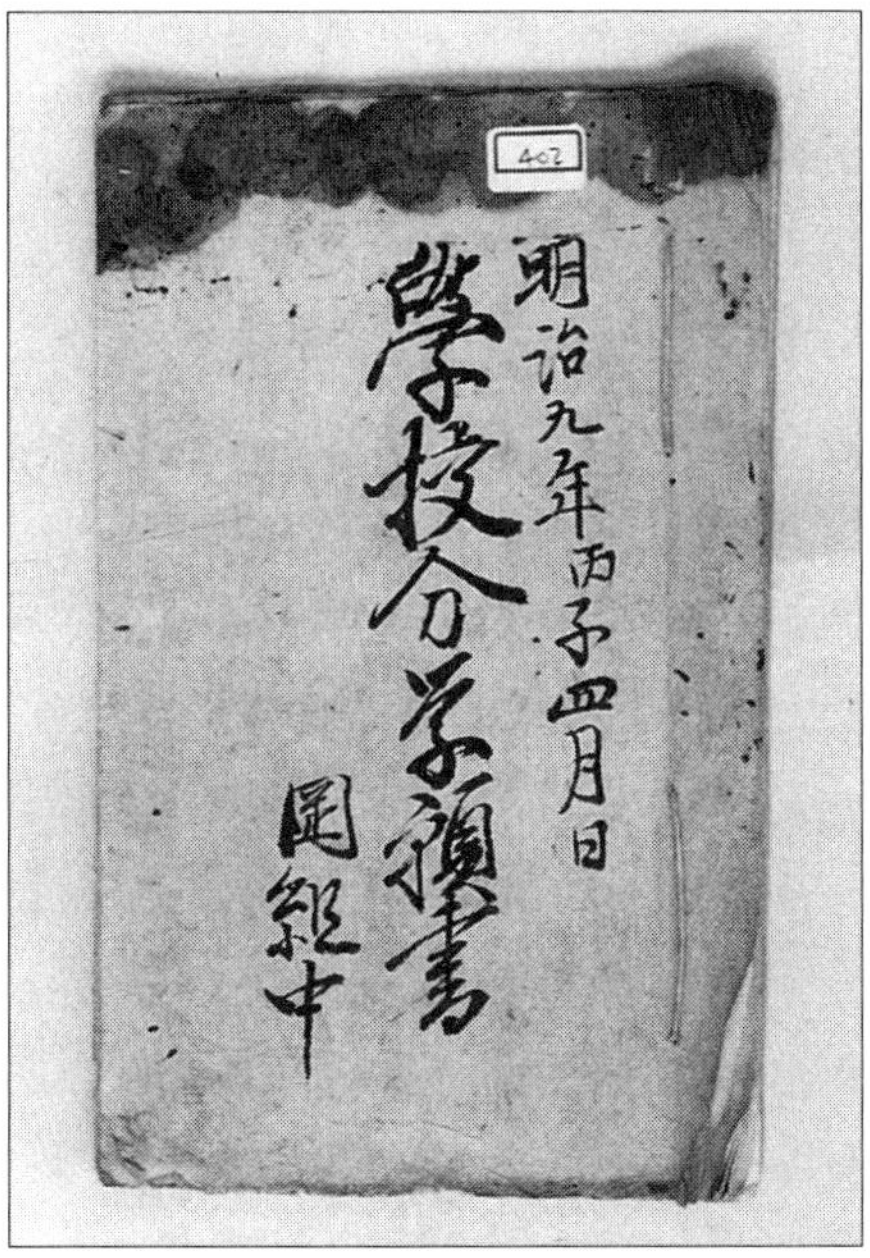

■写真1-1-4　分学願書

第2章

群馬県水平社創立前史

―近代部落問題の成立―

明治後期になると、明治政府は旧長吏村落に「特殊部落」という差別的な名称を押し付け、部落改善に乗り出す。近代部落問題の成立である。「解放令」からおよそ半世紀、明治政府が放置できないほど、「特殊部落」をめぐる差別と貧困は深刻化したのである。本章では、群馬県水平社創立の前夜である明治後期から大正期の全国と群馬の被差別部落の状況を明らかにする。

[1] 明治後期から大正期、深刻化する貧困と差別　―群馬の地域社会―

前章では、「解放令」以降の群馬地域社会において、旧長吏村落の貧困の進行と、神社の氏子組織や、公立小学校からの排除など、地域の差別慣行が厳しさを増したことを見てきた。水平社創立の前夜である明治後期から大正期にかけて、「特殊部落」をめぐる貧困と差別はさらに厳しさを増す。群馬の地域社会におけるいくつかの具体的な事例から、貧困と差別の実態を見てみよう。

美土里村における貧困と差別

まず、内林喜三郎さん（第二代委員長、『光を求めて五十年』）は、明治末期から大正期における貧困と差別について、次のように語っている。内林さんは一九〇三年、多野郡美土里村の被差別部落に生まれた。生家は貧しい小作農であった。

生れた年の五月二十三日は大雹害で大小麦は素より上簇前の春蚕まで投蚕のやむなき大被害が発生したとの事、そして日露戦争を戦った後の不況とそれに現在のような農業共済制度もなく社会福祉の制度もない当時なのに、このような天災にも地主は小作料の減免も許さないという「過酷」そのものであったとのことです。この当時の小作農の苦しみは言語に絶すと言う言葉の通りで食糧もなく悲惨の状態であった。常食に「麦を搗き挽き割を作る時に出来る麦花という粉になず菜、あかざ等の野草を入れて粉かきにしたものを食したという」このような生活苦から父は生れて五カ月にならない私と母を残して東京の出稼ぎに出た。（中略）残された母は僅かな小作地を女手で耕し少しの時間でもぞうり、わらじ等を作って売り生活していたが三度の食事も満足に食えなかったようです。そして農繁期には田植、養蚕等の手伝い等の日雇いに出ていた。三才ぐらいで母の帰りがおそくてさびしかったことが忘れられない。

生業の基本は小作で、零細な養蚕も行っており、慢性的な貧困にさらされている。雹害などの天災があっても、地主は小作料の減免も許さなかった（後述するように、このことが小作争議を引き起こしていく）。常食は「麦を搗き挽き割を作る時に出来る麦花という粉になず菜、あかざ等の野草を入れて粉かきにしたもの」であった。それでも生活ができないため、父は東京へ出稼ぎに行き、残された母は、女手で小作地を耕し、寸暇を惜しんで草履・草鞋づくりに精を出し、農繁期には田植・養蚕などの日雇いに出た。幼児だった内林さんは、一人で寂しく、母の帰りを待っていたのである。

内林さんの述懐から、明治・大正期の群馬における被差別部落の過酷な状況があますところなく見えてくる。こうした貧困に加えて、差別が追い打ちをかける。

私は明治四十五年四月美土里尋常高等小学校に入学、そして友達も出来ないうちに始めて部落差別の言葉を知らされた。花がまだ散り残っていた小学校の裏庭の桜の木の下で一人ボンヤリ立っていると同級生の一人が近づいて来て「オイ、内林」と呼びかけて来た。「お前はチョウリンボウだってな。内林はみんなチョウリンボウだっていうぞ」と言われた。そして、その言葉が侮辱であり、差別であることを知らされた。この同級生は後に慶応大学を卒業し群馬大学の講師になったが、同級生でもこの人だけは親しく話したこともなく終った。貧乏の苦しみに加えて差別苦がこの時から始まった。私は十七、八才から社会の仕組みに反発を感じ、学問でなしに体験から部落解放運動や農民運動にと社会運動に入って行動するようになったのである。

内林さんが語るように、明治末期から大正期の群馬の被差別部落には、貧困苦に加えて、差別苦が追い打ちをかける過酷な状況が生まれていた。そのことが内林さんを部落解放運動や農民運動に駆り立てることになる。

桐生における貧困と差別

次に、『桐生市被差別部落実態調査報告』より、NMさん（女性、一九〇八〔明治四一〕年生まれ）の聞き取りを見てみよう。

（生活程度は）下（げ）だね。私が子どものころの覚えは、若い娘はみな、よそに奉公に出ましたね、機織に。主に、足利へ。私は〔かぞえの〕一五で、伊勢崎へ行きました。〔尋常小学校〕六年が終わって、お針、一年半やらしてもらってから。うちは、きょうだい五人ぜんぶ〔小学校を〕出ましたけど、私らのとき、六年まで行ったうちってのは、何軒もないですね。学校へ全然行かないで、子守奉公に出したうちもありますね。／父親は、栃木県の大平下からここへ婿に来た人ですが、炭の引き売りをしていました。荷車へ積んでいっちゃあ、売っていましたよ。うちの父親も、子どもが多いし困るから、ずいぶん働きました。他の人は、ほとんど土方。／さもなきゃ、山へ行って、なにか時期のものを採ってきて、かあちゃんが町へ売りに行ってね。それから、桐生川にマゴタロ虫を採りにね。干して薬にするんじゃないですか。カンの虫に効くとか言ってましたね。“奥州仙台マゴタロ虫”なんて、私らの子どものころ、売りに来てましたね。／うちの母親は、そんなにいいものは縫えないけど、お針をしてました。わらじを作っていたうちもありますよ、何軒かね。私の嫁ぎ先のおばあさんは、竹っ葉〔草履〕をやってましたね。／（農地は）ないですね。私が子どものころ、少し百姓はしました、小作で。このへんの農家の人は、みんな小作です。

桐生では、男衆は土方・行商・小作など、女衆はお針・草鞋・竹葉草履など、子どもは奉公に、若い娘は機織にやられた。美土里村や込皆戸村と比べると、桐生の被差別部落の農業経営はさらに零細で、生活程度は下（げ）であった。貧困をきわめていたのである。

MNさんは、さらに、小学校時代の差別体験について語る。

学校へ行くと、町の子が、「チョウリンボウ」って。おとなしい人は、校庭の隅でちっちゃくなって。私はほんとにきかないほうだったから、「ナニ言ってんの！」なんて、負けてないんだ。／先生は〔チョウリンボウなんて〕言わないけども、休み時間に庭に出るでしょ、そうすると、みんな「せんせい、せんせい」って〔慕って〕、先生の着物と袴に触るでしょ。私らがすると、先生のほうで、こうに〔＝ふり払う〕しましたものね。えこひいきしました。当時の先生は。／覚えていますよ。やった人は忘れるかもしれませんけど、やられた人は忘れないですよ。忘れません。

町の子が「チョウリンボウ」と差別語・侮蔑語を投げかけるだけではなく、学校の先生も被差別部落の子が着物や袴に触ると、振り払ったという。この時代、公立小学校の教師さへ、公然と差別をしていたのである。

込皆戸村における貧困と差別

次に、やや時代がくだるが、『語り伝える込皆戸の生活—粕川村込皆戸地区・歴史調査報告書別冊』により、昭和初期の込皆戸村における貧困と差別の実態を見てみよう。一九二四年生まれの男性（一作さん）からの聞き取りに基づいて、川元祥一さんは、次のようにまとめている（『聞き取り調査からみた込皆戸の生活』）。

子どものころの生活はけっして楽ではなかった。彼が小学校に上がったころ父親が病気で寝込んでしまい、生活は一層苦しくなる。二〇才で兵隊に行くことには、当時七反ばかり持っていた田畑と、家屋敷がすべて、他の人に

■写真1–2–1　大正・昭和期の込皆戸の白山神社

（出典）『語り伝える込皆戸の生活』の表紙写真

渡っていた。／父母と祖父、兄弟十一人の大家族だった。当時屋根職人をしていた祖父が野菜づくりや小作の農業をやっていて、一作さんがそれを手伝った。十一人の兄弟のうち男は一作さん一人だった。彼は小さい妹を背負って小学校に通った。そして小学校三年の時初めて「てこ」として近所の農家の仕事に行った。その時、朝・昼・晩と食事ができたのがうれしかった。上の姉は小学校を出ないうちに桐生の機屋に機織りに行く。／小学校を出てから彼は前橋や深津の農家に出た。そして十五才くらいで土方に行く。当時日当は十円に達しなかった。しかしもらった日当はすべて母親に送った。

込皆戸村の部落でも、小作と日雇いに明け暮れているが、三食を満足にとることもできなかった。一作さんは妹を背負って小学校に通い、三年生になると、近所の農家の日雇いに出る。姉は小学校を出ると、桐生の機屋に奉公に出る。一作さんも小学校を出ると、土方に出て、わずかな給金も母親に送る。厳しい貧困が明治・大正・昭和の部落にのしかかっていたのである。

込皆戸の部落にも、貧困苦に加えて、差別苦が追い打ちをかける。一九二〇年生まれの男性（清七さん）は、昭和初期の小学校で体験した差別体験を次のように語っている。

「おしくらマンジュウ、出た者チョウリンボウ」。当時子供たちのあいだでこんな歌と遊びがあった。子供がかたまって「おしくらまんじゅう」をやり、かたまりから追い出された者をこのように呼んだのである。関東地方でよく聞く話である。これは差別を利用した遊びである。自分の村が歴史の中で「長吏身分」と呼ばれていることを知っている者にはつらい遊びだったようだ。そしてまた、清七さんだけではなく、込皆戸の多くの子供がこの遊びの中で部落差別を感じ取っていた。

「おしくらマンジュウ、出た者チョウリンボウ」。子どもたちの遊びの世界にも、過酷な差別が深く侵出していた。「チョウリンボウ」、関東の地域社会に流布する差別語・侮蔑語であった。この当時の関東の地域社会では、大人ばかりではなく、子どもたちも、部落民に対して、日常的に、そして露骨に「チョウリンボウ」という差別語・侮蔑語を投げかけていたのである。

2　「特殊部落」という差別的な名称押し付けと近代部落問題の成立

被差別部落における小学校不就学問題と風紀の悪化

第1章と第2章で見たように、「解放令」以降の地域社会において、さらに明治期後半から大正期にかけて、部落の貧困と差別は一層厳しさを増していった。その結果として、明治期後半以降、全国の部落において、風紀の悪化や、小学校への不就学が国家的な課題となっていく。

一九一二年六月一九日の『中外日報』は、内務省より群馬県下の「特殊部落」

を視察した五島子爵の談話を紹介している。

一般の社会が部落民に対する感じは様々で一概には云えないが、部落の者で町村会の議員になって居る者もいるし、概して隔たりは少ないようである、シカシ、結婚だけはまだする者がないらしい▲富の程度も農業本位が多いのだから普通の農民と比較して大差ないらしい、高崎在の下駄の鼻緒を造る部落では年に一万何千円といふ金が這入るそうである▲自分等が出張するのを迎へて講演を聴き度いと申込むやうな者もあれば中には衛生の検査に廻ったのかと云つて五月蝿がって居る者もあると云ふ風で智識の程度は一準には行かない。

(『中外日報』一九一二年六月一九日)

子爵の五島盛光の視察は、どうやら部落の有力層をまわったものらしいが、部落の表層をなぞったにすぎない。これが内務省のオフィシャルな視察というから呆れる。

では、群馬県下の部落の実態はどのようなものだったろうか。一九一一年の『群馬県農会村是調書』の「新田郡強戸村之部」に「第四十六　特殊部落即新平民人情風俗」という項目があり、前文のあと、言語・行為・衛生・職業・資産・家族・交際・風俗・公徳・教育・社会・納税について詳述している。ここでは、前文と言語・衛生・職業・風俗・教育について見てみよう。なお、強戸村の部落は一九三五年のデータによると、戸数は三六、人口は二六四人、主業は農業、副業は古物商、生活程度は下である。

(前略)彼等特殊部落ノ人民ハ、元来教育ナク家庭甚卑賤ニシテ自ラヲ重セス、社会に擯斥セラレル々ヲ自覚シ自暴自棄ノ風アリ、誠ニ憐ムヘキ至リナリ、其概況ヲ挙レハ左ノ如シ

言語　頗ル粗暴ニシテ野卑訛言最モ多シ

行為　嘲罵争闘殺生ヲ好ミ其ノ志想薄弱ナルモ、時ニ残忍酷薄ナル殺犬業等ハ皆彼等ノ部落ヨリ出ツ、又乞食ノ風アリ

衛生　住居衣服身体等常ニ不潔ニシテ又暴飲暴食ヲ事トシ、寝ルニ土間或ハ不潔寝具ヲモ厭ハス、又不熟果物ヲ喰スル等更ニ意ニ介セサルナリ

職業　製皮履物直シ藁細工等ハ彼等ノ本業ニシテ他ハ労働ナリ

風俗　卑猥極メテ粗野ニシテ言語卑賤、又家ヲ出ル跣足ニシテ入ル時又跣足、家ノ内外床ノ上下等ノ区別アルコトナシ

教育　(前略)彼等ハ未タ教育ノ重ンス可キ事ニ遭遇セス適々人ノ智徳ヲスルト雖モ其ハ教育ノ力ニアラス其者ノ位置ヲ然ラシムルモノ々如ク看過ス為ニ教育ノ必要ナルヲ知ラス故ニ該部落就学児ノ欠席多キハ此辺ニアルモノノ如シ

これらの項目の作成者には、村長・助役・収入役・書記・村会議員・小学校長が名前を連ねており、強戸村の有力者の部落民へのまなざしはきわめて侮蔑的・差別的である。たとえば、一九三五年の中央融和事業協会の『全国部落調査』によれば、強戸村の部落民の主業は農業(小作)、副業は古物商(雑業)であった。しかし、「強戸村村是」の「行為」の項目には「殺犬業等」「乞食ノ風」、「職業」の項目には、本業は「製皮履物直シ」「藁細工等」、ほかは「労働」(日雇いのことか)とのみ書かれている。また、「教育」の項目には、「教育ノ必要ナルヲ知ラス故ニ該部落就学児ノ欠席」が多いと書かれている。小学校欠席率の高さの理由を、部落民の自覚の欠如のせいにしている。

しかし、地域社会の差別慣行の中で、この時代、部落の子どもたちが小学校に通っても、まわりの児童から「チョウリンボウ」の侮蔑語・差別語を投げかけられ、教師からさへ差別的な振る舞いを受けていた。また、小学校を卒業しても、「就職の自由」が保障されるわけでもなかった。部落の児童の欠席率が高くなるのは、貧困と差別がもたらす悪循環であった。しかし、この村是によれば、部落児童の小学校への出席率が高い理由は、もっぱら部落民が教育の大事さを認識していないからとする。風俗が悪いのも、小学校の出席率が悪いのも、すべて部落民の「卑賤」「自暴自棄」のせいにされたのである。

なお、明治期の強戸村の「村是」において、「特殊部落」という行政用語が使用されていることに注目しておきたい。後述するように、明治後期から大正期の部落改善対策には、「特殊(種)部落対策」という行政用語が定着していく。

先に見た美土里村・込皆戸村・桐生の部落の聞き取りや、この強戸村の「村是」の記述は、明治末期から大正期の群馬の部落の実態を示すものと言ってよいだろう。この時期の部落は、貧困と差別にあえぎ、子どもも小学校から排除され、衛生状態や風紀もきわめて劣悪な状況にあったのである。

群馬県が部落改善＝「特殊部落」対策に取り組み始める

明治後期にいたって、明治政府と地方行政は「特殊（種）部落」対策という行政用語を作り、部落の衛生状態や風紀の改善や就学督促に取り組み始める。

「特殊（種）部落」という行政用語の初出は、一八九九年の奈良県の「就学児童出席奨励方法」に関する生駒郡長答申（『奈良県報』五二〇号）と言われている。以後、明治末期から大正期にかけて、「特殊部落」という用語は、政府および地方の行政用語としてのみならず、メディアにも定着していく。

群馬県では、一九一二年に、内務省と群馬県によって、県内の一部の部落の実態調査が行われた（一九一五年「特殊部落台帳」）。その「改良ノ方法及其状況」の項には、僧侶や村の役員による指導が行われている村や、部落の青年有志による改善への取り組みが行われている二・三の村の存在が記されている。なお、県の調査に先立って、一九〇九年に、倉賀野町では部落の青年たちが青年有盟会を組織し、農閑期に青年夜学会を開催している（「清塚良三郎氏聞き取り」、成沢栄寿「関東地方の水平運動史」）。

大正期に入って一九二一年には、群馬県は社会課を設置し、救済・児童保護・福利・教化などの一三の社会事業のひとつとして、融和事業（群馬県融和会・県庁内）を列挙している（『群馬県史・通史篇』7）。この年、内務省は全国の被差別部落の調査を行い、群馬県全域で調査が行われた。県内の部落数は二六二、戸数四八七〇、人口は三万五であった。

翌一九二二年、群馬県はようやく融和事業に具体的に取り組み始め、一般民に対しては、講演会の実施による同胞観念の説示、小学校での差別撤廃など、部落民に対しては、義務教育の普及・補修教育の奨励・講演会などを通して自覚を促し、副業・移住・出稼ぎの奨励、産業上の組合の組織化、衛生施設の設置などを指示している。

同年、群馬県は「部落改善要綱」を定め、「普通民の覚醒」と「部落民の覚醒」にかかわる事業の実施を求めている（『日本社会事業年鑑』大正一二年版）。実際、多野郡新町では「部落解放覚醒会」が組織され（『日本社会事業年鑑』大正一二年版）、佐波郡茂呂村では「特種部落の改善」に取り組んでいる（『市町村雑誌』二三一号、一九二三年三月）。

同会の目的は、全国に散在せる特殊部落民の、一般社会よりの迫害に対して、不満の裡に血涙の生活を為しつゝあるものを救済して善導して一般社会と親睦融和せしめ、併せて全国特殊部落解放の第一声と為すことであるが、会員は特殊部落民のみを以て組織し、当分一般社会人士の入会を許さない。

（『日本社会事業年鑑』大正一二年版）

佐波郡茂呂村にては百戸に近き特殊部落あり何れも細民にて同村の厄介部落の観ありしが之れが改善誘導に就ては同村にても種々に頭を痛めたる結果右の部落は第□区にあるより先ず第□区戸主会なるものを組織して、（中略）自治の基礎を完全ならしめ又居宅の清潔整頓に意を用ゐて衛生の状態を改め更に一面に於ては数多の普及を図り風俗を改善し徳行の向上を勧め納税の義務を完全に果たしめんが為（後略）

（『市町村雑誌』二三一号、一九二三年三月）

いずれの取り組みも、部落に組織を作らせて、改善・誘導しようとする融和事業である。また、一九二四年一二月末、群馬郡惣社町の部落で、「同胞改善事業」の名のもと県費補助を受けて、道路改築工事が着手されている（『群馬県被差別部落史料』）。少数とは言え、群馬県は具体的な地域改善に取り組み始めていることが分かる。時期から見て、前年一九二三年の群馬県水平社創立を受けての水平社対策と言ってよいだろう。

なお、これらの群馬県の政策において、「同胞改善事業」の用語とともに、「特殊部落」「特殊部落民」の用語が頻出していることに注目してほしい。明治後期から大正期に、「特殊部落」「特殊部落民」の用語がすっかり定着していることが分かる。

「特殊部落」の差別的な名称の押し付けと近代部落問題の成立

さて、明治後期から大正期にかけて、行政とメディアによって「特殊部落」の用語が定着し、日本国民は「普通民」と「特殊部落民」に二分割され、「特殊部落民」は「普通民」と異なるものとされていく。「解放令」によって、近世以来の「穢多非人等」の身分名称が廃止されたにもかかわらず、「特殊部落民」という差別的な名称を押し付けることで、日常的な差別のみならず、就学・就職・結婚など際しても、「特殊部落民」は忌避・排除され続けることになる。

次に、この「特殊部落」の「部落」という用語について少々見ておこう。明治政府は地方行政の推進に際して、近世以来のいくつかの村落を統合し、近代国家にふさわしい規模の新行政町村を創出しようと試みた。とりわけ、一九八八年の町村制以降、明治政府は新行政町村の創出に本格的に着手し、近世以来の村落共同体を否定的なニュアンスをこめて「部落」と呼ぶようになる。やがて、明治後期以降、旧百姓共同体は「(普通)部落」と、旧長吏(穢多)共同体を「特殊部落」と命名し始める。その結果、部落改善政策が「特殊部落対策」と呼ばれることになり、旧長吏(穢多)に「特殊部落民」という差別的な名称を押し付け、近代の部落差別が定着していく。近代部落問題の成立である。

「特殊部落」対策は日本資本主義・軍国主義の必須課題

さて、ここまで見てきたように、明治後期から大正期にかけて、政府も群馬県もやっきとなって融和事業に取り組んだ。その理由はどこにあったのか。融和政策の中で用いられた言葉に「同情融和」があるが、政府や群馬県の役人が「特殊部落」「特殊部落民」に同情したわけではなく、日本資本主義と帝国主義政策にとって必須の課題だったのである。

ここでは、被差別部落の児童への公立小学校への就学督促政策を見てみたい。先に見たように、明治二〇年代から三〇年代の被差別部落では、小学校に在籍はするものの、その出席率はきわめて低いものだった。実は、公立小学校とは読み書きそろばんを学ぶだけではなく、集団規律を身につける公共の施設でもあった。資本主義の工場で働くためにも、軍隊において兵隊として活躍するためにも、集団規律の習得は必須課題であった。ところが、明治二〇年代から三〇年代になっても、被差別部落の児童は公立小学校から忌避・排除されたままである。工場労働者や兵隊になるための基礎訓練がなされていないのである。

一九一八年の日本の人口の推計値は、五四、六五五、〇二一人である(岡崎陽一「明治大正期における日本人口とその実態」)。また、柳田国男によれば(「所謂特殊部落民について」)、日本の人口のうち被差別部落の占める割合はおよそ「七〇人にひとり」とされている。ということは、大正期の被差別身分人口の推定値はおよそ七八万人となる。日本近代国家にとって、一〇〇万人に近い「特殊部落民」の多くが集団規律を身につけることができず、その結果として、「特殊部落民」を農民運動や部落解放運動に追いやることは、資本主義と帝国主義の危機を意味していたのである。

日露戦争後、日本資本主義の発展は階級・階層矛盾を激化させ、労働運動や農民運動や社会主義・共産主義運動も登場し、日本近代国家は未曾有の危機を迎えることとなる。

第3章 群馬県水平社の創立

本章では、一九二二年の全国水平社創立、翌一九二三年の関東水平社・群馬水平社の創立と、これらに先立って、群馬県水平社創立の前夜と言うべき群馬の地域社会における小作争議について見ていく。

1 群馬県水平社創立前夜の群馬の地域社会 ―小作争議と被差別部落―

第一次世界大戦と米騒動の勃発

前章では、日露戦争後、日本資本主義の発展とともに、階級・階層矛盾が激化し、労働運動・農民運動や社会主義・共産主義の運動がさかんになっていったことを見てきた。一九一四年、第一次世界大戦が勃発し、日本も日英同盟を名目に参戦し、シベリア出兵を見越して、一九一七年以来、米商人や地主の買い占めと売り惜しみにより、米価が急騰した。生活不安が広がる中、一九一八年七月に富山県魚津町の女性たちが米価の引き下げを求めて実力行使に出たことをきっかけとして、全国に米騒動が広がり、二五、〇〇〇余人が検挙される大騒動となる。京都市では、部落民数百人が米屋に次々と押しかけ、米の安売りを認めさせたのを皮切りとして、全市で安売り強要、打ちこわしが行われ、軍隊が出動、鎮圧にあたった。

全国に波及する米騒動を受けて、群馬県では郡市長会議を開き、救済策として、外米購入奨励・貯蔵米売り出し勧誘などを決定し、碓井郡・北甘楽郡・舘林町・桐生町・高崎市・前橋市・太田町などで米の廉売が行われ、騒動は回避された（『東京日日新聞』群馬版、一九一八年八月一五日）。

小作争議と農民・被差別部落民 ―須永好と坂本利一・沢口忠蔵―

さて、この米騒動以降、全国に労働運動、農民運動、女性運動、学生運動、普選運動などの組織的な民衆運動が一斉に開花することとなる。

ここ群馬県の小作人組合も、一九一八年の芳賀村・木瀬村に作られたのが最初で、一九二六年までに、一五〇組合、一六、九九五人にのぼった。一九二〇年から一九二一年にかけて、勢多郡・群馬郡・新田郡・山田郡などで、小作争議が激化した。

こうした小作争議の中心になったのが新田郡強戸村の須永好であり、山田郡毛里田村の坂本利一であった。一九二二年には、日本農民組合（日農）が結成され、群馬県からは須永と坂本が出席している。須永は強戸村の農民の出身であり、坂本は毛里田村の部落の出身であった。

では、こうした小作争議において、農民と部落民はどのような関係を取り結んだのだろうか。一九二四年七月一八日の『上毛新聞』は、前日に開催された日本農民組合群馬県連合会創立大会の設立準備会において、委員長に選出される須永好が県連合会結成の提案をした時、部落出身の坂本利一が次のような発言をしたことを伝えている。

> 連合会の成立は誠に結構であるが、諸君が従来の如き水平社員に対しての観念を廃除せずば同組合に入会するを得ない。
>
> （『上毛新聞』一九二四年七月一八日）

これに対して、他の農民出身活動家たちは「連合会は特殊待遇を決してせぬことは勿論であるが、殊更に之を他に鮮明する必要はあるまい」と述べ、「坂本氏も之を諒とし」、連合会結成を満場一致で決議したという。その後も、坂本利一は群馬の農民運動の中心的な人物であり続ける。

もっとも、一九二二年、同じ群馬県でも、邑楽郡大川村坂田東部の小作人等（水平社同人）が小作料の軽減のために小作組合を結成した折、同郡小泉町の小作人に同一歩調をとることを提案したが拒絶されたため、糺弾に及んでいるケースもある（検事長谷川寧「水平運動並之に関する犯罪の研究」）。小作争議をめぐる農民と部落民の共闘は、決して平坦な道ではなかったと思われる。

とは言え、同じ年の四月一四日には、隣県の日本農民組合埼玉県連合会が結成されているが、結成を呼びかけたのは埼玉県水平社委員長の成塚政之助や同書記長の小林駒蔵であり、大会決議の第六項には「労働団体・水平社と協力する」（『埼玉県部落解放運動史』）とある。小作争議という共通の課題をめぐって、さまざまな困難がありつつも、埼玉や群馬において、農民と部落民の共闘がなんとか成立していたと言っていいだろう。

なお、一九二一年頃から、資金面は坂本が担当し、編集兼発行を沢口忠蔵が担当し、『関東農民新聞』が発刊されていた。沢口忠蔵は山田郡韮川村の被差別部落の出身で、農民運動を志して、坂本利一の主宰する真城塾に入塾していた。その後、沢口は群馬県水平社運動の中心人物の一人となり、坂本は農民運動に軸足をおきつつも、水平運動にもかかわり続けることになる。

坂本利一は、一九二二年、日農機関誌「土地と自由」に次のような文章を投稿している。

> 日本現下に於ける当面の農民問題は、農民の大多数たる小作人が極めて少数なる地主に向って小作料割引の要求が第一問題となってゐるけれども其心の底には単なる経済上の損得のためではない。生活に於ける独立自由が潜んでいる。小作料割引の要求は決して怠農の余裕のみを得るためではない。長く犠牲に供せられた心の独立自由を求めるためだ。或は犠牲に供せられるべき境遇からの脱却の手段又は準備である。即ち農民既に自覚して来たのである。
>
> （「土地と自由」一九二二年八月二五日）

坂本は、小作争議で農民が求めているのは、経済的な損得だけではなく、「生活における独立自由」であると述べている。「生活における独立自由」とは自らの尊厳の基礎であり、水平社宣言にもつながるものであった。これは農民としての要求であるだけではなく、「チョウリンボウ」という侮蔑語・差別語を投げつけられ続けてきた部落民としての切実な要求でもあっただろう。こうした農民運動への参画を通じて、坂本や沢口らの部落の出身者は、満を持して、水平運動の準備をしていたのだろう。

2 全国水平社の創立と関東水平社・群馬県水平社の創立

全国水平社の創立

一九二二年三月三日、全国水平社は京都において創立された。参加者は全国から三千人余、群馬からも高崎の小林綱吉、韮川村の村岡静五郎が参加したという（内林喜三郎氏談）。

水平社宣言は「全国に散在する吾が特殊部落民よ団結せよ」に始まり、「吾々がエタである事を誇り得る時が来たのだ」と謳い、「水平社は、かくして生まれた」「人の世に熱あれ、人間に光あれ」で終わる。この「特殊部落民」「エタ」という言葉はマジョリティが投げかけてきた差別語・侮蔑語であるが、この水平社宣言は自ら「特殊部落民」「エタ」と名乗り返し、水平＝平等な社会の実現を宣言するものであった。この水平社宣言は、その後の黒人解放宣言などに強い影響を与えることになる。

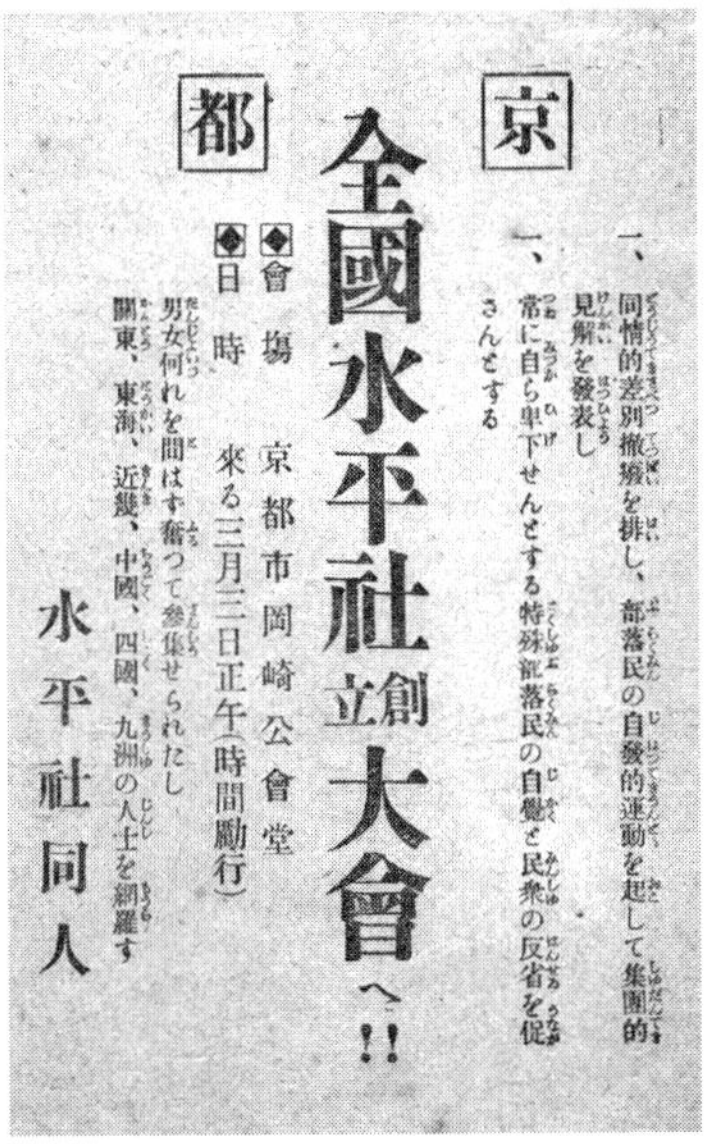

■写真1–3–1
全国水平社創立大会へ
（出典）『写真記録　全国水平社100年』、p.40、解放出版社

「綱領」では、①部落民自身の行動によって、絶対の解放を期す、②経済の自由と職業の自由を獲得を期す、③人間性の原理に覚醒し、人類最高の完成に向って突進する、と定めている。水平社以前、政府や地方行政による融和運動に対抗して、被差別部落民が当事者主権を高らかに宣言し、「経済の自由」「職業の自由」の獲得を求め、その理念的裏付けとして「人間性の原理」を掲げたのである。

さらに三項目の「決議」のうち、第一項に「徹底的糺弾」を謳っていることに注目したい。

一、吾々ニ対シ穢多及ヒ特殊部落民ノ言行ニヨッテ侮辱ノ意思ヲ表示シタルトキハ徹底的糺弾ヲ為ス。

「綱領」で当事者主権と「経済の自由」「職業の自由」の獲得を、「決議」では水平社運動の生命線と言うべき「徹底的糺弾」が謳われ、水平社運動の「当事者主権」「徹底的糺弾」「経済・職業の自由」の獲得という基本骨格が定まったのである。

群馬が中心となって関東水平社・群馬県水平社創立を準備

全国水平社創立の一九二二年六月下旬、京都の栗須八郎が部落の視察と水平社の宣伝のために各地を訪問し、山田郡韮川村の村岡静五郎を訪ねたという（「相愛」一九二四年）。さらに、同年末、平野小剣が関東農民新聞発行者の坂本利一と沢口忠蔵を訪問し、「よき日の為めに」の宣伝ビラを持参し、水平運動の必要性を説いた。

その後、山田郡韮川村の村岡静五郎は坂本・沢口から水平運動のことを聞いて共鳴し、村岡・坂本・沢口と協議して、東京から平野小剣を韮川村に招き、山田・新田・邑楽三郡の部落民を集めて、水平社宣伝演説会を開催した（「協調会資料」）。この会には、年長の村岡をはじめ、沢口忠蔵（山田郡韮川村）、川島米次（邑楽郡大川村）、山口静（新田郡宝泉村）ら、被差別部落の青年たちが参集し、彼らは県内に水平社を立ち上げるために宣伝隊を組織して、各地を演説して歩いたという（「相愛」一九二四年）。

同年三月一一日、川島・沢口が上京していた平野・栗須を訪問し、三月二三日に太田で、関東水平社・群馬県水平社の創立大会を開催することを決定した。その後、新田・山田・邑楽三郡の宣伝委員を中心に、汽車・自転車・徒歩などで、関東水平社創立のビラをもって、群馬県内はもとより、茨城・千葉・東京・栃木・埼玉・長野の被差別部落をオルグして歩いた。

関東水平社・群馬県水平社の創立

二〇二三年三月二三日、新田郡太田町の電気館において、関東水平社の創立大会が開かれた。前夜来、埼玉・栃木・千葉・東京・群馬の一府六県から、自転車・自動車・徒歩・列車に乗って続々と集まり、当日の参加者は五〇〇〇名と伝えられる（「相愛」一九二四年）。その頃、奈良県下で水平社と国粋社の事件があったため、県当局は警察官を総動員して警戒にあたった。

大会冒頭、平野小剣が「虐げられた吾々は自主的集団運動によって此処に解放戦への首途たる、この関東大会を開会する」と宣すると、怒涛のごとき歓声と拍手がしばしやまなかったという。大会議長には村岡静五郎、副議長に清水弥三郎（栃木県田沼町）、沢口忠蔵が経過報告をなし、橋本治一（埼玉県熊谷町）が綱領朗読、成塚政之助（埼玉県箕田村）が宣言を朗読、遠藤武平（東京府元八王子町）が決議文を朗読した。決議文は次のとおりである。

決議
一、吾等に対し旧来の名称並新たなる附号を以て侮辱的意志を表したる時は徹底的糺弾をなす
一、政府其他一切の侮辱的改善及び恩恵的施設の改革を促す
一、吾等は水平社未設の地方に水平社設立を促す為巡回講演部を設置す
一、部落改善費は直接水平社に下附を要求し水平社同人の教育費に充つること

上記の四項目を満場一致で可決。最後に川島米次（甘楽郡大川村）・山口静（新田郡宝泉村）が全国各府県水平社からの祝電百数十通を朗読し、執行委員長には村岡静五郎、同日創立された群馬県水平社の委員長に初めは村岡静五郎が選ばれ、のちに坂本清作が選ばれた。大会後の演説会は真砂座を第二会場として二か所で開催され、弁士には、本部の泉野利喜蔵・栗須七郎・平野小剣、全国少年水平社の山田孝野次郎、各府県の代表が立った。かくして、関東水平社と群馬県水平社は

熱狂のうちに創立されたのである。その中心になったのは東毛の水平社員であったが、西毛の高崎からも小林綱吉らが参加している。なお、この年の八月二八日には、群馬県少年少女水平社大会も開催されている。

3 群馬県各地に郡・町村単位の水平社、この年に八九件の糺弾闘争
―糺弾闘争の激化と高崎区裁判所襲撃事件―

群馬県内の水平社・水平社同人とシンパの大衆的広がり

群馬県水平社が創立された一九二三年三月二三日、同じ日に、新田郡水平社・邑楽郡水平社が設立された。この年にうちに、郡単位の水平社として西上州水平社・北甘楽郡水平社・山田郡水平社など設立され、町村単位の水平社として、佐波郡剛士村・群馬郡片岡村・前橋市・佐波郡宮郷村・碓井郡里美村・佐波郡名知村・群馬郡倉賀野・邑楽郡大川村・群馬郡倉田村・碓井郡秋間村・北甘楽郡富岡町・群馬郡久留間村・邑楽郡永楽村・新田郡太田町・邑楽郡小泉町・群馬郡上郷村などが結成されていく。

群馬県当局の史料によれば、「本県部落民は水平運動に対しては極めて熱心にして、部落民の大半が之の運動に参加し居ると見て差し支えなかるべし」とも推測している。一方、県下の「特殊部落民数」の二万七五〇〇人のうち、実際の水平社員は県下三市・一一郡のうち、群馬・碓井・多野・佐波・新田・邑楽・山田郡の七郡に一四七四人に過ぎないともしつつ、「一旦糺弾事件の勃発するや、只単に水平社同人一千余名の結束を以てとどまらず、平素の水平社運動に感激なき部落民も一斉に立ちて一般民に対抗するを常とするを以て、平素の水平社同人数の多少を以て該地に於ける水平運動の全般を推断することは不可能である」と言っている（『協調会資料』）。

群馬県の水平社運動は、群馬県当局が恐れるほど、県内に大衆的な広がりを見せつつあったのである。

■写真1-3-2　関東水平社創立大会①

（出典）『写真記録　全国水平社100年』、p.52、解放出版社

■写真1-3-3　関東水平社創立大会②

（出典）『写真記録　全国水平社100年』、p.52、解放出版社

一九二三年には八九件の糺弾事件、激化する糺弾闘争

実際、群馬県当局の史料によれば、群馬県水平社が創立された一九二三年には、総数八九件の糺弾闘争が闘われている。一年間はおよそ五一週あり、年間の糺弾事件が八九件ということは、週当たり二回の糺弾闘争を組織していたことになる。それぞれの糺弾闘争の取り組みは数回に及んだだろうから、群馬県下の水平社同人は年間を通して糺弾闘争に取り組んだものと思われる。

県当局が推測するように、「一旦糺弾事件の

■写真1-3-4　関東水平社創立大会③
（出典）『写真記録　全国水平社100年』解放出版社、p.52

勃発するや、（中略）平素の水平社運動に感激なき部落民も一斉に立ちて一般民に対抗するを常とする」ような糺弾闘争が、燎原の炎のごとく県内に広がったのである。この八九回に及ぶ糺弾闘争の取り組みは、第1章で見たように、「解放令」以来、群馬の被差別民が強いられた貧困と差別がどれほど過酷であり、被差別部落民の怒りのマグマが噴出したものと言ってよいだろう。

さて、八九件の糺弾闘争をめぐっては、行政サイドや一般民の反発も見られ、当然のことだが、時に糺弾闘争は激化するケースもあった。ここでは、同年七月の高崎区裁判所襲撃事件を取り上げてみよう。

県側史料によれば、一九二三年三月、碓井郡里見村の庚申祭に際して、同村の市川・中島が「町離坊（チョウリンボウ）」という差別語を用いたとして糺弾闘争が始まる。里見水平社同人は、市川某に全治一〇日間の傷害を加え、さらに同村の乾某にも糺弾と称して殴打したかどで、七月七日に同人二名が検挙され、高崎区裁判所に留置された。これに怒った水平社同人は五〇人で押しかけ、高崎市の同人小林綱吉ら一五人も応援に駆け付ける。翌八日には、群馬水平社の幹部らも応援に駆け付け、三〇〇名余が高崎公園に集まって、裁判所に殺到し、構内に闖入したため、現場にて一六名が逮捕された。三一名が騒擾罪で起訴され、懲役二六名（最高一年六月、執行猶予一二名）、罰金四名、無罪一名という結果となった。

■写真1-3-5　創立大会後の演説会
（出典）『写真記録　全国水平社100年』解放出版社、p.52

里見水平社の解散声明と群馬県水平社

この事件の余波は、里見水平社の解散声明として現れた。高崎区裁判所襲撃事件に関係し、逮捕者を出した碓井郡里見水平社では、翌一九二四年八月二八日、その中心人物である古島小文治と外同志一同の名前において、水平社を解散する声明を発表した。

宣言

吾人同志は満天下の所謂同人並非同人協力して従来の武装的水平運動を排し開明的水平運動に依って差別待遇の撤廃を期す。

この「宣言」のあと、彼らはその「理由」として、水平社運動のために「今迄何百と云ふ善良な同人が牢獄に投ぜられ或は悲惨なる憂き目に遭遇し」、「一般人からは水平運動は社会主義運動や無政府主義運動の姉妹であるかのように誤解され、蛇蝎視されそうに成って」いることを挙げている。古島らなりの高崎区裁判所襲撃事件の総括だったのだろう。

これに対して、群馬県水平社はただちに委員会を開いて、古島ら数名のものを除名処分にした。一九二四年九月一四日の『上毛新聞』には、県水平社幹部の談話として、「古島氏は従来本県水平社とは何等連絡を執ったことがない」として里

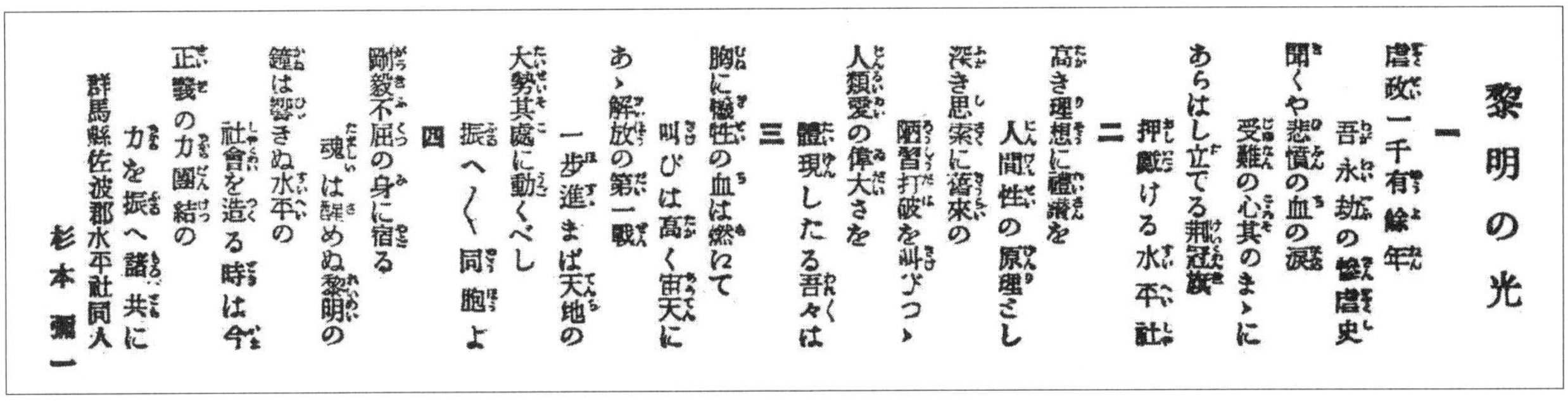
黎明の光

一
虐政一千有餘年
吾永劫の慘虐史
聞くや悲憤の血の涙
受難の心其のまゝに
あらはし立てる荊冠旗
押し戴ける水平社

二
高き理想に禮讃を
人間性の原理さし
深き思索に將來の
陋習打破を叫びつゝ
人類愛の偉大さを
體現したる吾々は

三
胸に犠牲の血は燃えて
叫びは高く宙天に
あゝ解放の第一戰
一歩進まば天地の
大勢其處に動くべし
振へ〳〵同胞よ

四
剛毅不屈の身に宿る
魂は醒めぬ黎明の
鐘は響きぬ水平の
社會を造る時は今
正義の力團結の
力を振へ諸共に

群馬縣佐波郡水平社同人
杉本彌一

■写真1–3–6　群馬県水平社同人の水平歌

（出典）『自由』第一巻第四号、『初期水平社資料集』第4巻、不二出版

「ああ解放の旗高く」ではじまる解放歌は、旧制松山高校（現愛媛大学）に在学していた柴田啓蔵氏が 旧制一高・東寮の寮歌「嗚呼玉杯に花うけて／一高第一二回記念祭寮歌 」のメロディーに詩をつけたもので、以前は水平歌と呼ばれていた。全国各地で同様の歌詞が書かれており、上記は群馬県佐波郡水平社同人・杉本弥一によるもの。

見水平社の声明を全面的に否定し、水平社運動の基本方針である「徹底糺弾」方針を堅持したのである。

なお、水平社同人による糺弾行動が時に過激化することをもって、「徹底糺弾」方針を否定する向きもあるが、時代的な背景を無視した評価である。水平社宣言以前の地域社会においては、子どもからおとなまで、教員から役場の吏員まで、「チョウリンボウ」などの差別語・侮辱語を投げかけ、差別があたりまえの時代があった。水平社という組織に結集し、水平社宣言を発し、集団の言葉を獲得することで始めて、部落民がこれに抗議し、差別を糺すことが可能になったのである。この時代、「徹底的糺弾」は水平社運動の生命線であり、基本方針として堅持されることは必然であった。

この年、全国水平社中央本部では、遠島スパイ事件を契機に南梅吉・平野小剣・米田富が処分され、この年から翌年にかけて、群馬県内では世良田事件が起きる。全国水平社も、群馬県水平社も、苦難の時を迎えることになる。

第4章

全国水平社の分岐と世良田事件・群馬県水平社の分岐

本章では、普選運動などをめぐる全国水平社の分岐と、一九二四年から一九二五年にかけての世良田事件、これをきっかけとした関東水平社・群馬水平社の分岐を見ていくことにする。

1 全国水平社のいくつかの分岐

「徹底糺弾」と弾圧、「部落改善」と政官界への接近

一九二三年三月、全国水平社の平野小剣・南梅吉・栗須八郎は、中央政官界への陳情を重ねた。まず、平野らは同愛会会長の有馬頼寧を訪ねて、中央政官界への陳情の斡旋を依頼した。各地の水平社は「徹底的糺弾」が過激であるとして警察の弾圧を受けており、活動に支障を来すようになっていた。そこで、平野らは内務大臣の水野錬太郎、警保局長の後藤文夫、社会局長の田子一民らと面談し、総理大臣の加藤友三郎とも会って、水平運動への理解を求めたのである。平野らの中央政官界への陳情は、写真付きで新聞に報道され、部落民衆に勇気を与えた。こうした過程で、平野らは有力政治家や、のちに警察のスパイ事件に関与する『同和通信』の発行者である遠島哲男などとも接近することになる。

先に見たように、全国水平社は「徹底的糺弾」を基本方針とするとともに、「経済の自由」「職業の自由」の獲得を実現するために「部落改善」を要求する当事者運動であり、マイノリティの社会運動であった。しかし、当時の天皇制国家体制においては、水平社運動は「徹底的糺弾」を貫けば、「一般民」の反発や官憲の弾圧を招き、「部落改善」を求めれば政官界への接近を余儀なくされるというジレンマを抱えていた。

水平社運動と普選運動と政党支持問題

水平社宣言にあるように、水平社運動は純粋にマイノリティの社会運動であり、水平社運動それ自体では政治方針をもっていなかった。しかし、実際の日本社会は天皇制国家の支配下にあり、政友会・憲政会・革新倶楽部などの既成政党があり、一方の極に、これらと対抗する社会主義・無政府主義・共産主義の勢力があり、水平社運動はこうした政治の坩堝に呑み込まれていく。水平社運動の内部にも、天皇制国家に接近するものや、社会主義や無政府主義や共産主義に接近するもの、あるいは「徹底的糺弾」を遵守するものがあり、さまざまな潮流が混在する組織でもあった。また、部落にも多数の「無産部落民」とともに、「有産部落民」も存在し、階級・階層矛盾を抱えていた。

やがて、普選運動と政党支持をめぐって、全国水平社内部の意見が分岐していく。南は既成政党との連携を主張し、栗須は普通選挙の否定から一転して、無産政党と連携した普選運動の必要性を説き、駒井喜作は政治運動への関与に反対し、あくまで差別糺弾闘争を堅持すべきとした。この段階では、全国水平社も関東水平社も、栗須らの無産政党との連携を警戒し、政治運動化を否定し、選挙はあくまで個人の選択としていた。

全国水平社の分岐
―関西派と関東派、栗須派と南派、ボル派とアナ派など―

一九二二年七月一五日、日本共産党（第一次、一九二三年の一斉検挙で消滅）が創立される。中心になったのは山川均や高橋貞樹らで、日本社会主義革命の一翼を担うものとして、水平運動への影響を広げようと、一九二三年一一月に全国水平社青年同盟（ボルシェビキ派）を結成する。中心となったのは松田喜一、高橋貞樹ら

で、水平運動を糾弾闘争中心から、労働者や農民との連帯を軸とした階級闘争に転換しようとして、栗須八郎と接近していく。

一九二四年に入って、水平社の分岐が始まる。南や平野を中心とする関東派は保守的な政治家と接近して水平運動を展開しようとして、栗須らの関西派は青年同盟（ボル派）や全九州水平社の松本治一郎らと連携し、両派の対立により分裂の危機を迎えていった。

■写真1-4-1　徳川家を訪れた水平社幹部（中央が徳川家達、右が村岡静五郎）

（出典）『写真記録　全国水平社100年』、p.62・右下、解放出版社

徳川家達辞爵勧告・松本源太郎の獄死・遠島スパイ事件

一九二四年三月の全国水平社第三回大会で、全九州水平社が徳川家達の辞爵勧告を提案し、満場一致で可決された。徳川家こそ「我々ノ祖先」を苦しめた「不倶戴天ノ仇」であることを理由として、侯爵の爵位の返上を求めたのである。当時、徳川家達は貴族院議長の要職についていた。三月二六日に南と松本が、四月三日には松本と村岡静五郎が徳川家を訪れ辞爵を勧告した。しかし、徳川家からの回答がないうちに、拳銃をもって貴族院付近を徘徊していた佐藤三太郎（松本の秘書ではあったが、水平社同人ではない）が徳川の暗殺を企てたとして逮捕され、共犯者として、全九州水平社の松本源太郎や松本治一郎が検挙された。全国水平社は佐藤の暗殺未遂と無関係を表明し、松本治一郎は九月二〇日に保釈されたが、松本源太郎は獄死してしまった。

同年一〇月六日、大正赤心団が加藤高明内閣は軟弱外交だとのビラを所持して外務省に乱入し、職員に乱暴を働く事件が起きた。この事件を扇動したとして、赤心団団長の森健二と団員でもあった遠島哲男が逮捕され、九日の家宅捜索によって、遠島が警察のスパイであることが発覚した。遠島と交流のあった平野も警視庁で取り調べを受けることになる。新聞は、徳川暗殺未遂事件の佐藤を警視庁に通報したのが遠島であり、これに平野が関係していたと報じたのである。

遠島が発行していた『同和通信』には水平社関係記事が掲載されており、南や平野は親密な関係にあった。ボル派の全国水平社青年同盟は南・平野・米田を「裏切者」として批判し、処分を求め始めた。一二月一日・二日の両日、青年同盟が主導して全国水平社府県委員会が開催され、中央執行委員長だった南を実質的に罷免、中央執行委員であった平野を事実上の除名、米田は陳謝という処分を行った。

この処分に対して、同年一二月一五日に、関東水平社は執行委員会を開催し、南・平野の処分を承認しないことを申し合わせた。ここに、全国水平社は、ボル派と南・平野らとの対立を内包しながら、関西派と関東派に分岐し始めたのである。

2　世良田事件と関東水平社・群馬県水平社の分岐

被差別部落を襲った世良田事件とその背景

一九二五年一月一八日、世良田事件がおこる。世良田村農民が発した差別発言への糾弾闘争があり、水平社が襲撃してくるというデマをきっかけにして、世良田村の自衛団を中心に周辺農民を巻き込んでおよそ二〇〇〇人（三〇〇〇人とも言われる）が竹槍・日本刀・ピストルなどを持ち、同村の部落の二六戸を襲撃し、水平社同人の家を中心に一五戸を破壊し、一五人が重軽傷を負った。襲撃を知った警察は巡査を動員したものの、ただ静観するばかりであった（世良田事件の詳細は「コラム7　世良田事件」参照）。

世良田事件は、水平社の糾弾行動に対して、一般民が武装して被差別部落を襲撃するという、全国的に見ても前代未聞の事件であった。かつて、明治初年代に、政府の新政（「解放令」・徴兵令・学制など）に反対して、西日本の各地で、農民一揆が部落を襲撃したことがあるが、それから半世紀、同種の事件は皆無であった。ただし、襲撃の対象は部落ではなかったが、世良田事件の二年前の一九二三年、関東大震災に際して、「社会主義者と朝鮮人の放火多し」のデマをきっかけとして、地域の自警団や警察・軍隊が朝鮮人を虐殺するという事件が起きている。群馬県内の藤岡でも、自警団と警察が一七人の朝鮮人を虐殺した。世良田村の一般民も、この藤岡事件について見聞きしていたはずである。

世良田事件の伏線　―関東大震災と自警団の組織化―

実際、世良田村では、九月の藤岡事件のあとの一二月一七日、世良田村周辺住民が集まって自衛団を結成し、「各町村ハ団結シテ一致ノ行動ヲ取ルヲ以テ契約スルコト左ノ如シ」として、五項目の申し合わせをしている（新田郡長「水平運動ニ関スル件」）。関東大震災の朝鮮人虐殺をきっかけとして、関東各地に自警団が結成されており、群馬でも四六九の自警団が結成されている（大日向純夫「大震災をめぐる警察と民衆――朝鮮人虐殺と自警団」、『群馬県史／通史篇七』）。世良田エリアの自衛団も、この段階では、そうした自警団のひとつだったのだろう。

翌一九二四年二月二〇日頃、世良田村の小学校で、親睦会が開催された。開催の理由は、小学生の中で差別発言をするものがあり、これは学校の責任であるとして、世良田水平社同人がしばしば小学校訓導を糾弾したということがあった。前記の親睦会は、両者の融和を図ることを目的として開催されたものである。

世良田水平社同人による小学校訓導への度重なる糾弾は、一般民と世良田水平社同人の対立の火種となったことは推定できる。この世良田エリアは、中世より新田義重が開発し、同じ系統の世良田氏に伝えられ、長楽寺の門前には市が立ち、新田荘の中心のひとつだった。江戸時代初頭には新田は徳川家康の父祖の地とされ長楽寺境内に東照宮（世良田東照宮）が勧請された。また、世良田八坂神社の祇園祭は、神田明神・秩父夜祭と並んで、関東の三大祭のひとつで、宵祭りの七月二四日には十数万人が集まって賑わっていた。

実は、祇園祭のラストには、神輿が各集落をめぐるのであるが、「不浄の土地」として、被差別部落のエリアに決して入らなかったという（戦後の取り組みで改善された）。このように由緒ある世良田村であったが、逆に由緒ある世良田村であったからこそ、被差別部落への差別慣行には厳しいものがあったのだろう（松島一心「祭りと部落――群馬県下の聞き取りから」）。

由緒ある土地柄、根強い差別慣行、自衛団の結成、水平社同人による小学校訓導へのたびたびの糾弾などを伏線とし、水平社同人による糾弾、水平社同人が襲撃してくるというデマをきっかけとして、世良田事件が起きたと言ってよいだろう。それにしても、数千人の一般民が被差別部落を襲撃するという未曾有の世良田事件は、中央政界や群馬地方行政にも、全国と群馬の水平社運動にも衝撃を与え、以降、融和行政や水平運動の動向にも影響を与えていくことになる。

3　世良田事件以降の群馬県水平社運動と群馬県融和会の発足

世良田事件以降、群馬と全国の水平運動は大きく分岐していく。まず、中央政官界と群馬の動向を見ておこう。

中央政官界への働きかけ

世良田同人から連絡を受けて、翌一九日には、近隣の関東水平社同人およそ五〇〇人が太田町にある本部に集結、平野小剣は沢口広吉・沢口丑蔵らとともに現場を訪れ、惨劇を目にする。平野が指揮者となって、全国の水平社への支援要請、群馬県当局の責任追及、救援本部、被害調査委員の任命、警察並びに司法当局の監視などに取り組み始める。各地から支援物資や義捐金が届き始める。また、平野らは内務大臣・司法大臣を訪ね、南梅吉は現場を訪ね、南や村岡静五郎は同愛会会長の有馬頼寧を訪ね、各政党幹部とも会見を行う。衆院議員でもあった有馬は現地を視察し、若槻内務大臣に対して、世良田事件への対応と、地方改善事業の

■写真1–4–3　被害を受けた人々
（出典）『写真記録　全国水平社100年』、p.70、解放出版社

■写真1–4–2　世良田村全景
（出典）『写真記録　全国水平社100年』、p.70、解放出版社

■写真1–4–5　警備する警官たち
（出典）『写真記録　全国水平社100年』、p.70、解放出版社

■写真1–4–4　被害を受けた家屋
（出典）『写真記録　全国水平社100年』、p.70、解放出版社

■写真1–4–7　水平社による調査
（出典）『写真記録　全国水平社100年』、p.71、解放出版社

■写真1–4–6　警備する警官たち
（出典）『写真記録　全国水平社100年』、p.70、解放出版社

■写真1–4–9　『受難乃世良田水平社』表紙
（出典）『写真記録　全国水平社100年』、p. 71、解放出版社

■写真1–4–8　決議文を起草する幹部たち
（出典）『写真記録　全国水平社100年』、p. 71、解放出版社

■写真1–4–10　『受難乃世良田水平社』見開きページ
（出典）『写真記録　全国水平社100年』、p. 71、解放出版社

推進を迫った。

分岐が始まる群馬県水平運動 ―村岡派・平野派・中立派―

一月三〇日、群馬県水平社執行委員会が開かれ、世良田事件にかかわって、「我等の手段として実行し来った糺弾は、将来の平和を促進するものであって、断じて溝渠を深うするものではない」ことを決議した。水平社運動の生命線たる「徹底糺弾」の基本方針を再確認したのである。なお、坂本清作は、世良田事件で奔走した平野を特別執行委員に推薦し、満場一致で承認された。

同じ一月下旬、村岡静五郎や宮本熊吉・栗原積らは独自の行動をとるようになる。二月一五日の関東水平社委員会において、世良田村の一般民衆と早く融和したほうがいいとして、世良田事件の襲撃で逮捕された一般民を救済する嘆願書を司法当局と県当局へ出すことを提案し、反対を押し切って決定してしまった。また、世良田事件で不正があったとして、川島米次・山口静・沢口忠蔵の三人を解任する。三月には村岡らの前橋裁判所への上申は却下されるが、村岡派は特別執行委員の平野を除名、川島・山口・沢口に厳しい処分をくだし、さらに三月二八日には世良田事件の融和手打式を開催した。この手打式には、群馬県や新田郡、各村の役人、警察官、各大代表、水平社から、およそ二〇〇人が出席したという。

四月八日、村岡派に対抗して、平野や川島・山口・沢口らは全国水平社青年連盟を創立した。その結果、関東と群馬の水平運動は三つのグループに分岐することとなる（『東京日日新聞』）。

平野派…平野小剣（東京）、沢口忠蔵・川島米次・山口静（群馬）、辻本晴一・成塚政之助・水野安緩（埼玉）、清水弥三郎（栃木）

村岡派…村岡静五郎・沢口広吉・坂本清作・正田熊次郎・金井助作・松島長十郎・栗原積・杉本弥一（群馬）、宮本熊吉（埼玉）

中立派…坂本宇三郎・竹内絹五郎・小林重吉・鈴木信作・松島虎之進（群馬）、金井喜三郎（埼玉）

世良田事件の衝撃を受けて、「徹底的糺弾」という基本方針をめぐって、関東水平社・群馬県水平社は平野派・村岡派・中立派に分岐したのである。なお、この年の一〇月初めに、埼玉県熊谷町林組工場において、水平社同人の女工三〇名が差別待遇に抗議してストライキを起こし、解雇されるという事件が起きた。この女工たちが西上州水平社同人であったため、高崎の小林綱吉が彼女らの身柄を引き取ったところ、村岡派は小林を群馬県水平社から除名した。小林は村岡派と対抗して、西上州革新同盟を組織した。

村岡派は、世良田事件以降、新設の群馬県融和会との提携を図っていく。

4 群馬県融和会と群馬県水平社の面々

群馬県では、一九二三年ごろから、町村を単位とする融和会を設置し始め（箕輪町向上会、新町覚醒会、里見一心會、豊岡融和会、中之条改善会、碓井改善委員会）、一九二五年二月一二月には各郡市長あてに融和会設立を促す通牒を出している。世良田事件が大きな契機となったのだろう。

一九二六年二月一二日、群馬県融和会が発足する。前橋市の臨江閣別館で、群馬県知事、県内務部長、地方裁判所長、検事正、各郡市長、各警察署長、町村長、県関係吏員、水平社員代表など、三〇〇名が出席し、会長に牛塚知事、副会長に落合内務部長と青山県会議長、理事には部落代表者も含まれることとなり、水平社幹部や各地の部落代表者が選任された。群馬県融和会の理事には、村岡静五郎・坂本清作・川島米次・山口静・栗原積らが選任され、主事には沢口忠蔵が就任している。平野派と村岡派が混在していることが見てとれる。なお、主事を引き受けた沢口によれば、友人から「ミイラとりがミイラになるぞ」と言われたが、「おれは大丈夫だ」と答えたという。

群馬県融和会の発足に先立って、一九二六年一月九日の『上毛新聞』は、群馬県融和会の動きについて、「官民合同の融和連盟組織、過激から離れた水平社と官吏が合同す」という見出しを打っている。しかも、県融和会の理事に平野派と村岡派が混在し、主事が平野派の沢口忠蔵であったことにも注目し、次章で、その後の動向を見ていきたい。

第5章

戦時体制下の水平社運動・融和運動

本章では、戦時体制下の全国および関東・群馬の水平社運動と融和運動について見ていく。

1 大正から昭和へ、分岐する水平社運動

松本治一郎が中央委員会議長に
―ボル派とアナ派の対立を内包しつつ―

世良田事件で幕を開けた一九二五年の五月に、全国水平社第四回大会が大阪で開催された。その大会の前日、南梅吉は中央執行委員長の辞任を発表する。大会では、松本治一郎が中央委員会議長となり、本部は全国水平社青年同盟を中心としつつも、旧執行委員や中間派も引き入れて構成されることになる。全国水平社は、近畿・江勢・中部・関東・中国・四国・九州の各連合会から中央委員を選出した。関東連合会からは清水弥三郎、全関東水平社青年連盟からも中央委員を出すことになった。全国水平社はボル派の主張する階級闘争色の強いものとなったが、関東水平社青年連盟（アナ派）をも引き入れて、かろうじて統一を守っていた。

全国水平社自由青年連盟（アナ派）の発足と関東の水平運動

全国水平社第四回大会後の一九二六年五月一五日、愛知県水平社本部で、全国水平社自由青年連盟結成の準備会が開催された。参加者は、京都・福井・愛知・静岡・岐阜・長野・福島・滋賀の水平社本部、平野らの全関東水平社青年連盟、中部・北陸・山陰・近畿などの各青年連盟であった。以後、全国水平社自由青年連盟は全国水平社の公認団体となり、代表して、静岡の小山紋太郎が中央委員となる。

全国水平社自由青年連盟はアナキスト派と目されていたが、実態としては、全国水平社青年同盟（ボル派）に対抗して、全国水平社創立の理念として、純水平運動を継承しようとする人々と、アナキズムを信奉する人々との連合体であったようだ（朝治武『差別と反逆　平野小剣の生涯』）。四月一四日、第四回関東大会が全国水平社関東連合会として開催され、参加したのは東京・群馬・埼玉・茨城・千葉・長野の水平社と全関東水平社連盟であった。大会では、長野の朝倉重吉から「小学校に於ける差別撤廃事件に関する件」が提案され、文部大臣への抗議文書は平野・朝倉・沢口が作成することになった。この段階では、関東における水平社の統一は辛うじて保たれていたのである。

アナ・ボル対立の激化、労農党支持連盟、日本水平社の創立

翌一九二六年五月、全国水平社第五回大会が開催された。大会では、綱領の改正や無産政党支持をめぐって、アナ・ボル対立が激化する。同年一〇月二二日、大阪において、ボル派もかかわって、全国水平社労農党支持連盟が結成され、西光万吉・阪本清一郎が常任委員となる。三月三日に結成されていた労働農民党は急進的な左派の立場を明確にし、一二月の第一回全国大会で阪本清一郎と松本治一郎が中央委員になっている。全国水平社は労農支持へと傾斜していき、その後、関東・群馬に影響力をもつ平野は国家主義へと傾斜していくことになる。

翌一九二七年一月五日、南梅吉らは全国水平社が共産主義に毒されているとして、日本水平社を結成する。その基本方針は、徹底的糺弾は道徳的説諭に変えられ、部落産業・部落改善費・部落民の雇用など、部落の経済問題を重視するようになる。委員長には南が就任し、平野に近い沢口忠蔵・川島米次・山口静・坂本清作らが参加する。以後、平野派は全国水平社を離れ、日本水平社系として活動

することになる。

一九二七年段階で、全国と関東の水平社運動はいくつかの潮流に分岐している。

【全国水平社の諸潮流】

- 全国水平社本部…共産主義と社会民主主義を中心としたグループ
- 全国水平社解放連盟…全国水平社内のアナキストを中心としたグループ
- 日本水平社…南らのグループ、群馬の平野グループも参加
- 栗須らのグループ

【関東の水平社運動の諸潮流】

- 関東水平社…村岡静五郎らのグループ
- 全関東水平社連盟…平野らのグループ
- 全国水平社関東連合会…深川武ら全国水平社解放連盟グループ

群馬県水平社は日本水平社に加盟、一方で労農支持連盟も

同年三月一七日、群馬県水平社は執行委員会を開催し、日本水平社への加盟を決定した。四月四日には、群馬県水平社と全関東水平社青年連盟と日本水平社群馬県連合会との連合大会を開催した。この大会には、南や、全関東水平社青年連盟委員長の清水弥三郎や、顧問の平野小剣、長野県水平社婦人代表の高橋くら子らも参加している。群馬県水平社は日本水平社としての活動方針を鮮明にし、世良田事件後の低迷から脱していくことになる。

一方、同じ一九二七年に、東毛を中心とする日本水平社への加盟の動きに対して、高崎市など西上州水平社同人が中心になって、全国水平社労農党支持連盟群馬県連合会を結成した。その後、高崎市水平社の清塚嘉信らが高崎市で労農党演説会を開くことや、巡回講演会を安中・倉賀野・箕輪・原市・高浜・片岡・正善などで開催することを申し合わせている。また、佐波郡水平社の杉本弥一、同郡芝根村水平社の梅沢弥七、群馬郡岩鼻村の堤源寿らは、労農党支部準備会を組織するなど、労農党支持の動きも見られたが、埼玉県と異なって、群馬における水平社と労農提携は進まなかったようである。そして、一九二九年の四・一六事件の弾圧によって、梅沢・杉本らが検挙され、労農党支持グループの活動は停滞することになる。

2 戦時体制下の水平社運動・融和運動

水平社の政治進出
—全国水平社の衆議院選挙出馬と群馬の日本統一党結成—

一九二八年に入ると、二月二〇日に普通選挙第一回の衆議院議員選挙が行われ、全国水平社からも三名が立候補し、いずれも当選しなかったが、水平社の政治への進出が始まった。

翌一九二九年は、群馬県では町村会議員の改選期にあたっていたので、西上州水平社では、各町村でかならず候補者を擁立することを申し合わせた。翌一九三〇年二月一三日、群馬県水平社では、水平運動に理解のある候補者を応援することや、将来的には政治的な政党を作ることを決定している。実際、一〇月二三日、群馬に固有の地方政党である日本統一党を結成した。中心になったのは、竹内喜春・川島平十郎・川島米次・坂本利一・坂本清作・山口静・植松丑五郎などであった。綱領では「被圧迫大衆解放運動ノ達成」や「陋習ヲ打破シ新日本ノ建設」などを謳っていたが、このローカル政党は機能しないまま挫折した。なお、全国水平社は一一月一日に日本統一党の「絶対排撃」を決定し、関東水平社を名乗る村岡・沢口らのグループも、日本統一党を水平運動に反するとして批判した。

関東・群馬の水平運動の諸潮流　—関東水平社甦生連盟を結成—

平野・川島らのグループは一九二七年に日本水平社への加盟を決めた。一九二九年一月五日、全関東水平社青年連盟はその役目を終えたとして解散し、二月六日には関東水平社大会を開催した。三月二三日には関東水平社創立六周年を記念して、水平社関東協議会を開催し、分裂していた関東の水平運動を立て直すことを申し合わせた。四月一二日、水平社関東大会を二五〇名を集めて開催し、これには東京の平野小剣、埼玉の森利一・水野緩茂、栃木の清水弥三郎、群馬の川島米次・坂本清作・植松丑五郎・山口静・沢口忠蔵・小林綱吉・竹内喜春・平井孫七らが参加し、議長は清水弥三郎、副議長は竹内喜春と平井孫七、議事進行は沢口忠蔵、書記は谷本光・川島米次であった。

群馬の参加者は、平野派ばかりではなく、村岡派の坂本清作などもいた。大会では、平野は全国水平社の下部組織であった「関東連合会（深川武委員長）は存しあるも事実上活動なきを以て此の大会を機会に太田町に甦生本部を設置」することを提案し、七月七日に関東水平社甦生連盟を結成した。

これに対して、深川武らの関東連合会は「エセ関東大会」として厳しく批判し、一九二九年一二月二三日に、二〇〇人の代議員と約五〇〇人の参加者を聴衆を集めて、関東地方代表者会議を開催した。議長は清水弥三郎、副議長は埼玉の成塚政之助と長野の朝倉重吉、群馬の栗原悦太郎、書記長は水野緩茂、進行係に東京の深川武と森利一、資格審査委員長は埼玉の坂本寛一、役員選考委員は東京の田原春次で、全国水平社支持を表明した。清水・水野・森らは四月の平野らが開催した水平社関東大会にも参加し、一二月の関東地方代表者会議にも参加しており、両組織の境目が曖昧になっていることにも注目したい。

この時期、群馬の水平運動は、日本水平社系、全国水平社系、小林綱吉などどちらでもない潮流が鼎立していた。また村岡静五郎は依然として関東水平社を名乗り、坂本利一は愛国社会党の結成を準備しており、世良田村水平社の松島粂蔵らは皇国青年同盟という新しい組織を準備していた。

ボル派の全水解消論の挫折と全国水平社の部落委員会活動

全国水平社に目を向けると、一九二六年一〇月には福岡連隊差別問題で糾弾闘争、一一月一一日に福岡連隊爆破陰謀の容疑で、松本治一郎と木村京太郎が検挙された。一九二八年の三・一五事件と一九二九年の四・一六事件で、全国水平社の共産党関係者が検挙される。同年一一月の第八回全国大会で、全水の危機を回避すべく、自ら全水解放連盟を解体した。一九三一年の第一〇回全国大会は、ボル派による全水解消論をめぐる激しい論戦となった。総本部は労農階級との共同闘争を重視しつつ、部落大衆の差別と困窮を克服していこうとするものであった。これに対して、朝田善之助・北原泰作らはプロレタリア革命への被差別部落民の参加を重視し、全国水平社の解消を主張した。この解消論に対しては、泉野利喜蔵・阪本清一郎・朝倉重吉らは激しく反対した。

この第一〇回大会の直後に、松本治一郎は福岡連隊爆破未遂事件の刑期を終えて出獄し、解消論に反対したこともあって、全水解消論は破綻する。翌一九三三年三月の第一一回全国水平社大会は、過去の偏向と誤謬を清算し、部落委員会活動の方針を掲げる。同年六月下旬、高松地方裁判所の差別裁判事件の報告がもたらされ、全国水平社は差別裁判の取消し、犠牲者の即時釈放、関係司法官の免職を要求し、高松差別裁判の糾弾闘争と全額国庫負担による部落施設要求と結びつけ、部落委員会活動の全国化をめざした。全国水平社は、混迷の時期を経て、全国で活発な活動を展開し始めた。

戦時体制下の水平運動・融和運動

一九三六年に二・二六事件が起き、全国水平社は「歴史の逆行者たるファッショ粉砕」（『水平新聞』）論を主張した。また、松本治一郎は二・二六事件の直前の衆議院選挙において、勤労大衆の生活擁護、差別撤廃、反ファッショを掲げて、初当選を果たす。松本は無産政党の統一に努力するとともに、衆議院では、水平運動への政府の態度を追及し、地方改善費年額一〇〇〇万円の要求や華族制度の改廃などを求めた。

一九三七年七月七日に、日中戦争が始まり、戦時体制に突入する。同年の第一四回大会でも、被圧迫部落大衆の解放や反ファッショ戦線の統一などを宣言するが、同年三月には、総本部書記長の井元麟之、常任書記の酒井基夫が治安維持法違反で検挙され、全水に動揺が生まれた。九月の全水拡大中央委員会は「非常時に於ける全国水平社運動」を発表し、「挙国一致」への積極的な参加の方針を打ち出した。一二月には第一次人民戦線事件が起こり、左翼民主主義（労農派マルクス主義）の日本無産政党や、日本労働組合評議会も結社禁止となり、反ファッショ統一戦線は崩壊する。

一九三九年後半、全国水平社では、反軍演説をした民政党の斎藤隆夫の除名問題をめぐって、除名に反対する松本治一郎らと、除名を支持する北原・朝田らの全水解消派が対立した。これがきっかけとなって、翌一九四〇年四月には、北原・朝田らは部落厚生皇民運動全国協議会を発足させ、戦時体制に呑み込まれていく。一方、全水本部は八月に皇民派を除名したが、同年同月、全水第一四回大会で大和報国運動の展開を決定した。全水派も皇民派（全水解消派）も、国家主義的な融和運動に接近していったのである。一九四一年一二月八日にアジア太平洋戦争が始まり、言論出版集会結社等臨時取締法の公布・施行により、政府は全国水平社の存立を不許可とし、一九四二年、全国水平社は結社存続の手続きをせず、自然消滅を選択した。

全国の融和運動・融和団体の動向と戦時体制へ

一九二二年に始まる水平運動以前、一九〇〇年前後から、各地で部落改善の取り組みが始まり、一九一〇年代に入ると、部落と部落外の相互理解を深めようとする融和主義の主張が強まっていった。一九一〇年の韓国併合で植民地支配を始めると、日本政府は内外の融和の実現を必要とするようになり、一九一四年には帝国公道会を発足させ、融和主義の宣伝に努めた。

しかし、第一次世界大戦後、デモクラシーの広まりや、米騒動・労働運動・農民運動など民衆運動の進展をきっかけに、帝国公道会にかわって、開明的な華族であった有馬頼寧を会長として、一九二一年に同愛会が設立された。翌一九二二年に水平社が設立されると、有馬は水平社運動への賛意を表し、すでに述べたように、水平社の南・平野らは有馬に接近していった。この頃までに、全国各地で

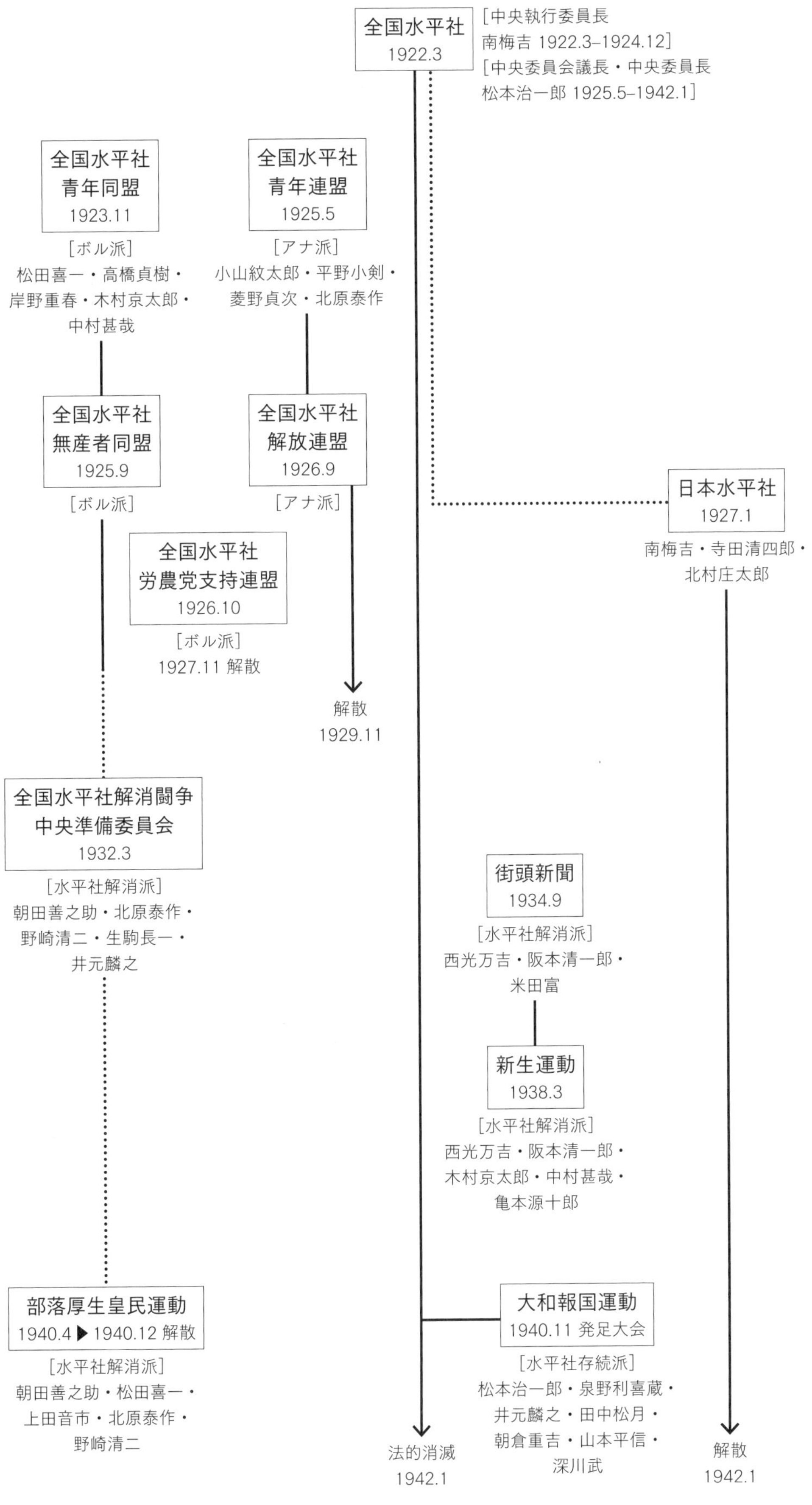

■図表1–5–1　水平運動の諸潮流

（出典）部落解放同盟『写真記録 部落解放運動史』掲載の図を加工、2022、解放出版社

融和団体が生まれ、一九二五年には全国融和連盟が結成された。

こうした同愛会を中心とした全国融和連盟に対して、政府は一九二三年に中央社会事業協会を発足させ、そこに地方改善部を設けて、部落問題への対応にあたっていた。一九二五年に全国融和連盟が結成されると、地方改善部も加盟するが、全国融和連盟の全国水平社を承認する姿勢に警戒を強め、同年九月に、中央融和事業協会を設立した。なお、政府が全国融和連盟とは別に中央融和事業協会を設立したきっかけとなったのは、同年初頭に起きた世良田事件の衝撃だったとも言われている（中村福治『融和運動史研究』、千本秀樹「世良田事件の「融和手打問題」をめぐって」）。

中央融和事業協会は内務省内におかれ、会長には国家主義者の平沼麒一郎が就任した。一九二七年に全国融和連盟は解散、同愛会も吸収され、中央融和事業協会は全国の融和団体を傘下におさめていった。なお、同協会内部には、平沼らの国家主義に近いものとともに、三好伊平次や山本政夫らの部落民の主体性を重視するものもいた。

一九二九年の世界恐慌の影響下の昭和恐慌に際して、全国で農山漁村経済更生運動が展開され、中央融和事業協会も経済更生運動を進めて、部落の改善に取り組んだ。一九三五年、政府に働きかけて、融和事業完成十カ年計画を立てたが、戦争の激化とともに、十分な成果を上げることができなかった。この計画は戦後の同和対策の先駆けとも評価されている。

戦時体制に入ると、一九四一年六月、中央融和事業協会が同和奉公会と改称され、府県融和団体も同和奉公会の府県本部に改められた。こうして同和奉公会—同府県本部—同市町村支会—部落常会・地区更生実行組合という大政翼賛会に対応した組織が成立したが、敗戦後の一九四六年に解散した。この流れとは別に、主流派は大和報国運動へと向かい、旧水平社解消派は部落厚生皇民運動へ向かい、いずれも短期で解散し、戦争の渦に呑み込まれてしまった。

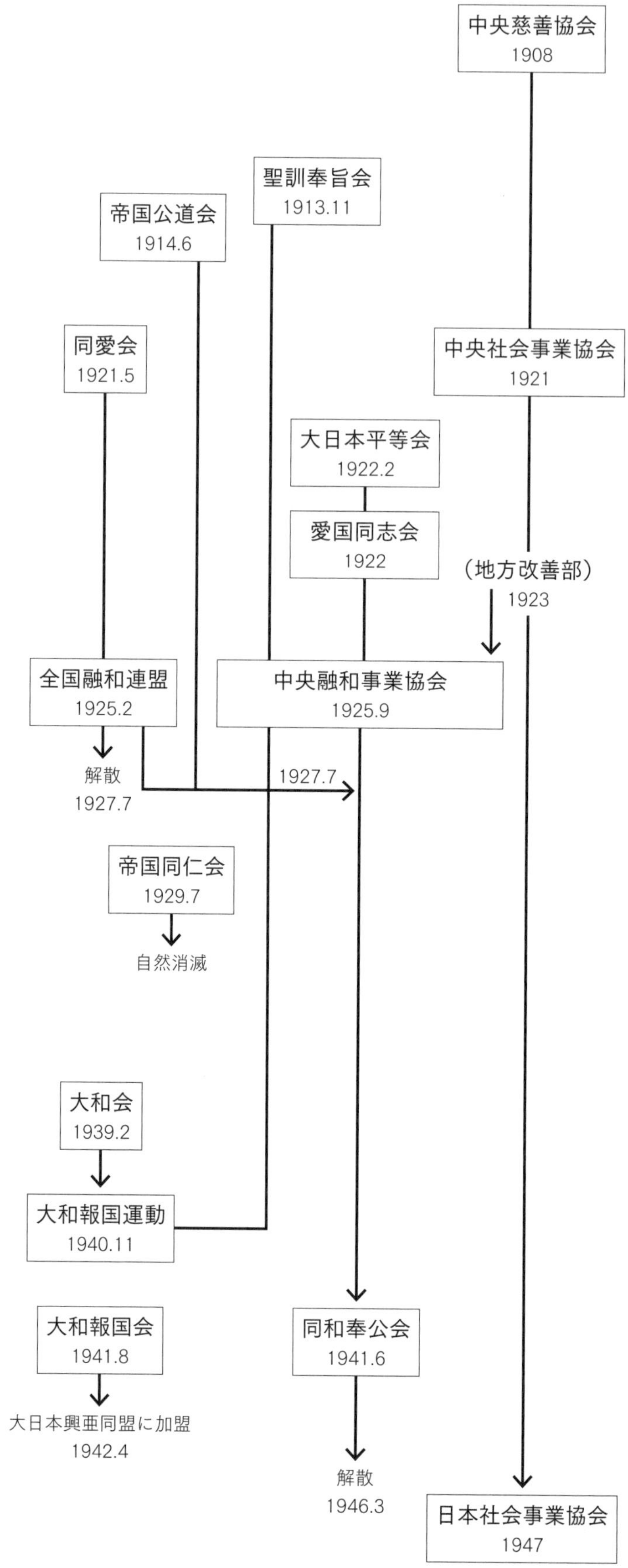

■図表1–5–2　融和団体の変遷

（出典）部落解放同盟『写真記録 部落解放運動史』掲載の図を加工、2022、解放出版社

[3] 戦時体制下の群馬における水平社運動と融和運動

次に、戦時体制下の群馬における水平社運動と融和運動の動向を見てみよう。

全関東融和促進同盟の発足

前章で見たように、一九二六年に群馬県融和会が設立され、理事には水平社の幹部や各地の部落代表が選任され、主事には平野グループの沢口忠蔵が就任した。また、この時期、全関東水平社甦生連盟は日本統一党を結成して政治進出を図ろうとしたが挫折し、新たに融和促進に取り組み始める。

一九二九年、群馬郡水平社の平井孫七が中心となって、『融和の曙光』というパンフレットを発行し、「同胞融和促進」を訴えた。このパンフレットには、中央融和事業協会の嘱託の下村春之助らも執筆するなど、水平運動と融和運動の協力という動向を踏まえて、一九三〇年から、熊谷町会議員の宮本熊吉や、群馬県融和会理事の坂本清作らは全関東融和促進同盟の準備を始める。

発起人となったのは総勢五一人で、前衆議院議員の石坂養平、群馬県選出の衆議院議員の青木精一ら五人の衆議院議員、群馬と埼玉の県会議員・町会議員、小中学校長、群馬県融和会理事の村岡静五郎、坂本清作、川島米次、山口静、栗積、埼玉の辻本晴一らで、かつての平野派、村岡派のメンバーが参加していた。この全関東融和促進連盟は、融和促進を目的として、群馬県の政官界と、鼎立する水平運動の諸潮流が参加した。しかし、栃木の清水弥三郎や、東京の平野小剣は参加しておらず、融和促進の動きに距離をおいたものと思われる。

■図表1-5-3　水平社団体一覧（群馬県）

団体		1933年	1934年
全国水平社	団体数	4	1
	加盟者	971	800
日本水平社	団体数	10	14
	加盟者	1,209	3,156
その他の水平社	団体数	1	1
	加盟者	72	33
合計	団体数	15	16
	加盟者	2,252	3,987

（出所）『社会運動の状況―水平社運動』、1968、神戸部落史研究会

一九三一年一〇月二三日、埼玉の熊谷町で、全関東融和促進同盟の発会式が開催された。会長には石坂養平、副会長には青木精一と長島作左衛門、常任幹事に尾沢浩太郎、鏑木吉十郎、長谷川盛枝、平社鍋之助、太田大光院執事の島田誠敏、群馬県融和会の大島戸一や宮本・川島・坂本・山口らが就任した。

全国水平社系勢力の復活と全関東部落民全体会議の結成 ―部落民自身の当事者運動の堅持―

一九三二年、全国水平社は部落改善委員会活動の方針を打ち出し、高松差別裁判の糾弾闘争とともに、全国的な活動を展開し、組織拡大に取り組み、九月一〇日には、全国水平社の群馬県委員会を前橋市の臨江閣で開催した。本部からは松本治一郎・泉野利喜蔵らが出席し、高松差別裁判糾弾の演説を行った。一九三三年・一九三四年の『社会運動の状況』の群馬県の水平社団体一覧によると、全国水平社系の団体数は四、加盟者九七一人、日本水平社系の団体数は一〇、加盟者数は一二〇九人、その他の団体数は一、加盟者は七二人とあり、全国水平社系が復活していることが見てとれる。詳細は不明だが、群馬県にも全国水平社の活動の受け皿があったのだろう。

しかし、翌一九三四年には全国水平社系は減少し、日本水平社系は二・五倍と激増している。一九三二年八月二八日、群馬における全国水平社系の復活に対抗するためだったのだろうか、あるいは融和主義への反発もあったのだろうか、埼玉の宮本熊吉、群馬の坂本清作、村岡静五郎、平野らが話合い、全関東部落民全体会議を開催している。議長は村岡、副議長は宮本・清水・坂本、書記は辻本、会計は川島、常任委員には埼玉の成塚政之助と平社鍋之助、群馬の山口・竹内（喜平）、東京から平野、栃木から戸塚（半十郎）が選ばれた。全水系から、東京の深川武や長野の朝倉重吉は参加していないが、埼玉の成塚政之助は参加している。全関東部落民会議の名称のとおり、関東の部落民の大結集であり、あくまで部落民の会議であって、融和団体の参加はなかったようだ。綱領では、「皇道意識」の高揚や、「全関東部落民ノ精神的経済的重圧ノ徹底的解決」や、「人類相愛ノ最高ノ完成ヲ期ス」を謳っており、平野の内外更始倶楽部の綱領と同じく、国家主義的な色彩がもつものであった。一九三二年段階の全国水平社は「反ファッショ」を掲げていたが、全関東部落民全体会議は「皇道意識」の高揚を掲げ、戦時体制へと傾斜していった。

一九三七年の日中の全面戦争勃発から一カ月後、八月二八日に埼玉県熊谷市で、

二〇〇余人を集めて、全関東部落民代表者会議（全関東部落民全体会議と同じと思われる）が開催された。会議をリードしたのは山口静・村岡静五郎・辻本晴一・清水弥三郎らで、中央融和事業協会の融和事業完成十箇年計画の一層の強化を訴えた。翌一九三八年二月二一日に、太田町にて、関東水平社解消準備幹部会代表者の名で、解散を申し合わせ声明を作成した。名前を連ねたのは、群馬の村岡・坂本・川島・山口・竹内、埼玉の宮本・辻本・小林（忠平）・竹内（照政）、栃木の清水・済川（憲司）、東京の平野であった。同年三月、解散式を開催し、平野が荊冠旗を焼いた。

この時期に、群馬において、全国水平社系が復活し、平野らが主導して、全関東融和促進同盟とは別に、全関東部落民全体会議を結成したのは、部落民自身の当事者運動の堅持という初期水平社運動の基本精神を辛うじて堅持しようとする試みだったと思われる。群馬の水平運動は、一方で融和主義に傾斜しつつ、一方で部落民自身の当事者運動を堅持しようとして、最後の努力を傾注したのだろう。

群馬県融和会と群馬県事業協会兼融和会の内紛の顛末
―県当局・関東水平社・全水系の齟齬―

一九三四年三月から四月にかけて、群馬県融和会の運営をめぐって、内紛が起きている。この当時、群馬県融和会主事は沢口忠蔵で、群馬県社会事業協会兼融和会には石原秀雄講師がいた。三月二〇日付の『上毛新聞』によると、前橋・勢多・佐波・多野の一市四郡の部落民有志と群馬県融和会の有志は、「融和事業に対する県当局の方針をただ」すために、群馬県の乾社会課長と会見し、決議文を提出した。さらに三月二六日には、沢口主事と会って、辞職を勧告した。彼らは群馬県社会事業協会兼融和会の石原秀雄講師を支持していた。

この内紛の背景には、村岡・川島・山口らの関東水平社と栗原悦太郎ら全水系との対立があり、前者が支持する群馬県融和会と、後者が支持する群馬県社会事業協会との対立があったようだ。群馬県では、融和会会長である金沢正雄知事の了解を得て、沢口・石原の両名を解職し、今後は県融和会は直接事業は行わず、事業は各支部に一任し、統制をはかる機関として活動をすることを決定した。

この時期、群馬県内の全水系の活動が活発化しており、関東水平社と全水系の水平社運動が対立し、群馬県もこれをコントロールできず、融和事業の実施を各支部に一任している。世良田事件以降の群馬県の水平社運動は、群馬県の融和事業に取り込まれたとの見解もあるが、この段階でも、群馬県当局は群馬の水平社運動をコントロールできず、支部＝地域の力に委ねるしかなかったものと思われる。

その後の全関東融和促進同盟と大和報国運動

一九三八年七月二七日、全関東融和促進同盟は太田町で時局拡大委員会を開催した。同月二九日には、全関東融和促進同盟の宮本や辻本らは文部省・厚生省・司法省・陸軍省・海軍省や、中央融和事業協会などを訪れ、融和事業や融和教育の徹底について陳情をおこなった。一九四一年六月一五日、中央融和事業協会は同和奉公会に改称・改変され、それに伴って、全関東融和促進同盟の中心メンバーは同和奉公会県本部の役員となったため、全関東融和促進同盟は実質的に機能しなくなった。

一方、一九四〇年の第一六回全国大会で、全国水平社は大和報国運動を提唱した。なお、中央委員には、群馬県新田郡の金井喜作が選ばれている。また、全国水平社は、七月二四日に太田町韮川村の韮川会館において、全国水平社臨時大会を開催した。この大会には松本治一郎・田中松月・井元麟之らが出席し、演説会では群馬県連の馬場新平が司会をしている。同年一一月三日、東京浅草の東本願寺で、大和報国運動発足大会が開催された。群馬県からは、竹内喜春・平井国治・山口静・田幡昇・小川百助の六名が参加した。

メンバーの中に、山口静の名前があることから推察して、同一人物が全関東融和促進同盟や全関東部落民全体会議にも参加していたようだ。内林喜三郎によれば、この頃、差別事件があれば多野解放青年同盟の代表で応援に行き、水平社の関東大会があれば参加し、群馬県融和会の総会があれば参加したという（内林喜三郎『光を求めて五十年』）。部落の現場の活動家にとっては、思想的色分けだけではなく、部落の解放に必要ならば、さまざまな活動場面に出かけていったというのが実相ではなかったろうか。

一九四一年三月九日、大和報国運動の群馬県本部が結成され、本部長は小泉信太郎、役員には群馬県融和会の幹部と部落の代表者が選ばれた。同三月三日、東毛の山口・村岡・川島・坂本らは、大和報国会運動群馬県支部設立に反対を申し合わせた。水平社運動と群馬県融和会をめぐって、県内の活動家の複雑な動向については今後の検討課題としたい。

第6章

群馬県水平社運動の特徴

さて、第1部の最後に、本章では群馬県の水平社運動の特徴をまとめてみたい。

1 群馬県水平社初期の特徴
―関東を牽引、東毛の小作争議と水平社運動、頻発する糺弾闘争―

一九二二年の全国水平社創立から遅れること一年、一九二三年三月二三日に、関東水平社とともに、群馬県水平社が創立された。群馬県太田町で開催された関東水平社創立大会には、群馬のみならず、埼玉・栃木・東京・群馬の一府六県から、五〇〇〇名が参加した。東京にいた栗須八郎・平野小剣を訪ね、関東水平社と群馬県水平社の創立を相談したのは、群馬の川島米次と沢口忠蔵であった。また、創立大会に向けて、その宣伝を中心的に担ったのは、新田・山田・邑楽三郡の宣伝委員であった。関東水平社運動を牽引したのは群馬の活動家であったと言ってよいだろう。

初期の群馬県水平社を中心的に担ったのは、村岡静五郎・坂本利一・沢口忠蔵・川島米次ら、東毛の部落民であった。中でも、坂本・沢口は水平社創立以前から小作争議にかかわって農民運動に参加しており、こうした活動を通して、水平社創立の準備が進んだと言ってよいだろう。

それと、特筆すべきこととして、群馬県水平社が創立された一九二三年、群馬県内では八九件の糺弾闘争が取り組まれている。一九七二年の「解放令」以来の半世紀、いかに群馬県の被差別部落民が貧困と差別に虐げられていたかを物語っているだろう。

東毛から始まった群馬県水平社運動は、やがて西毛・中毛・北毛へと広がっていく。

2 世良田事件、世良田事件後の群馬の水平社運動
―平野派と村岡派への分裂、群馬県融和会の設立―

群馬県水平社の創立が一九二三年三月、翌一九二四年末の差別事件をきっかけに、一九二五年初め、世良田事件が起きる。世良田周辺の「一般民」が世良田村の被差別部落を襲撃し、水平社同人の家屋を破壊し、一五人が重軽傷を負った。この前代未聞の事件は、中央政官界に衝撃を与え、水平運動にも重大な影響をもたらすことになる。

群馬県の水平社運動も、初期水平社の糺弾闘争を堅持しようとする平野派と、一般民や行政当局との融和をめざす村岡派に分岐していく。一方、一九二三年頃から、群馬県当局は町村を単位とする融和会設置の準備を始めており、一九二六年に群馬県融和会を設立する。これには、群馬県の政官界とともに、各地の部落代表者も参加し、県融和会の主事には平野派の沢口忠蔵が就任した。

群馬県では、当事者運動としての水平運動は政官界を含めた融和運動と接近し始めたのである。

3 大正から昭和へ、戦時体制下の水平社運動
―全関東融和促進同盟・全関東部落民代表者会議・全水系水平社―

一九二六年以降、アナ・ボル対立、労農党支持問題などをめぐって、全国水平

社も大きく分岐し始める。全国水平社初代委員長であった南梅吉は日本水平社を発足させ、平野らの関東水平社・群馬県水平社も日本水平社に参加していく。一方、群馬県内には、労農党支持連盟の動きもあった。

一九三一年の全国水平社第一〇回大会では、ボル派による全水解消論をめぐって対立が激化した。翌一九三二年の全国水平社第一一回大会では、ファッショ粉砕を打ち出し、部落民委員会活動を方針化するとともに、高松差別裁判の糾弾闘争を開始し、全国水平社の活動は全国に展開していく。この時期、群馬県内では、西毛などを中心に、全水系の組織が復活していく。

一九三七年に戦時体制に移行、反ファシズム統一戦線は崩壊し、一九三九年からは、全国水平社は戦時体制に呑み込まれていく。

この時期、群馬県内では、一九三一年に全関東融和促進同盟が発足、翌一九三二年には全関東部落民全体会議が開催される。前者の組織をリードしたのは関東の政官界と村岡・川島らで（融和主義を嫌った平野は入っていない）、後者の組織をリードしたのも村岡・坂本・平野らで、両者の組織を担った中心メンバーはほとんど重なっている。両組織が同時期に発足し、併存しているのは、とりわけ平野を含めた群馬の活動家たちが、一方で融和主義に傾斜しつつも、部落民全体会議という組織名称のとおり、初期水平社の部落民の当事者運動の方針を堅持しようとしたものと思われる。

また、一九三四年頃、群馬県融和会が支持する沢口忠蔵主事と、群馬県内の全水系が支持する群馬県事業協会融和会の石原秀雄講師の内紛では、群馬県は沢口と石原の両者を解任し、融和事業の実施を各支部に一任している。群馬県は、群馬水平社と全水系潮流との対立をコントロールできず、各地の支部の力に委ねることしかできなかったものと思われる。

世良田事件以降の群馬県の水平社運動は群馬県融和会に取り込まれたとの見解もあるが、群馬の水平社運動は水平主義と融和主義に引き裂かれながらも、辛うじて当事者運動としての自発性を堅持していたものと思われる。やがて、群馬の水平社運動も戦時体制に呑み込まれていくことになる。

第2部

群馬の戦後部落解放運動の歴史

第1章
敗戦と部落解放運動の再始動
―部落解放全国委員会と群馬県連合会の結成―

本章では、戦後部落解放運動の開始について、全国の動向と関東および群馬県内の動向を明らかにする。

1　部落解放全国委員会、群馬県連合会の結成

部落解放全国委員会の結成

一九一〇年の朝鮮の植民地化、一九三七年の日中全面戦争、一九四一年の真珠湾攻撃、日本の侵略戦争は連合国軍への無条件降伏で、日本が進めてきたアジア・太平洋戦争が終結した。日本では、連合国軍最高司令官総本部（GHQ）による占領を受け、非軍事化・民主化政策が断行され、軍国主義者や戦争指導者の処罰や、労働運動や農民運動などの民主主義運動が急速に発展することになる。一九四六年には、日本国憲法が公布された。

こうした戦後民主化の動きの中で、部落解放運動の再建の動きが始まる。一九四五年一〇月ごろ、岐阜の北原泰作、三重の上田音市、大阪の松田喜一、京都の朝田善之助、福岡の井元麟之らによって相談会がもたれた。一九四六年二月一〇日、全国水平社を主催者として、京都において、全国部落代表者会議を開催し、部落解放全国委員会を結成した。この結成集会には二三府県から二四〇人が参加した。発起人代表は、水平社活動家の松本治一郎・北原泰作、融和運動家であった広島の山本政夫、浄土真宗本願寺派の梅原真隆、真宗大谷派の武内了温、委員長には松本治一郎、全国常任委員には朝田善之助と木村京太郎が就任した。決議では、部落産業を全面的に振興させる、封建的特権を廃止して身分的差別を撤廃する、民主主義戦線を結成して民主主義日本を建設する、という三項目が強調された。しかし、全国水平社が戦争に協力した責任にはまったくふれられなかった。

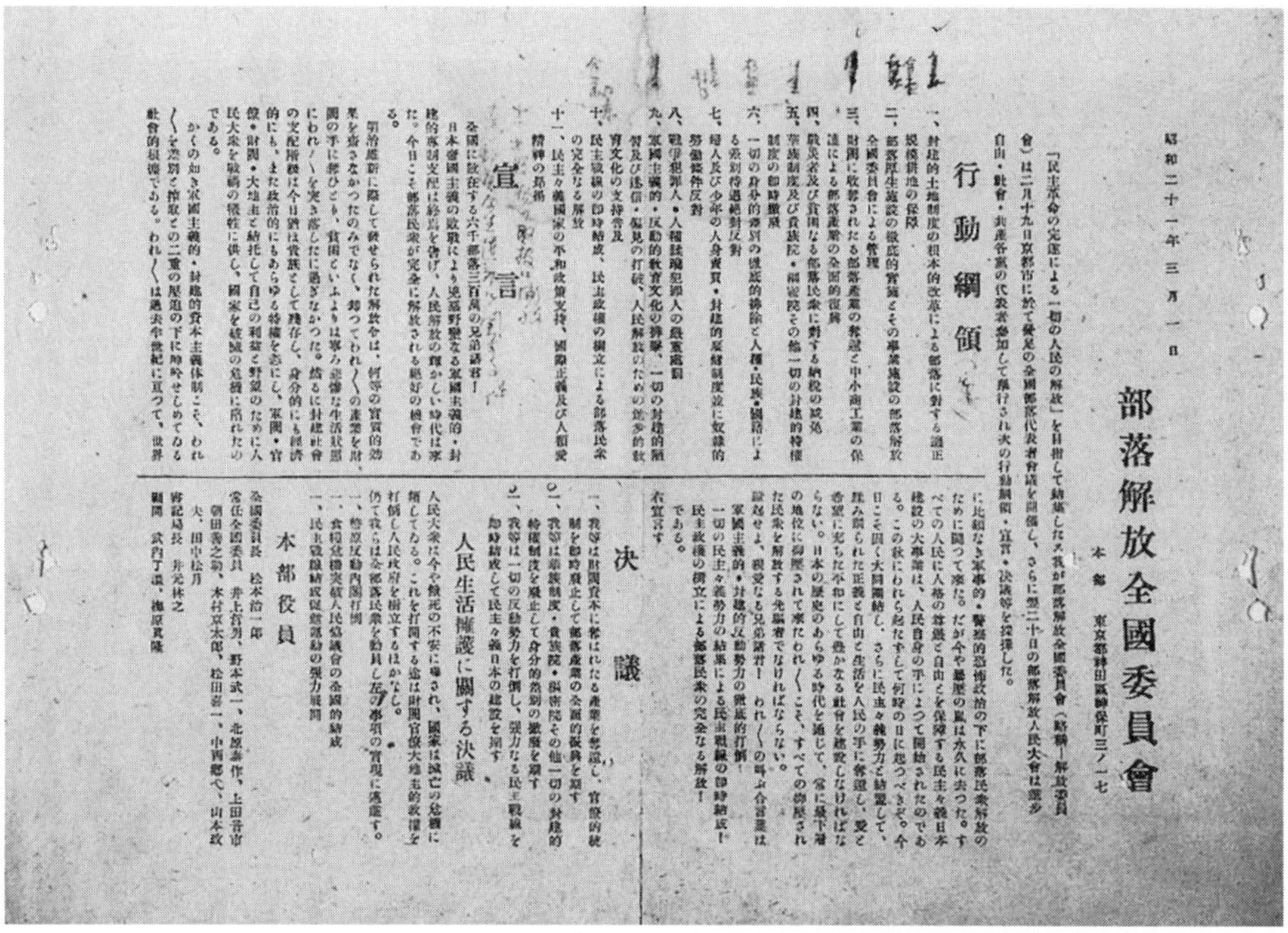
部落解放全國委員會

昭和二十一年三月一日

行動綱領

一、封建的土地制度の根本的改革による部落に對する適正規模耕地の保障
二、部落厚生施設の徹底的實施とその事業施設の部落解放全國委員會による管理
三、財閥に收奪されたる部落産業の奪還と中小商工業の保護による部落産業の全面的復興
四、戰災者及び貧困なる部落民衆に對する納税の減免
五、華族制度及び貴族院・樞密院その他一切の封建的特權制度の即時撤廢
六、一切の身分的差別の徹底的排除と人種・民族・國籍による差別待遇絶對反對
七、婦人及び少年の人身賣買・封建的雇傭制度並に奴隷的勞働條件反對
八、戰爭犯罪人・人權蹂躙犯罪人の嚴重處罰
九、軍國主義的・反動的教育文化の排擊、一切の封建的陋習及び迷信・偏見の打破、人民解放のための進歩的教育文化の支持普及
十、民主戰線の即時結成、民主政權の樹立による部落民衆の完全なる解放
十一、民主々義國家の平和政策支持、國際正義及び人類愛精神の昂揚

宣言

決議

人民生活擁護に關する決議

本部役員

■写真2–1–1　部落解放全国委員会行動綱領・宣言・決議

（出典）『写真記録　全国水平社100年』、p.144、解放出版社

関東の始動、部落解放委員会群馬県連合会の結成

部落解放全国委員会の結成を受けて、同年四月、群馬県磯部温泉において、関東地方部落代表者会議を開催した。全国委員会から松本治一郎と井元麟之、埼玉の野本武一、群馬の小林綱吉、長野の朝倉重吉、栃木などから四〇名が参加した(部落解放同盟長野県連合会『差別とのたたかい』)。戦後当初の関東では、群馬県と埼玉県の取り組みが先行し、栃木・茨城・千葉も取り組みを始める。一九四八年一月一〇日には、部落解放全国委員会関東地方協議会が結成され、これには長野・山梨・中部からも参加があった。長野はその後も持続的な取り組みを展開する。

一九四七年二月、高崎市愛宕神社で、部落解放委員会群馬県連合会が結成された。呼びかけ人は高崎の小林綱吉で、委員長に小林、書記長に栗原悦太郎(前橋市)を選出した。多野郡から参加したのは内林喜三郎ひとりだったという(内林喜八郎『光を求めて五十年』)。内林は第二代の委員長になる。

小林綱吉と内林は西毛出身、栗原悦太郎は中毛の出身であった。戦前の群馬県水平社の中心的活動家であり、東毛出身の村岡静五郎・坂本清作・沢口忠蔵らは結成集会に参加していない。一九二九年の四・一六事件で弾圧された高崎市の清塚嘉信も参加していない。戦前の村岡派・平野派からも、戦前の共産党系の活動家のいずれも参加していないことになる。

群馬県委員会の結成から二年後の一九四九年一〇月一〇日の『解放新聞』の「各地の活動」の「群馬」欄には、次のような記事が掲載されている。

　群馬県
　県連では、県下を東部、中部、西部に分けて、それぞれ、会員五百の獲得に目標を置き獲得競争をしている。既に西部、中部では相当な成果を収めて、来る一〇月上旬にひらかれる年次大会でその完遂を期すべく計画されている。

この記事によれば、部落解放委員会の組織化が西毛・中毛では成果を上げつつあり、東毛が遅れていることが伺われる。戦前の水平運動をリードしたのは東毛であったが、なぜ戦後は西毛・中毛がリードしているのだろうか。

委員長になった西毛出身の小林綱吉、書記長になった中毛出身の栗原悦太郎も、戦前の労農党支持関係者であり、全水本部派であった。第二代の委員長になる西毛出身の内林喜三郎も、戦後の農地解放に際して、群馬県農地会に多野郡の小作代表委員に選任されており、農地委員リストでは内林は労農党と記されている。この三人に共通するのは労農党支持あるいは旧全水系にあったものと思われる。

それに対して、戦前の水平社運動をリードした東毛の村岡・沢口などの活動家たちは日本水平社系であった。また、東毛の水平社同人は小作運動と深いかかわりをもっていた。戦後のGHQが主導した農地解放は、戦前以来の地主・小作関係を解体するものであったが、この農地解放は部落解放運動にどのような影響を与えたのだろうか。

農地解放と部落の農地獲得と部落解放運動

ここで、農地解放後の中毛の佐波郡宮郷村の農地の所持状況を見てみよう。この時期、東京の大学では部落問題研究会の活動が取り組まれており、一九四九年に日本女子大学の三人の学生が佐波郡宮郷村の調査に入っている。

一九四九年一〇月一〇日付『解放新聞』には、訪問記「私たちの見た宮郷村」と「宮郷村調査資料集計」が掲載されている。まず、「宮郷村調査資料集計」から、生業の状況や、解放運動への参加状況を見てみよう。なお、この調査の対象は三地区三八戸であるが、耕地の所持状況については宮郷村全体(一般農家八六〇戸、部落九〇戸)が対象となっている。

【職業/世帯主】　農業及養蚕(三五)、建築業(一)、靴屋(一)、会社員(一)
【職業/家族】　公吏(二)、保健婦(一)
【家屋所有】　三八
【宅地所有】　三四
※宅地は農地解放以前は殆んど借地だったが農地解放と共に宅地も解放されて自分の所有になったものである。
【政党関係】　社会党(三二)、民主党(一)、民自党(一)、その他(三)、不明(一)
【加入団体】　部落解放委員会に賛成(三五)、部落解放委員会に不賛成(一)、不明(一)
【耕地所持状況/一般農民】　一般農家耕作面積/九一〇・七町、戸数八六〇、一般農家一戸あたりの平均所持/一町六畝
【耕地所持状況/部落】　部落耕作面積/六九・三町(内小作地五・七町)、戸数

九〇（一六%が非農家）、部落一戸あたりの平均所持
／七反一畝

【一般農民の平均耕地所持：部落の平均耕地所持】　一〇〇：六七

一九四九年の宮郷村の調査状況を見ると、一九四六年からの農地解放によって、戦前と戦後で、部落の耕地所持状況が大きく変わったことが分かる。全国的には、農地解放によって、一九三万町歩の農地が二三七万人の地主から買収され、四七五万人の小作人に売り渡された。結果的に、小作地の八〇%が小作人に売り渡され、小作人の割合も一〇%に激減した。農地解放によって、多くの小作人が小作地の耕作権を認められ、農地を所持できるようになったのである。

戦前の群馬県では、部落の平均耕地面積は一般農民と比較すると、二分の一、もしくは三分の一と言われていた。しかし、農地解放後の宮郷村では、九〇戸の部落のうち、七四戸が六九・七町の耕地を所持し（内小作地五・七町）、平均七反一畝の耕地を所持している。部落の平均耕地所持は一般農民と比較すると、一〇〇分の六七まで改善している。なお、部落の耕作面積六九・三町の内、小作地が五・七町も残っているのは、農地解放で小作地三反以下は買収・売り渡しの対象にならなかったからである。超零細な小作人は農地解放によっても救われなかったのである。

農地解放によって、宮郷村に見られるように、多くの部落民はかつての小作地平均七反余を買い取り、自作農民になることができたのである。なお、同時期の碓井郡安中町の部落は二〇戸で、部落の平均耕作面積は六反三畝であった（成沢栄寿「群馬県戦後部落解放運動史」）。これを一般農民の平均耕作面積一町二反と比較すると、二分の一である。この数字はあくまで平均であって、二〇戸のうち、一〇戸の平均は三反一畝にしかならず、農業のかたわら、土方・行商・日雇などに従事していた。農地解放によって戦後の部落が獲得した農地の平均が六反から七反と零細であり、農民としての自立が困難であったことが、後述するように、農村部に所在した関東の部落が立ち行かなくなっていく原因となっていく。

農地解放によって、群馬のみならず関東の部落民は、かつての小作地を買い取り、自作農となっていく。このことは中毛・西毛・東毛でもほぼ同様であったわけだが、では戦後の群馬県連の組織化が中毛・西毛で進み、東毛で遅れている理由はどこにあったのだろうか。

この調査では、宮郷村の部落民三八戸のうち三三戸が社会党支持であり、三五戸が部落解放委員会に賛成している。社会党は一九四五年、第二次世界大戦前の非共産党系の合法社会主義勢力が大同団結する形で結成され、右派の社会民衆党（社民）系、中間派の日本労農党（日労）系、左派の日本無産党（日無）系などが合同したものであった。先述したように、戦後の群馬県連をリードした西毛・中毛出身の小林綱吉・栗原悦太郎・内林喜八郎が労農党支持あるいは全水本部派の流れを引くものであり、彼らが社会党支持や部落解放委員会活動の大衆的組織化を担ったものと思われる。

この時期の解放運動の大衆的広がりは…

では、この時期の群馬県内の部落解放運動は大衆的広がりをもっていたのだろうか。一九四九年一〇月一〇日付『解放新聞』には、「宮郷村調査資料集計」とともに、訪問記「私たちの見た宮郷村」が掲載されており、女性と青年の視点から、次のように述べている。

> 女性は一般に引込み思案で、あまり顔を出さなかった。ちょうど肥料の配給で主人の留守宅も何軒かあったが、そんな家では収入を調べようとしても全然分からなかった。『わしら口を出すとウルセエと云われるからみんな主人に任せている』と彼女らは平気なものだ。若い主婦が家計を主人に任せきっているという。
>
> （中略）
>
> 部落解放運動には老人も子供も積極的に参加しているが、やはり青年の活動が目立っている。伊勢崎市で解放青年同盟の会合が開かれ、およそ百名ぐらいの男女青年が集った。一部の男子青年は活発に意見を発表したが他の者はこの会合の目的に無関心ではないかと思われるほど発言せず、女性の発言はまったくなかった。

宮郷村の部落のなかで女性の発言権が低いこと、伊勢崎市の解放青年同盟の集会をめぐって、積極的に発言するものが一部の男性青年活動家に偏っており、女性の発言がまったくないことを慨嘆している。この報告だけで即断することはできないが、一九四九年段階の群馬県下の部落解放運動はまだまだ大衆的な広がり

＊＊ルポルタージュ＊＊

私たちの見た宮郷村

日本女子大學生
畑　珠江
齋藤　ふみ
北澤　きみ

上越線の本庄驛から伊勢崎行のバスで約二十分、有名な米の産地群馬縣佐波郡宮郷村を訪ねた。

八月の灼熱の太陽の下に青田の稲葉が波うつていた。その水田に圍まれて眞夏の熱氣にうだうだつたように慵たわる平和なこの村にも、解決されなければならない大きな問題がひそんでいる。

途中二、三度たずね、親切な農夫に敎わつてようやく目的の家に到宿した。その昔、封建社會のきびしい身分制のもとに最下層の身分だつた人たちの子孫として生れたが故に社會から蔑視され、差別待遇をうけ、暗い運命の歴史をたどつてきたこの部落の人たちは、いまや人間性の尊貴にめざめ自由を求めてたちあがつたのである。長い年月の間侵害されてきた人間として生きる當然の權利と自由を要求する部落解放運動に寄せるこの人たちの熱情は實に眞劍であり、それが私たちの拙い調査研究に協力して下さつた幹部の人々の親切な心づくしにも見うけることが出來た。

まづ部落の實態を見てからというので、解放委員會の數名の人たちの案內で一軒一軒訪問して、あらかじめ用意した調査用紙に調査事項を書きこんで行つた。それはなかなか困難な仕事であつた。

この部落では農業のかたわら養蠶を營んでおり、どこの家も蠶はすつかり取り除けられて板の間になつていた。最初の一部落は家の中がきれいに整頓され明るい感じをうけたが

あとの二部落は多少陰氣な暗い感じがした。しかし京都の部落のみじめな生活狀態を見てきた私にとつては農村の部落の生活が比較的健康に思われた。

女性は一般に引込み思案で、あまり顔を出さなかつた。ちようど肥料の配給で主人の留守宅も何軒かあつたが、そんな家では收入を調べようとしても全然わからなかつた。『わしらロを出すとウルセエと云われるからみんな主人に任せている』と彼女らは平氣なものだ。若い主婦が家計を主人に任せきつているという、ときたま自身で家計を處理することの出來る婦人は、この邊では嬶天下のように云われるのであろう。男子に從屬している女性のみぢめな地位からの解放——これも部落解放と關係のふかい問題だと思う。農村の女性は一般に封建的な倫理や家族制度や社會慣習や生活樣式にしばられているが、特に部落にはそれが顯著に見える。しかしその中で數名の現代意識の强い若い女性を私たちは見た。この人々によつて女性解放の叫びがあげられなければならぬと思つた。私たちを出迎えてくれた青年たちにたずねてみたが、彼等は或る程度女性の立場に對する理解をもつていた。一日の女性の勞働は育兒に家事に農耕に男性の三倍は働くであろうと、その中の五人の青年が云つていた。この部落の隣村では主婦の手によつて月に一日の女性の自由な日を獲得したと云われている。女性の文化敎養を高めるためにも二日ぐらい自由な日があつてもよい、と青年たちは賛成していた。生活困難と精神的・肉體的疲勞から婦人を守るために産見制限の問題を積極的にとりあげ、實行にうつさねばならぬという點で、青年たちの意見は一致していた。

この部落でも耕作面積は少く懇田が多いため他の一般農家とくらべると農業經營は不利であり、その上この村は昔から反當收穫が多いので有名であつたため、供出割當の過重によつて農民の生活をますます苦しい狀態に追いこんでいる。これは部落農家に限つた問題ではないから一般農家と共同で解決すべきだと思う。

部落解放運動には老人も子供も積極的に參加しているが、やはり青年の活動が目立つている。伊勢崎市で解放青年同盟の會合が開かれ、およそ百名ぐらいの男女青年が集つた。一部の男子青年は活潑に意見を發表したが他の者はこの會合の目的に無關心ではないかと思われるほど發言せず、女性の發言は全くなかつた。

女性が法の上で平等の權利を與えられても、實力の不足や意識の低さによつて男性に劣つている事實を私たちはしみじみと感じた。結婚觀や戀愛觀にしても一般に女性は封建的なあきらめが强いといわれるが、とくに部落の婦人は一般の男性と結婚したいが到底のぞめないから部落民の仲間から相手を選ぶより仕方がないとあきらめている。何百年間の差別がこんなにも深く悲しい人世觀を彼女たちに植えつけたのかと思うと私たち自身悲しい氣分に沈むのであつた。けれどもこの部落にも一組の通婚がある。その二人のように自ら進んで自己の排他的觀念をすてゝ外の世界に出てゆく勇氣、それによつて內にとぢこもる古い考えを打破し新しい時代に適合することが出來るのではないだろうか。如何なる社會に歴史の必然の結果が來ようとも內にこの樣な考えがあるうちは自己の解放は望めないのではなかろうかと私たちは思う。

■解放新聞2–1–1　私たちの見た宮郷村

（出典）『解放新聞』1巻、p.46、1949年10月10日

をもっていなかったようだ。とは言え、伊勢崎市の青年集会に一〇〇名が参加していることは特筆に値する。一九五〇年代になると、社会の民主化の動きと連動して、群馬県下の部落解放運動も大衆的な広がりをもつようになる。

2　一九五〇年代の群馬県下の部落解放運動

戦後民主化運動の大きなうねりと松本治一郎追放反対闘争

日本女子大学の学生が群馬県の宮郷村の調査に入った一九四九年頃から、戦後民主化運動は大きなうねりを創り出し始める。

一九四九年一月二四日、全国委員長の松本治一郎が戦時体制下の大和報国会の理事であったことを理由に、第二次吉田内閣の手で公職追放処分となる。松本の公職追放には、全国委員会のみならず、民主団体・労働組合・社会党・共産党などの抗議運動が展開される。

■写真2–1–2　首相官邸前ハンスト

（出典）『写真記録　全国水平社100年』、p.153・2段目左、解放出版社

群馬県においても、一九四九年二月二〇日には伊勢崎市において群馬県下部落代表者会議を開催し、松本追放反対闘争委員会を設置した。闘争委員長に小林綱吉、副委員長に内林喜三郎、常任闘争委員に平井憲三郎ら三名、闘争委員に一八名を選任し、資金カンパを県下の西部・中部・東部に特別寄付金を各一〇万円を割り当てるともに、会員制の確立による会費の完納、『解放新聞』の購読料の徴収などを行うことを決定した。県連の組織体制の確立が始まっており、組織化は中毛・西毛だけではなく、東毛にもいくらか広がっていることが推測される。なお、内林喜三郎によれば、一九五〇年の第五回全

国大会が東京で開催され、二〇〇〇人のデモが行われ、代表六名が国会近くでハンストを行った。このハンストには、群馬県新田郡生品村の平井正生が参加していた（平井はハンストによる衰弱によりのち逝去）。この時期の有力メンバーの一人として、東毛の新田郡出身の活動家がいたことが確認できる。

群馬県内の民主化の動きも活発化する。同年三月一八日には前橋市公園で、社会党・共産党・労農政党外全民主団体の共同主催で、群馬県人民大会が開催された。参加者二〇〇〇名、小林にかわって委員長となった内林喜三郎が議長の一人を勤めた。要求項目は、松本治一郎ら不当追放取消要求、大学法制反対、学生の政治運動禁止反対、牛馬税・土地使用税等の不当課税反対、警察武装化反対、郷土産業の振興署名運動、基金カンパも県下一二か所で一斉に行われた。同月二六日にも、県下二二の民主団体が参加して、人民大会が開催されている。部落解放委員会群馬県連合会は、ほかの民主団体とともに、民主化運動を積極的に担っていくことになる。

群馬県連独自の差別糾弾・行政闘争の取り組み

なお、この時期、群馬県連合会では独自の闘いにも取り組んでいる。一九四八年の西毛の群馬郡上郊村の部落では、一般農民が神社の氏子とか隣組の回覧板の廻し方が差別的であることに抗議して、解放委員会の支部を結成する。この取り組みをきっかけとして、村役場の職員・農協職員の各一名の部落民採用や、同和予算の獲得に成功している（坂井富雄「同特法下における部落の現状」）。

また、一九五二年九月一五日の『解放新聞』の「群馬県酒井通信員発」の記事によると、群馬県連の大会において、群馬県による「特別平衡交付金（地方財政平衡交付金のことか）」の不正を暴露し、副知事との団交にて追及し、その責任を追及するため、闘争委員会を設置して、解放予算を獲得することを決定している。一九五〇年の京都におけるオールロマンス事件もあり、群馬県でも行政闘争に取り組み始めたものと思われる。

同年八月二七日・二八日、群馬県連主催で部落解放前夜祭が開催された。後援は高崎市社会教育振興会、高崎地協、高崎勤労者文化連盟、在日朝鮮民主戦線、各民主団体、農民団体で、八〇〇名余が参加した。プログラムは、各団体からのメッセージ、高崎演劇サークルの人形劇「パンわ　だれの　ものか」、在日朝鮮民族の「農夫の唄」の舞い、在日朝鮮民主戦線のビラ「お互いに圧迫されたおれたち、いっしょに手とりあって斗おう」、群馬県連の中部地区の部落の青年による「八木節」の踊りなどで、フィナーレには平和の鳩が大きく羽ばたいていった。

戦後民主化闘争の盛り上がりを背景として、解放と平和を求める政治・社会運動と多彩な文化活動が結びついた部落解放前夜祭であった。

3　妙義・浅間基地反対闘争

群馬県民を挙げての妙義・浅間基地反対闘争

翌一九五三年、群馬県連は妙義・浅間基地反対闘争に取り組み始める。アメリカ軍が日本政府に妙義・浅間地区を訓練基地としての使用を申し入れ、これに対して、群馬・長野両県民の反対運動が盛り上がる。

一九五三年五月一四日、妙義浅間地区軍事基地反対共同闘争委員会が結成され、群馬県連合会も、社会党・共産党や労働組合・民主団体など、およそ五〇の民主団体とともに加わった。六月七日、高崎市と軽井沢町で、群馬県と長野県の県民大会が開催され、群馬県側は横川から軽井沢町まで行進して長野県側と合流し、その数は八〇〇〇名に及んだ。群馬県議会では基地反対決議がなされ、民主団体のみならず、PTA、婦人会、群馬県観光協会なども反対に立ち上がった。群馬県民を挙げての闘いの結果、浅間地区は同年のうちに撤回され、妙義地区も一九五五年には計画が撤回された。

基地反対闘争と開墾組合の結成、山村部落が主体に

こうした妙義・浅間基地反対闘争の中で、地元の山村部落が立ち上がっていった。その頃、すでに相馬ケ原にはアメリカ軍の演習場があったが、地元の解放委員会群馬郡相馬支部が中心になって、基地反対闘争とともに、「土地と仕事をかくとく」する闘いに取り組んだ。まず要求したのは四町六反の農地の解放で、相馬村役場・村議会・農業委員会・群馬県議会と掛け合い、日農労働組合も支援に立ち上がる。こうした闘いの進展もあって、一般農民もぞくぞくと参加し、要求項目も四町六反の農地解放に加えて、基地内にある県有林の立木の払い下げ、基地の解放、基地から水を引いて畑の水田化、滞納税の棒引きを要求するに至る。

碓井郡安中町の部落は戸数二〇戸、平均耕作面積は六反三畝であった。しかも、

二〇戸のうち一〇戸は平均耕作三反一畝で、農業のかたわら、土方・行商・日雇などで生活を支えていた。いろいろな借金に苦しみ、税金は滞納し、肥料を買えず、子どもを学校にやることもできない現状があった。この一〇戸の部落民は話し合ったすえ、「何とか土地を増やして、一人前の百姓になりたい。これ以外に生きる道はないのだ」と考えて、村長に耕地を世話してくれるよう要請したが応答もなかった。そこで、一〇戸の部落民は自ら開墾組合を結成し、部落の前の天神山という二町七反の雑木林の開墾を農業委員会に申請したが、否決されてしまった。一〇戸のうち、六戸までが静岡県の米軍基地建設に雇われていってしまったが、残った四戸で粘り強く山林の解放を求め続けた。

解放新聞
群馬で8.28前夜祭
羽ばたく平和の鳩
労農も合流、盛大に
新女性

■解放新聞2-1-2
群馬県連主催の部落解放前夜祭
（出典）『解放新聞』1巻、p.154、1952年9月15日

みんなの力でとりのけ基地を
両縣（長野群馬）あげて反対
浅間、妙義を米軍に渡すな
解放委は鉢巻しめ

■解放新聞2-1-3
長野・群馬で浅間・妙義基地反対闘争
（出典）『解放新聞』1巻、p.191、1953年6月10日

一九五四年五月、群馬県がやっと腰を上げ現地調査を行い、この現地調査には地主側も五〇名を動員し、解放委員会群馬県連合会も部落二〇戸に動員をかけて対峙した。この時期、妙義基地反対闘争も盛り上がっており、こうした情勢を受けて、群馬県は二町七反の山林の解放を決定した（実際には群馬県は一町五反を買収し解放）。この勝利を受けて、開墾希望者は部落民ばかりではなく一般農民にも広がり、二月一〇日には、八〇名の参加で開墾組合を結成し、四七町八反の山林解放を要求し始める。

戦前の群馬県水平社をまずリードしたのは平野部の農村地帯である東毛の部落、戦後直後の部落解放委員会群馬県連合会をリードしたのは平野部の農村地帯である西毛・中毛の部落であったが、基地をめぐる闘争や、山林解放の取り組みにおいては、平野部の北部に位置する山麓部の部落が主体となっていった。

先述したように、農地解放によって、群馬のみならず関東の部落民は、かつての小作地を買い取り、自作農となっていく。このことは中毛・西毛・東毛でもほぼ同様であった。しかし、この農地解放は三反以下の小作地に手をつけず、ことに山林原野にはまったく手をつけなかった。江戸時代以来、山麓部の農民や部落民は農耕・採草・採芽・採薪・営林などで生計を立てており、基地政策によって山林原野を接収されることは死活問題であった。

農地解放が三反以下の小作地に手をつけず、ことに山林原野にはまったく手をつけなかったことや、戦前・戦後の日米の基地政策による山林原野の接収などの矛盾は、一九五七年のジラード事件として噴出することになる。

山林解放ものがたり 1
話は二年前に
"生活が苦しいのは土地がないからだ"
生きてゆく道は一人前の百姓になることだ
開こん組合を結成
生活の苦しさは貧農を基地へ出かせぎにやった

■解放新聞2-1-4　山林解放ものがたり
（出典）『解放新聞』1巻、p.281、1955年5月25日

第2章

部落解放同盟への改称と国策樹立運動の取り組み

本章では、一九五五年の部落解放委員会から部落解放同盟への改称と、国策樹立運動など、全国および群馬県における部落解放運動の運動・組織のあらたな展開を明らかにする。

[1] 部落解放同盟への改称と国策樹立運動、婦人部・青年部活動の活発化

部落解放同盟への改組と生活擁護の行政闘争

一九五五年八月、部落解放全国委員会第一〇回大会において、組織の名称を部落解放同盟と改称した。第一〇回大会のポスターには、「差別行政反対の斗いを全県・全国的に」「平和・自由・解放のために団結しよう」のスローガンとともに、「結成一〇周年記念大文化祭」が告知されている。このポスターが雄弁に語るように、部落解放運動は戦後一〇年の取り組みを踏まえて、生活擁護の闘いとしての行政闘争の基本方針を打ち立て、この闘いを「平和・自由・解放」の闘いの中に位置づけ、婦人や青年を含む文化・サークル活動を通して、部落大衆の幅広い結集に取り組み始める。

一九五一年のオールロマンス事件（京都）や、一九五二年の西川県議差別発言事件（和歌山）を闘う中で、また群馬をはじめ各地の「土地と仕事の獲得」闘争を経験する中から、差別行政糾弾闘争という新たな闘争スタイルを獲得していったのである。部落差別とは単なる因習・観念の問題であるだけではなく、部落の劣悪な環境や教育資源の差別的な配分など、部落の実態こそが差別の醸成してきたのであり、これを放置してきた行政の姿勢と責任こそ問われるべきと訴えたのである。

第10回
部落解放全国大会
8月27→28日 午前9時半より
大阪市 中之島公会堂
差別行政反対の斗いを全県、全国的に
平和、自由、解放のために団結しよう!
結成10周年記念
大文化祭
うた・おどり・劇
28日午後5時より
大阪市中之島公会堂
東京都千代田区神田神保町3の17部落解放全国委員会野崎清二

■写真2–2–1 第10回部落解放全国大会
（出典）『写真記録 全国水平社100年』、p.160・上段、解放出版社

こうした取り組みの中で、戦後の同和行政が動き始める。一九五一年、全日本同和対策協議会（全同対）が結成され、政府に同和対策の再開と国策樹立を訴え、一九五三年に厚生省は隣保館事業に関する予算を計上する。これが戦後初の同和予算であった。その後、部落解放同盟が取り組む行政闘争は革新政党やマスコミの支持を得て、一九五八年に部落解放国策樹立要請代表者会議を開催する。部落解放同盟をはじめ、全同対、全国同和教育研究協議会（全同教）、地方自治体・議会代表、自民党を含む政党・民主団体など六〇〇名が参加した。

一九六〇年七月には同和対策審議会設置法（同対審）が成立し、翌一九六一年には同和対策審議会が設置され、一九六四年に同和対策審議会答申が出され、一九六九年の同和対策特別措置法（特措法）につながっていく。アメリカの黒人対策やインドのダリットのリザベーション政策などと同様に、アファーマティブ・アク

ション（積極的措置）としての特別同和対策特別措置法の施行であり、戦前・戦後の部落解放運動の成果であった。なお、後述するように、この特措法の評価をめぐって、運動内部に大きな亀裂が生まれていく。

全国婦人集会・全国青年集会の取り組み

一九五五年の部落解放同盟への改称以来、青年・婦人の組織化に力を注いでいくことになる。

一九五六年、全国部落解放全国婦人集会（全婦）を京都で開催する。この集会には一〇〇〇名が参加した。全国各地の井戸端会議、地域婦人集会、差別事件糾弾闘争、生活改善要求闘争などの経験をもち寄り、生活課題、子どもへの思い、学習活動などについて語り合った。以後、全国各地で識字活動や学習活動が活発に展開し始めることになる。

翌一九五七年、第一回全国青年集会（全青）が香川県で開催された。全国各地で土地と仕事の獲得闘争に取り組む青年たちが参加し、以後、国策樹立運動の全国的な展開の原動力となっていく。

2 部落解放同盟群馬県連への改称と運動・組織の展開
—ジラード事件と生活擁護・婦人・青年の闘い—

一九五五年に部落解放全国委員会が部落解放同盟に改称、翌一九五六年三月一五日に群馬県連合会は結成一〇周年記念大会を開催し、部落解放同盟に改称した。六月には関東甲信越地区協議会（関ブロ）が埼玉県大宮市で開催され、未組織部落のオルグなどに努力することが確認された。

相馬ヶ原演習場でジラード事件、農地解放と基地政策の犠牲

翌一九五七年一月三〇日、相馬ヶ原演習場でジラード事件が起きる。弾丸を拾いに来ていた碓井郡相馬村の部落の坂井なかさん（当時四六歳）を、アメリカ兵ジラードが射殺したのである。ジラードの裁判権をめぐって、日本国中を巻き込んで大きな社会問題になった。結論を言うと、日本の裁判権が認められ、懲役三年、執行猶予四年の判決が出されたが、ジラードは不名誉除隊ののち帰国した。殺人という事件にもかかわらず、不当な決着であった。

詳細はコラム10を参照していただくとして、ここでは、ジラード事件の背景である日米の基地政策を見ておきたい。一九一〇年、相馬ケ原は陸軍演習場となり、一九二二年と一九四一年に拡大され、総面積八〇〇ヘクタール余の広大な土地であった。戦後の一九四六年、アメリカ軍が旧陸軍演習場を全面的に接収し、さらに公民有林一五〇〇ヘクタールを含め、相馬ケ原演習場は二三〇〇ヘクタールの広大な面積を占めることとなり、周辺農民の立退命令が出された。高崎以北の農民や部落民にとって、農業・採薪・営林など、山林原野は重要な生産・生活の糧となっており、周辺住民は立ち入り許可を申請し、「演習中、射撃中の時は、射撃場に入らないこと」などの条件で、立ち入りの許可を得ていた。

零細で地味の悪い農地、接収された山林原野、日雇いなどで辛うじて生計を維持していた農民や部落民にとって、戦前から弾丸拾いは主要な副業になっていた。拾った弾丸は高崎の屑鉄商が買い取り、農民や部落民に日銭がもたらされた。ジラード事件は、三反以下の小作地を解放せず、山林原野にも手をつけなかった戦後の農地解放と、山林原野の接収というアメリカ軍の基地政策がもたらしたものと言ってよいだろう。

ジラード事件に対しては、部落解放同盟をはじめ、社会党・共産党、民主団体・労働組合が広範な抗議活動を展開し、身柄引き渡し、日本の裁判権を認めさせたものの、執行猶予付きの判決という不当な決着であった。しかし、翌一九五八年に、相馬ヶ原演習場が日本に返還され、地元に一四六ヘクタールの土地が引き渡された。その前後に、解放同盟員を含め三〇〇名の農民が土地解放を求めて闘い、基地の大半は自衛隊に継承されたが、相当な土地が地元に払い下げられた。この農地解放は、弾丸拾いせずに生活できるように保障せよと要求する部落解放同盟の闘いもあって、完全農家には配分されず、過小農に重点が置かれた。超零細農が多い部落には優先的に割り当てられた（『箕郷町誌』）。

勤評・安保闘争と群馬県連

ジラード事件の翌一九五八年、全国的には勤務評定反対闘争が全国的に高揚する。部落解放同盟は、和歌山県をはじめ、全国各地で勤評反対闘争に参加し、部落問題への関心を深めさせることとなった。一九五三年に結成された全国同和教

育研究協議会（全同教）は、勤評闘争においても、長欠・不就学の児童・生徒に関する対策の樹立、学校給食費の免除、教科書・学用品の無料支給、教員定員の増加等々を強く要望して、義務教育無償化の運動に先鞭をつけることになる。さらに、部落解放同盟は六〇年安保闘争にも積極的に参加していくことになる。

一九五八年八月一〇日、群馬県においても、部落解放同盟を含めて、勤評反対のための一四者共闘会議が結成され、市教委・校長会を巻き込む運動を展開した。その後、警職法問題や安保改訂問題に対しても、民主主義擁護群馬県民連合会を結成し、群馬県連も一翼を担い、安保闘争に取り組んでいくことになる。

群馬県における差別事件・生活実態と部落懇談会・婦人・青年の取り組み

一九五八年三月一七日、群馬県連第一二回大会が開催される。同大会の運動方針書から、この時期の群馬県連の取り組みを見てみよう。

冒頭「差別は今でも行われている」では、次のような差別事件を挙げている。

①新島学園の高等学校での生徒間の差別
②安中部落出身の土建業者が同業者から差別（松井田）
③部落の娘と強引に結婚したために親から会社に申し入れて会社を追われた（新田）
④妊娠七ケ月の身重なのに親元につれもどされた（群馬）
⑤恋愛している相手の娘に差別された（伊勢崎）
⑥部落出身のため会社から採用されなかった（渋川）
⑦その他、数え切れぬ程の差別事件

また、同方針書は、こうした差別事件の背景となっている部落民の生活実態について、次のように報告している。

> 今でも部落民は農業をしていながら、農業だけで食える農家は一、二割しかなく、後の八割以上の人は土方や家内手工業や日雇行商などでようやく生きているのです。だから子供を高等学校えやることも出来ず、町工場や徒弟や土方にやって中学卒業と同時に金をとらせることしか出来ない状態に追い込まれてしまうのです。／このように部落は土地がなく、職がなく、金がないために文明が進んでいる世の中から引き離されているのです。農民にもなれず、近代労働者にもなれず、前世期の時代にとじ込められている近代以前のものが部落であると言えるでしょう。こうした貧しい家に生れ、部落なるが故に就職や恋愛、結婚に苦しめられ、青年を絶望させる。だから不良が多くなるということになるのです。

ここには、一九六〇年前後の群馬の部落の生活実態が赤裸々に語られている。

こうした部落の実態を踏まえて、群馬県連では、相馬ケ原事件、群馬県への行政要求、青年・婦人の問題、教育・宣伝活動などに取り組んでいる。ここでは、部落懇談会・青年・婦人の取り組みを見てみよう。

まず、部落懇談会の取り組みを見てみよう。これまでの役員任せの運動から、大衆的な運動にしようと、群馬県各地で懇談会が開催されている。一九五七年の邑楽地協千代田支部主催の部落懇談会、西群馬郡上郊支部の懇談会、碓井地協安中支部の部落懇談会、勢多郡粕川村の支部懇談会、佐波郡伊勢崎地協の青年婦人懇談会などで、環境改善や、役場書記への部落民の採用、部落の農業の打開策、家庭水道の設置、部落の歴史などについて、意見交換や学習活動を活発に展開している。

次に、婦人・青年の取り組みを見てみたい。一九四七年、群馬県連に婦人部と青年部が結成される（真清美智子「婦人と解放運動」）。

まず、婦人の闘いを見てみよう。一九五八年八月二五・二六日、部落解放同盟群馬県連合会婦人集会が水上温泉で開催された。主催は群馬県連と群馬県教育委員会で、同盟の婦人代表、婦人会などから四〇名が参加した。野本武一常任中央委員の講演と、長野の滝沢はな江の婦人問題の話、分科会では寝た子を起こして部落問題をしっかり身につけようとの討論がなされた。同月二八日・二九日、関ブロ第三回婦人集会が開催されている。長野・群馬・栃木・東京から七〇名が参加した。

次に青年の取り組みを見てみると、一九五八年九月三、四、五日に群馬県青年集会が伊香保温泉で開催された。同盟青年部のほか、地域青年団や教員組合からの参加者もあわせて五〇名が参加した。翌一九五九年四月三日、四日、関ブロ青年集会が上山田温泉で開催された。長野、群馬、埼玉、茨城、東京の代表五〇名が参加した。同年九月一日、二日、三日、群馬県連合会青年集会が一宮の社会教育会館で開催された。参加者五〇名、野本武一の講演のあと、就職・恋愛・職場での問題が話し合われた。なお、一九六一年、青年部は後継者難などを理由に解散している（成沢栄寿「群馬県戦後部落解放運動史」）。

このように、一九五〇年代後半から一九六〇年ぐらいにかけて、部落懇談会・婦人集会・青年集会が活発に展開されており、戦後民主化運動の盛り上がりの中で、部落解放運動の大衆的広がりもひとつのピークを迎えている。

3 同対審答申完全実施をめぐる闘いと分裂

部落解放国策樹立運動をめぐる解放同盟の亀裂

一九六一年、部落解放同盟は部落解放国策樹立請願運動の方針を決定し、部落解放要求請願の行動隊を結成し、九州から東京へ向けて、大行進活動を展開する。九月には西日本隊、一〇月には東日本隊が出発した。

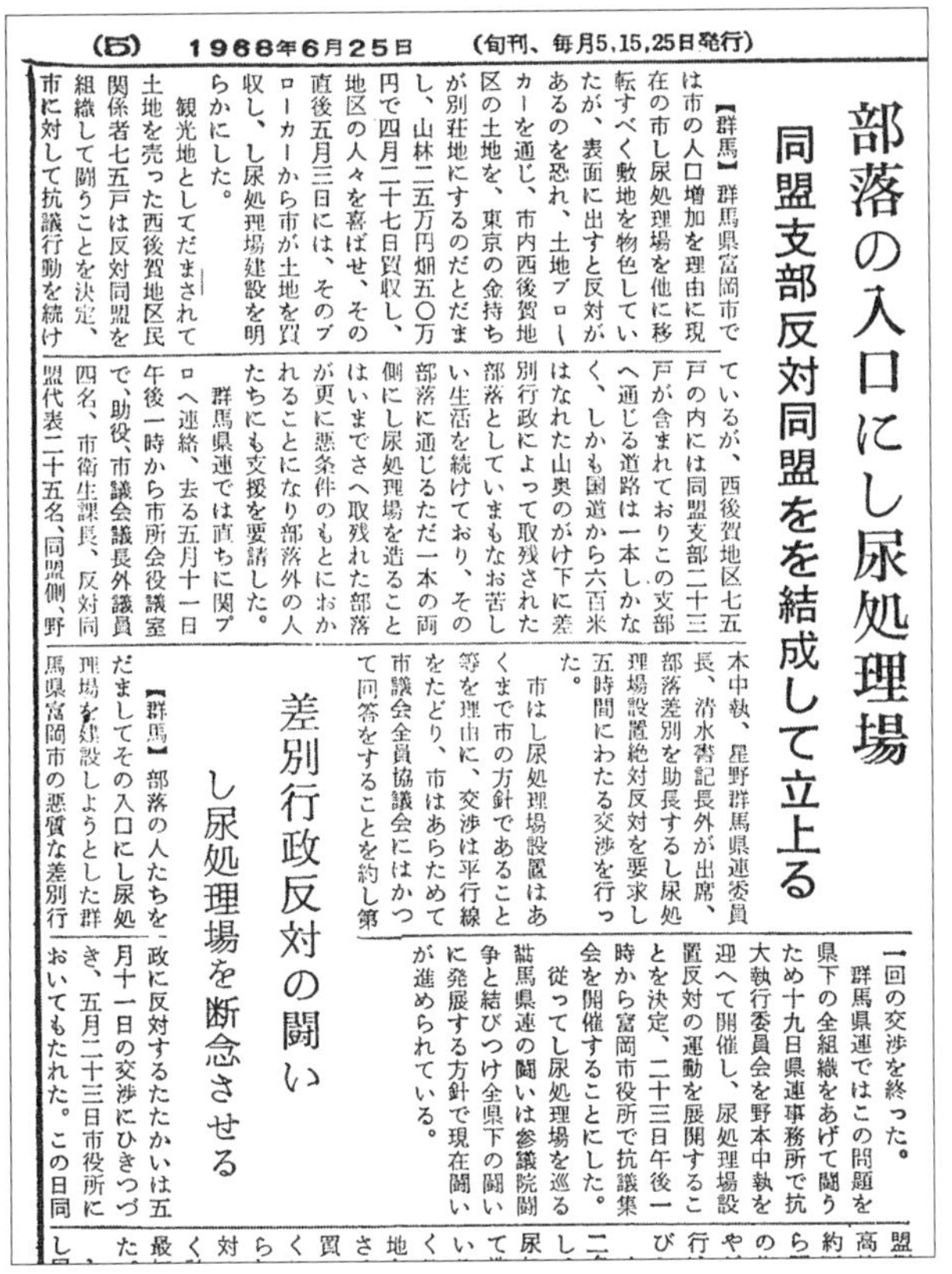

(5)　1968年6月25日　(旬刊、毎月5,15,25日発行)

部落の入口にし尿処理場

同盟支部反対同盟を結成して立上る

【群馬】群馬県富岡市では市の人口増加を理由に現在の市し尿処理場を他に移転すべく敷地を物色していたが、表面に出すと反対があるのを恐れ、土地ブローカーを通じ、市内西後賀地区の土地を、東京の金持ちが別荘地にするのだとだまし、山林二五万円畑五〇万円で四月二十七日買収し、地区の人々を喜ばせ、その直後五月三日には、そのブローカーから市が土地を買収し、し尿処理場建設を明らかにした。

観光地としてだまされて土地を売った西後賀地区民関係者七五戸は反対同盟を組織して闘うことを決定、市に対して抗議行動を続けているが、西後賀地区七五戸の内には同盟支部二十三戸が含まれておりこの支部へ通じる道路は一本しかなく、しかも国道から六百米はなれた山奥のがけ下に差別行政によって取残された部落としていまもなお苦しい生活を続けており、その部落に通じるただ一本の両側にし尿処理場を造ることはいまでさへ取残された部落が更に悪条件のもとにおかれることになり部落外の人たちにも支援を要請した。

群馬県連では直ちに関プロへ連絡、去る五月十一日午後一時から市所会役議室で、助役、市議会議長外議員四名、市衛生課長、反対同盟代表二十五名、同盟側、野本中執、星野群馬県連委員長、清水書記長外が出席、部落差別を助長するし尿処理場設置絶対反対を要求し五時間にわたる交渉を行った。

市はし尿処理場設置はあくまで市の方針であること等を理由に、交渉は平行線をたどり、市はあらためて市議会全員協議会にはかって回答をすることを約し第一回の交渉を終った。

群馬県連ではこの問題を県下の全組織をあげて闘うため十九日県連事務所で拡大執行委員会を野本中執を迎へて開催し、尿処理場設置反対の運動を展開することを決定、二十三日午後一時から富岡市役所で抗議集会を開催することにした。

従ってし尿処理場を巡る群馬県連の闘いは参議院闘争と結びつけ全県下の闘いに発展する方針で現在闘いが進められている。

差別行政反対の闘い

し尿処理場を断念させる

【群馬】部落の人たちをだましてその入口にし尿処理場を建設しようとした群馬県富岡市の悪質な差別行政に反対するたたかいは五月十一日の交渉にひきつづき、五月二十三日市役所においてもたれた。この日同

■解放新聞2-2-1　部落の入口にし尿処理場（富岡市）

（出典）『解放新聞』5巻、p.69、1968年6月25日

こうした国策樹立運動の推進にかかわって、一九六五年以降、政党支持の自由と同対審答申の評価をめぐって、同盟内に対立が起き、一九七〇年には部落解放同盟正常化連合会（正常化連）が結成される。同対審答申は、部落問題にかかわって特別施策を求めるものであったが、正常化連はこうした特別施策に反対し、あくまで一般施策でというものであった。戦前のボル派が全水解消論を主張したのは、革命運動が優先されるべきで、当事者運動としての水平社運動はこれに従属すべきとした。戦後の正常化連の主張は、民主主義一般を優先し、アファーマティブ・アクションとしての同和対策特別措置法を認めないというものである。

一九七六年、正常化連は全国部落解放連合会（全解連）と改称する。

群馬県でも正常化連・全解連の分裂

一九六〇年に自民党にバックアップされて、全日本同和会が結成された。群馬県でも、藤岡市に同和会が結成されている。

内林喜三郎によると、一九五三年に群馬県の同和対策予算をめぐって、委員長だった内林と共産党系のメンバーが対立する。この時期、内林は容共左派ということで社会党からも除籍されており、委員長を辞職し、しばらく解放運動から離れる。詳細な経過は省くが、全日本同和会の知己である山本政夫との縁もあって、同和会の藤岡支部を作って、藤岡市の同和予算獲得に動く。なお、その後、内林は全日本同和会の運動は分裂政策と考え、解放同盟に復帰している。

一九六一年の群馬県連第一五回大会や、一九六四年の第一八回大会において、役員人事をめぐって対立が顕在化する。また、一九六九年の矢田教育闘争や、一九七〇年の解放同盟第二五回大会における同和対策特別措置法具体化要求や狭山差別裁判糾弾などの決議をめぐって対立は決定的になり、一九七四年に部落解放同盟正常化群馬県連合会を結成、一九七六年には全国部落解放運動連合会群馬県連合会となる。

群馬県連の各部落座談会や差別行政反対の闘い

一九六〇年以降の闘いは、一方で国策樹立運動の全国的な展開があり、一方で答申の評価をめぐる分裂がありつつも、群馬県下では、各部落座談会や差別行政反対の闘いが取り組まれている。

一九六八年、群馬県連では運動の前進と組織強化に向けて、各部落ごとに座談

る差別教育をこそてっていして明らかにし、教育要求闘争を通してその差別教育を解放教育にあらためさせるたたかいである。
　その全国的な結集の力をもって、差別者文部省の糾弾闘争をねばりづよくつづけることである。とくに参院選直後に予定されている臨時国会に向けて、「答申」を具体化させる「特別措置法」制定の一大国民大行動を展開しようとしている、その中の大きな柱としてこの差別教育反対闘争を展開し、中央行動においては差別者文部省の糾弾を主要なたたかいなとして展開することである。

処分

に決定し、六月十七日午前九時から県庁内の焼却炉で焼却処分に付した。

　この日、義務教育課長、高校教育課長らを先頭に県教委の職員によって、焼却炉の前にうづ高く積みあげられた「差別文書」は、彼らによってつぎつぎに破られ、炉の中に投入された。

　県連役員と高知市協の仲間約二十名が見守るなかで、全部落のうらみのこもった「差別文書」はめらめらともえあがった。炉口をみつめる代表たちから、よろこびの喚声があがる。差別へのいかりと、それをたたきつぶしたよろこびが、みなの胸にしんとしみる一瞬だった。

　「差別文書」全部を焼却するまでに午後二時すぎまでかかった。

　「差別文書」の焼却は終ったが、差別教育行政の実体と、それによる差別教育はいまもつづいている。われわれはその差別教育行政と差別教育の「事例」をさらに「考察」し、解放をめざす教育の確立まで追及の手をゆるめてはならない。

社会教育の名をかりた

悪質な差別文書を配布

高崎市の教育委員会

【群馬】同盟群馬県連は五月二十三日、東京都連の支援と中央本部野本中執の指導のもとに、高崎市の差別行政糾弾をおこなった。

　高崎市社会教育振興会の編集発行になる、「高崎市のサービス業と花街史」というエロ本まがいの出版物の中で、「いずれも綺羅綿繍を着飾りて、はなやかなりといえども、そのもとをたずぬれば、おおかた穢多あるいは乞食の児にやあらん」と、古い文書からの引用で「遊廓の女はえたか乞食である」というのである。

　これが教育委員会の下で社会教育にたずさわる公けの機関の考えなのである。その筆者という根岸省之なる人物は、差別者としての考えをまる出しにして、「私は部落の人に電灯のとりつけや生活保護をとってやった。部落の人と懇意にしている」と、差別をしてはいないとくどくどと言いわけを重ねていた。

　しかし、いかに言いわけをしようと、そしていかなる機関または人間の著作であろうと、部落に対する間違った考えによって、世間に充満している差別感情を拡大することはぜったいにゆるされないこと、ましてや社会教育という公けの機関によってその差別の拡大再生産がなされていることの責任を追及すると、こんどは、問題の個所は「印刷のミス」であったなど全くの悪らつなにげ口上を出すしまつであった。

　代表者たちは、問題はこうした悪質な差別を看過してきた高崎市の差別行政にあり、それは何より市内の部落の現実が物語っていることをきびしく追及した。

　また、市の理事者たちは「市全体が〃同和〃対策をやるなんてことはできなのい」といなおり、さらにその差別的姿勢こそ問題であるとの追及をかわそうとする卑法な態度であった。

　しかし代表たちのいかりにもえた追及にあって、市側もようやくことの重大性に気づき、その差別性を認めるとともに、
　①問題の差別文書は、教育委員会の責任において、十日以内に回収すること。
　②部落解放をめざす行政の確立のため、六月三十日あらためてわが同盟と対市交渉をもつこと。
　の二点を確認させこの日はひきあげた。


　そのねがいをこめた要求書が、どこに行ったか全くわからないという県教育委員会、しかも提出されてから半年になるのだ。

　部落大衆のいかりは爆発した。そのはげしいいかりの前についに県教委の吉久教育長は、かぶとをぬぎ、県教委の差別性がこの要求書紛失に象徴されていることをみとめ、つぎのような確認書を同盟福岡県連に手渡すとともに今後の努力を確約した。

確　認　書

　昭和四二年十二月二十日部落解放同盟福岡県連から提出された要求書について、当然協議し、教育行政の中で解決せねばならない立場にありながら、その要求書さえ紛決して[illegible]という実体で、全然部落問題の解決のため努力していないことを証明するものであります。
　今後はかかることのないよう最善の努力を致す事を確認致します。
　昭和四三年五月二十日
　福岡県教育委員会
　教育長　吉久　勝美
部落解放同盟福岡県連合会
　委員長　田原春次殿

　さらに代表たちは、わが同盟の要求を入れて県教委がさきに回収を決定した文部省の「差別指導書」をどのように扱っているかを追及した。教育長は、ほぼ回収を終っていること、学校において紛失しているところは始末書をとっていることを明らかにした。

　わが同盟は、この「差別指導書」は、すでに県教委も認めたように重大なる差別文書である。それを編集発行した文部省にただちに荷物として返送するよう要求した。

　県教委は、差別文書ではあるが、その差別性に気づかずに現場に配布した責任があるので焼却処分にしたいとの意向を示したが、県教委として文部省の責任を追及することが、解放をめざす教育の確立の前提になるというわが同盟の要求に、ついに回収したすべての「差別指導書」を荷物として文部省に返送することを県教委としてその場で決定した。

　さらに、県教委としての解放をめざす教育の方針を、部落大衆の要求を入れて確立することも約しこの日の交渉を打切った。

■解放新聞2-2-2　社会教育に名を借りた差別文書（高崎市）

（出典）『解放新聞』5巻、p.70、1968年6月25日

会を企画している。五月一一日、第一回の座談会が箕郷町公民館で開催され、箕郷支部員とともに、箕郷町役場も参加し、野本中執を迎えて、同和対策一〇ケ年計画や運動の前進について話を聞き、支部の拡大を決議している。同日夜には、群馬町の保度田地区集会所と中島地区集会所の二か所で座談会を開催し、さらに県下での粘り強い座談会に取り組もうとしている。

また、富岡市では、人口の増加を理由に、現在のし尿処理場を移転するために、土地ブローカーが市内西後賀地区の山林・田畑を別荘地にすると騙して買収し、市がこれを買い取って、し尿処理場の建設計画を明らかにした。地元地区の関係住民七五戸は反対同盟を組織し、この七五戸のうちには同盟支部の二三戸が含まれている。この部落は山の崖下に置かれ、地区に通じる道路は一本しかなく、市の計画ではし尿処理場はこの道路の両側に設置しようとするものであった。群馬県連では、関ブロとも連絡をとって、市当局との粘り強い交渉をもち、撤回させることに成功した。

さらに、同年五月二三日、群馬県連は東京都連の支援と中央本部の指導を受けて、高崎市の差別行政糾弾闘争に取り組んでいる。高崎市社会教育振興会の編集発行になる『高崎市のサービス業と花街市』なる出版物で、「いずれも錦羅綿繡を着飾りて、はなやかなりといえども、そのもとをたずぬれば、おおかた穢多あるいは乞食の児にやあらん」とか、古文書からの引用で「遊廓の女はえたか乞食である」を書かれていた。これに強く抗議し、交渉を重ねた結果、①問題の差別文書は教育委員会の責任で回収する、②部落解放をめざす行政の確立のため、あらためて同盟と市の交渉をもつ、ことを約束させた。

第3章

部落解放三大闘争の時代
――行政闘争・狭山闘争・地名総鑑糾弾闘争――

本章では、一九七〇年代からの特措法に基づく行政闘争、狭山差別裁判闘争、部落地名総鑑糾弾闘争、いわゆる部落解放三大闘争の取り組みと、その後の部落解放基本法の要求の闘いを明らかにする。

1 同和対策特別措置法・地域改善対策特別措置法・地対財特法

特別措置法の変遷／同対法、地対法、地対財特法

一九六四年の同対審答申のあと、同和対策審議会は役割を終え、替わって、一九六六年に同和対策協議会（同対協）が設置された。同対協は全国同和地区実態調査を実施するとともに、一九六八年には特別措置法案要綱を政府に提出した。これを受けて、自民党・社会党・民社党・公明党の四党で協議し、国会での議論を経て、一九六九年に同和対策特別措置法（同対法）が成立し、同時に同和対策長期計画が閣議で了承された。

なお、同対審答申の基本的な考え方は、部落差別を実態的差別と心理的差別と捉え、実態的差別の解消のために同和行政を実施し、心理的差別の解消のために同和教育を実施するというものであった。

部落解放基本法の制定を求める運動を開始、地対協意見具申など

同対法は当初一〇年の時限立法であったが、一九七八年に三年間延長された。さらに一九八二年に五年間の時限立法として地域改善対策特別措置法（地対法）が制定された。この時期、特別措置法の延長では、部落問題の根本的な解決は困難であるとの受け止め方が運動団体や研究者に広がり、一九八五年に部落解放基本法の制定を求める運動が開始された。地対法の期限切れを迎えた一九八七年、地域改善対策特定事業に係る国の財政上の特別措置に関する法律（地対財特法）が五年間の時限立法として成立し、一九九二年に地対財特法は対象事業の見直しや一部改正のうえ、五年間延長された。

一九九六年、政府の諮問機関である地域改善対策協議会（地対協）から意見具申が出され、今後の施策の方向として、①差別意識の解消に向けた教育及び啓発の推進、②人権侵害による被害の救済等の充実強化、③地域改善対策特定事業の一般対策への移行、④今後の施策の適正な推進、を挙げている。

一九九四年に社会党・自民党・新党さきがけの連立内閣が誕生し、一九九六年には、①人権教育・啓発の推進に関する法的措置の検討、②人権侵害による被害者の救済に関する法的措置の検討、③地域改善対策特定事業に関する法的措置、の三項目で合意した。この合意を受けて、同年に、人権擁護施策推進法が制定され、人権教育・啓発のあり方と人権侵害の救済のあり方を検討するための審議会が設置され、また一九九七年に期限切れを迎えた地対財特法の再度の五年間の延長が決定された。二〇〇〇年には人権教育及び人権啓発の推進に関する法律が制定されるとともに、二〇〇二年に地対財特法は延長されることなく、同対法から三三年間続いた特別措置法の時代は終わりを告げた。

なお、政府の見解は、同対審答申の言う実態的差別は一定程度解消したが、心理的差別は残っているというものであった。

[2] 全国同和地区実態調査、群馬県では勢多郡粕川村で精密調査

同対法に先立つ全国同和地区実態調査

さて、一九六六年の全国同和地区実態調査では、抽出地区精密調査の一環として、野本武一を調査担当主査として、農山漁村型の調査が行われた。島根県太田市内地区（農村型）、埼玉県児玉町下町・共栄地区（農村型）、群馬県粕川村込皆戸・膳地区（農村型）、鳥取県日野町下榎地区（山村型）、高知県大方町万行地区（漁村型）が対象で、簡略な現地調査として、福島県会津坂下町内地区、新潟県高田市内地区、長野県塩田町内地区を対象とした。

粕川村込皆戸地区の精密調査

ここでは、群馬県粕川村込皆戸・膳地区の精密調査のうち、込皆戸に絞って見てみたい。一九六七年の世帯・人口を見ると、一九八世帯・一〇八四人で、群馬県内では比較的大規模な地区である。一九六三年から一九六七年の五年間の変化を見ると、世帯数は一八三戸から一九八戸に増えているのに、人口は一一一六人から一〇八四人にとわずかだが減っている。この五年間だけでも、地区を離れた人口があることが分かる。その要因の分析については後述する。

込皆戸は赤城山を背にする地域で、土質は軽砂土、江戸時代には岡村と呼ばれていたように丘陵地で傾斜地が多いため、農業にはきわめて不利な条件にある。地力は粕川村全体を一〇とすると、込皆戸は四・五となる。地区環境は、国庫補助事業で中央道路は完成したが、住宅は藁屋根で不良度が高く、便所の改良も必要であり、墓地は土葬であり、地区内の住宅地近くに散在するため、環境の悪化の要因となっている。し尿の汲み取り状況は、水洗式が二戸、町村処理が二九戸、自家利用が一一四戸、その他五〇戸となっており、自家利用は農作物の肥料となっている。生活保護率はかならずしも高くないが、とりわけ込皆戸は農業のほか、行商・出稼ぎ・土方等の労働に従事しており、生活が安定しているわけではない。

兼業農家、繭・畜産、出稼ぎ・人夫・日雇い

次に生業を見てみよう。込皆戸の世帯主の農業従事者は一三六世帯で、六九％となっており、農業への依存度が高い。しかし、専業農家は九世帯、六・六％で、粕川村全体の一八・一％の三分の一である。専業農家となるには経営規模が小さいのである。

戦前の込皆戸には三人の地主しかおらず、八〇％が小作人であったが、戦後の農地解放によって、農地を手に入れたものである。一〇〇アール（一〇アールは一反、一〇〇アールは一町）以下が五七・六％、以上が四二・四％で、土地面積は比較的大きいが、水田耕作地は二二アールと少なく、繭や畜産の割合が高い。また、雇われ兼業者が一四五世帯と多く、恒常的勤務は九一、出稼ぎは一〇、人夫・日雇いが四四と多い。女性の場合、機織の内職や行商が多く、土方の手伝いなどで日収平均五〇〇円くらいである。

先述のとおり、総じて、込皆戸の農地は地味が悪く、兼業に依存しているため、収入は低い。一九六六年の納税状況を見ると、所得割の非課税世帯が一四〇、所得割・均等割両方の非課税世帯が八となっており、込皆戸地区全体の七四・四％を占める。

なお、一九六六年の農地の移動状況は、自作地の売買が四三件となっている。これは農業で生計が維持できないためと思われる。ちなみに、坂井富雄「同特法下における部落の現状」によれば、榛名山の南にある戸数六一戸の農村部落の平均耕作面積は五反前後（町全体は七・三反）で、一九六四年と一九七六年を比較すると、農家と非農家の割合が逆転している。一九六四年には農家が三三、非農家が一二だったのが、一九七六年には農家が二五、非農家が三六となっており、わずか一二年の間に、離農世帯が二四も出ている。その原因は、平均耕作面識が五反前後と零細であることと、農業以外の恒常的勤務が可能になったためと思われる。これらのデータから、込皆戸も含めて、一九七〇年代以降の群馬の部落において、離農者が続出することが予想される。

格差のある高校進学率など

粕川村では、戦後早くから込皆戸に部落解放運動の支部が作られたこともあって、一九六五年に同和事業五カ年計画を樹立し、道路の整備、集会所建設、共同

■図表2–3–1　専業兼業別農家数および人口（粕川村）

	区分											
	専業			第一種兼業			第二種兼業			計		
	人口	世帯	%	人口	世帯	%	人口	世帯	%	人口	世帯	%
粕川村	1,226	223	18.1	3,916	713	58.1	1,605	292	23.8	6747	1,228	100
込皆戸	39	9	6.6	626	100	73.5	139	28	19.9	804	136	100
膳	13	4	13.8	111	19	65.5	28	6	20.7	152	29	100

（出典）全国同和地区実態調査　抽出地区精密調査報告―農山漁村型―、1967

■図表2–3–2　地区の世帯主職業分類（粕川村）

	区分							
	農業	工業	商業	勤労	公務	建設業	無職	計
粕川村	1,228	28	115	431	40	17	15	1,874
込皆戸	136	2	23	25	3	3	6	198
膳	29	0	2	1	2	1	0	35

（出典）全国同和地区実態調査　抽出地区精密調査報告―農山漁村型―、1967

■図表2–3–3　昭和41年度納税状況（粕川村）

	区分									
	所得割			均等割			非課税世帯			
							所得割		全部	
	納税者(戸)	税額(円)	世帯当	納税者(戸)	税額(円)	世帯当	世帯数(戸)	%	世帯数(戸)	%
粕川村	850	7,879,769	9,270	1,799	635,600	1.76人 353円	1,024	54.6	76	4.0
込皆戸	58	259,499	4,474	190	67,400	1.77人 354円	140	70.7	8	4.0
膳	18	46,150	2,564	33	10,200	1.54人 309円	17	48.6	2	5.7

（出典）全国同和地区実態調査　抽出地区精密調査報告―農山漁村型―、1967

■図表2–3–5
榛名山麓の部落の農地耕作状況

	1976年	1964年
総戸数	61	45
非農家	36	12
農家	25	33
1.5町以上	0	1
1.5～1町	1	1
1町～5反	6	9
5反～3反	11	14
3反以下	6	8

（出典）坂井富雄「同特法下における部落の現状」、『第7回東日本部落問題研究集会報告集』、1977

■図表2–3–4　進学状況（粕川村）

年度	区分								
	粕川村			込皆戸			膳		
	卒業生	進学者	%	卒業生	進学者	%	卒業生	進学者	%
昭和37	302	155	51.3	39	14	35.9	3	3	100
38	255	162	63.5	27	11	40.7	9	4	44.4
39	279	169	61.2	37	6	43.2	7	3	42.9
40	265	182	68.7	31	13	44.9	5	2	40.0
41	250	175	72.0	36	15	41.7	3	1	33.3
5カ年計	1,348	843	62.5	170	69	40.6	27	13	48.1

（出典）全国同和地区実態調査　抽出地区精密調査報告―農山漁村型―、1967

集荷所、下排水整備、住宅改修資金に取り組んでいるが、農業の近代化など総合対策が行われていない。

部落差別は依然として厳しく、部落と非部落の通婚も二〇組を数えるが、正式結婚はその一割で、他は都会での部落を隠しての「秘密結婚」である。一九六七年には、恋愛による結婚問題があったが、親戚の反対で難航し、両方の努力で世帯をもったが、実家とは交際していない。また、差別があって、込皆戸出身の青少年はほとんど大工場や大会社には就職していない。また、就職した企業での懇談会で差別されることもある。

高校などへの進学率は、一九六六年段階で、粕川村全体で七二・〇%、込皆戸は四一・七%で、およそ三〇%の格差がある。また、一九六二年から一九六六年の五年間で、粕川村全体は五一・三%から七二・〇%と増加しているのに、込皆戸は三五・九%から四〇・六%と微増にとどまっている。この段階で、一般と部落の進学率に歴然とした格差があることを確認しておきたい。なお、戦前と比較すれば、農地解放や、戦後の部落解放運動・同和行政などの取り組みもあって、部落の進学率は増加傾向にあることにも留意しておきたい。

3 部落解放三大闘争の取り組みと青年部・婦人部・共闘組織

一九七〇年代の部落解放運動は、同和対策特別措置法の即時具体化に向けた取り組み、狭山差別裁判糾弾闘争、一九七五年に発覚した部落地名総鑑糾弾闘争という、部落解放に向けた三大闘争として展開されることになる。群馬県においても、この三大闘争を軸に部落解放運動が展開され、青年部・婦人部などの組織強化や、群馬県部落解放企業連合会や、群馬県同和教育研究協議会や、同和問題にとりくむ群馬県宗教教団連帯会議など、共闘組織の活動が展開される。

群馬県における行政闘争の展開

一九六八年一一月五日・六日、関東ブロック会議が開催され、特別措置法を闘いとることを確認した。同月一一日、群馬県連は群馬知事と交渉し、同和行政が遅れていることを追及し、前向きに進めることを約束させた。翌一九六九年四月二五日、第二五回の群馬県連大会を開催し、大会後、群馬県交渉を行い、差別行政の実例を挙げて、一九項目の要求をつきつけた。同年七月一六日、同和対策特別措置法が公布された。同年九月七日の関ブロ会議で、特措法の具体化実現の活動を展開することを確認した。同年一二月一六日、榛名町主催の研究会議が開催され、町長以下二〇〇名が参加して、町ぐるみで特措法の具体化を要求することを決議するなど、特措法具体化の闘いが県内に広がっていく。

■写真2-3-1
「同対審」答申完全実施要求中央国民行動
（出典）『写真記録　全国水平社100年』、p.191・上段右、解放出版社

関東および群馬県内の狭山差別裁判糾弾闘争の展開

一九六三年五月一日、埼玉県狭山市で女子高校生が行方不明となり、同夜自宅に脅迫状が届いた。翌二日深夜、四〇人の警官が張り込むが、現れた犯人を取り逃がし、四日には女子高校生の遺体が発見された。警察は一カ月前に東京の吉展ちゃん事件でも犯人を取り逃がしていた。捜査に行き詰った警察は市内の部落に見込み捜査を行い、五月二三日、石川一雄さん（当時二四歳）を逮捕した。石川さんは否認を続けていたが、「認めれば一〇年で出られる。認めなければ兄を逮捕する」という警察の脅迫・偽計・誘導によって、石川さんは「自白」を強要され、一審の浦和地裁では死刑判決となった。控訴審第一回公判で、石川さんは無実を訴え始める。事件直後から、地元埼玉や東京・群馬の部落解放同盟の活動家は石川さんを支え、これを受けて、一九六九年から、部落解放同盟も狭山差別裁判糾弾闘争を開始し、全国行進などに取り組み始める。

一九七三年一一月に、東京高等裁判所で二審が始まる。部落解放同盟中央本部は労働組合・学者・文化人・宗教者に支援を呼びかけ、全国各地で狭山共闘が結成された。一九七四年九月二六日の公判には、一〇万人の人が日比谷公園を埋め尽くしたが、寺尾正二裁判長の判決は無期懲役であった。一九七七年、最高裁に上告するが、事実調べも行わないまま、上告を棄却した。石川さんは千葉刑務所に下獄（一九九四年に仮出獄）し、以後、再審請求闘争に取り組んでいる。

一九七一年一月二六・二七日、群馬県連は研究集会を水上町で開催し、当面する解放行政の取り組みと、狭山差別裁判糾弾の闘いを県民運動とすることを確認した。一九七四年の狭山二審後の一九七五年には、関ブロ会議を開催し、狭山闘争月間の取り組みを決めた、翌一九七五年には、「同対審」・狭山群馬県共闘会議を結成し、これには群馬県連をはじめ、群馬地評、全日農、婦人会議などが参加している。翌一九七六年一〇月二八日・二九日・三〇日には、前橋市群馬県庁前で、狭山闘争勝利に向けて、ハンガーストライキに突入するなど、群馬県を挙げての闘う体制づくりを展開している。

■写真2–3–2
狭山裁判控訴審／日比谷公園に結集した人々
（出典）『写真記録　全国水平社100年』、p.210・上段左、解放出版社

群馬県における部落地名総鑑糾弾闘争

一九七五年、大阪府連に届いた一通の匿名投書から、部落地名総鑑の存在が発覚した。部落地名総鑑は全国の部落の地名・職業などが記された悪質図書で、大阪府連は全国的な糾弾闘争を展開するとの声明を出すとともに、法務省に抗議する。企業・大学・病院・個人など、二二〇社が購入していたことも明らかになり、労働省も「同和地区住民の就職の機会均等の確保についての労働大臣談話」を発表し、企業にも同和問題の正しい認識を求め、同和地区住民の人権を侵害することのないよう求めた。これらのことがあって、各地の企業でも同和・人権啓発にかかわる企業連絡会が結成され、同和・人権問題に取り組むようになる。

一九七六年七月一〇日、群馬県連は前橋地方法務局と交渉し、「部落地名総鑑」「部落リスト」購入差別事件を追及した。この交渉には、県連・各支部・労組から五〇名が参加した。同年一一月八日、群馬県連は前橋地方法務局に企業調査報告を求め、県内の金融機関が「部落地名総鑑」「部落リスト」を購入していた事実が判明した。

婦人部・青年部の取り組み

この時期、群馬県連は部落解放三大闘争を取り組みながら、婦人部・青年部の結成などの組織強化にも取り組んでいる。一九六九年一月一五日、群馬県連婦人部が倉賀野隣保館で結成された。代表二〇名が参加し、桜井きよ子（安中支部）を部長に選出した。一九七〇年九月に倉賀野隣保館にて青年部結成の準備会をもち、翌一九七一年八月八日には、群馬県連青年部が結成された。先述したように、一九五〇年代にも婦人部・青年部が結成されていたが、その後後継者がいないなどの理由で途絶えていたが、三大闘争の取り組みに向けて、あらためて婦人部・青年部が結成されたのである。なお、一九八〇年代には、困難な課題ではあるが、奨学生奨学生の組織化にも取り組んでいる。

婦人部は、その後、部落解放関東婦人集会に参加したりしながら、一九七八年一一月一八日には、第一回たたかいの祭りを開催した。一九九一年三月には、全国婦人集会群馬大会へ向けて、群馬県連婦人部では準備活動が活発化しており、八木節や木崎音頭や、構成劇の練習に取り組んでいる。各支部からの参加希望者が多く、目標数を大きく超えて、嬉しい悲鳴が上がっている。また、隣保館や教育集会所を拠点として、識字学級が取り組まれている。

その後、青年部の活動は停滞し途絶えていたが、二〇〇〇年七月二日、群馬県連青年部が再結成されている。各支部から四一名の青年が参加し、部長に深田広

群馬県連で婦人部結成

【群馬】同盟群馬県連では、かねてから婦人部結成について準備をすすめてきましたが、一月十五日午後一時から、高崎市倉賀野隣保館で、婦人部結成式を行ないました。

県下各支部から二十余名の代表が参加、婦人部結成までの経過報告と県連の運動を強化するための婦人の役割について話しあい、桜井きよ子さん（安中支部）を部長に選出、そのほかの役員も決め、結成式を終りました。

■解放新聞2–3–1　群馬県連で婦人部結成

（出典）『解放新聞』5巻、p.127、1969年2月5日

運動の継承と発展を誓う
組織化へのとりくみが結実
青年部を結成

青年部準備会を発足し
仲間とともに共同歩調を
個別の課題で討
あいつぐ差別事件
課題だしあう
青年部再建へ準備会を発足
活動の強化を確認
各地から2000人が参加

■解放新聞2–3–2　群馬県連青年部を結成

（出典）『解放新聞』33巻、p.263、2000年7月31日

雇用平等法の制定を要望する」との文書を労働大臣あてに送った。

要望書では、母性と家庭の社会的重要性を再認識し、実効ある男女雇用平等法の制定、「女性差別撤廃条約」の早期批准などを強調している。

解放教育の確立へ
県同教準備会を結成

【群馬】四月十四日、群馬県前橋市で「群馬県同和教育研究協議会」結成準備総会がひらかれた。

会場の県教育会館には、県内の教員や解放同盟員など約百人があつまり、全国三十一番目の「群同教」結成にむけた討議がおこなわれた。

総会では、代表あいさつを中山正県教育委員長がおこない、群馬の地での解放教育、「同和」教育の確立にむけた決意を語った。

そのあと、全同教副委員長内田宣人さんや、解放同盟中央教育対策部長の山中中執、日教組から池田中執らがあいさつ。解放同盟からは、星野群馬県連委員長があいさつをした。

経過報告を、松本武夫前県教組委員長がおこない、今後一～二年のうちに正式発足をし、全同教加盟をはたすことを報告。

記念講演を寺沢亮一全同教事務局長がおこない、「全同教三〇年の歴史の成果と展望」を語りながら、一日も早い結成を訴えた。

■解放新聞2–3–3　群馬県同教準備会を結成

（出典）『解放新聞』17巻、p.162、1984年4月30日

明を選出し、先輩たちの築いてきた解放運動を引き継ぎ、さらに発展させることを誓い合った。なお、群馬県連青年部は、関ブロ青年活動者会議にも積極的に参加し、関東の仲間とともに青年運動を担ってきている。

群馬県にも部落解放企業連絡会・同和教育研究協議会・宗教教団連絡会議

一九七二年四月、部落解放群馬県企業組合連合会が結成された。一九六八年の関西、一九七一年の埼玉県・東京都に続いて、群馬県でも企業連活動が始まった。その目的は、設備・運転資金の低利借入、税務相談指導対策、公害問題の解決など、経済基盤を確立して、生活の安定向上や、地区の環境を整備し、町内の発展に寄与することである。特別関連産業のみではなく、土建・食料・衣料・農業などの営業者の加入を促し、各自の事業を擁護し発展させることは部落解放運動の重大な課題としている（『60年史』）。

群馬県の部落解放運動にとって、全国同和教育研究協議会につながる組織の確立は重要な課題である。一九七九年一月二三日には、群馬県解放教育研究会準備会が開催され（『第三三回群馬県連大会議案書』）、一九八四年四月一四日に群馬県同和教育研究協議会の結成準備会が開かれた。一九八六年四月二〇日に群馬県同和教育研究協議会が結成され、群馬県教組を中心とした教職員集団と連携し、ＰＴＡや子ども育成会などへの働きかけや、地域共闘づくりに取り組み始める。

一九七八年の世界宗教者会議における町田宗夫（当時全日本仏教会理事長、曹洞宗宗務総長）の差別発言をきっかけに、部落の祖先の過去帳や墓石に「革男・畜男・屠女」などと記された差別戒名問題を大きな課題として取り組み始める。一九八三年一月一〇日・一一日に、中央本部人権対策部と群馬県連は群馬県内の差別戒名調査を行った。邑楽郡千代田町や榛東村の寺院で、墓石や過去帳に差別戒名を発見し、全県的な調査と寺院との交渉の強化が確認された。一九九六年六月六日、群馬県宗教教団連帯会議が結成され、一二教団から一二〇名が参加した。

4 群馬県内の差別事件と桐生市行政との闘い

一九七〇年代末の群馬における差別事件の取り組み

この時期、群馬県連は群馬独自の課題にも取り組んでいる。一九七九年一月の『解放新聞・群馬版』によると、県内で起きている差別事件を分析して、①酒を飲んでいる席での差別発言、②農業関係者の差別発言の多発、③議会関係者の差別事件、というような特徴があり、具体的には、藤岡市議会議員差別事件（一九七六年）、新田町差別事件（一九七七年）、群馬町差別事件（一九七七年）、玉村町差別事件（一九七八年）である。玉村町差別事件では、同町農業共済事業損害評価委員の研修旅行のバス内で、ある委員が「チョウリンボーやろう」との差別発言をした。部落出身の委員がこれを咎めて、農政課長を通じて町長にも連絡し、町を挙げての取り組みが行われた。こうした差別発言は氷山の一角で、一年間に八件ほどの差別事件が発覚している。群馬県連では、あいつぐ差別事件を糾弾闘争として闘い抜き、その成果を三大闘争の勝利の闘いに発展させることを確認している。

桐生市差別行政との闘い

群馬県では、七〇市町村のうち、部落の存在する三八市町村で同和地区指定を行っているが、桐生市には九地区の部落があり、群馬県内でも最大級の都市型部落があるにもかかわらず、同和地区指定をせず、同和対策事業を実施してこなかった。戦前には融和事業が取り組まれていたにもかかわらず、小山市長は「部落はない。部落差別はない。したがって同和行政の必要もない」と言い続けてきたのである。

群馬県連では、一九六九年の同対法の施行後、桐生の部落へのオルグを開始したが、「寝た子を起こすな」の意識が強く、思うような成果を上げることができなかった。それでも、一九八二年頃から、企業連の活動を中心に同盟員が集り始め、一九八四年には三八名の参加を得て、桐生支部を結成し、桐生市交渉に取り組み始めたが、小山市当局は「部落はあっても、わが市には差別はない」と言い続けた。この頃、桐生市の中学校教員による結婚差別事件や、大手ミシン会社営業マンの差別発言、興信所の差別調査、病院における差別発言、『北関新報』の差別報道、市営住宅の差別落書など、差別事件が続発していた。また、桐生川と新川の合流点にある部落では、「うちの裏の新川に、よく、川の色が変わるほど糞尿が流れている」ことから、支部と県連は調査を開始し、桐生市もこの地点の環境整備に手をつけ始めたが、抜本的な解決にはほど遠かった。

一九八七年には、群馬県連の問題提起を受けて、東日本部落解放研究所が桐生市の被差別部落の実態調査を開始し、同年一一月には、中間報告会を開催した。こうした動きを受けて、新聞報道でも大きく取り上げられ、全国の注目が集まるようになる。こうした動きの中で、同年春の統一地方選挙で、一六年間続いた小山市政にかわって、大沢新市長が選出される。群馬県連との交渉において、大沢市長は「部落差別の存在」「環境改善の必要性」を明確に認めたものの、「事業は一般対策で」という姿勢を取り続けている。以後、桐生市の差別行政を厳しく追

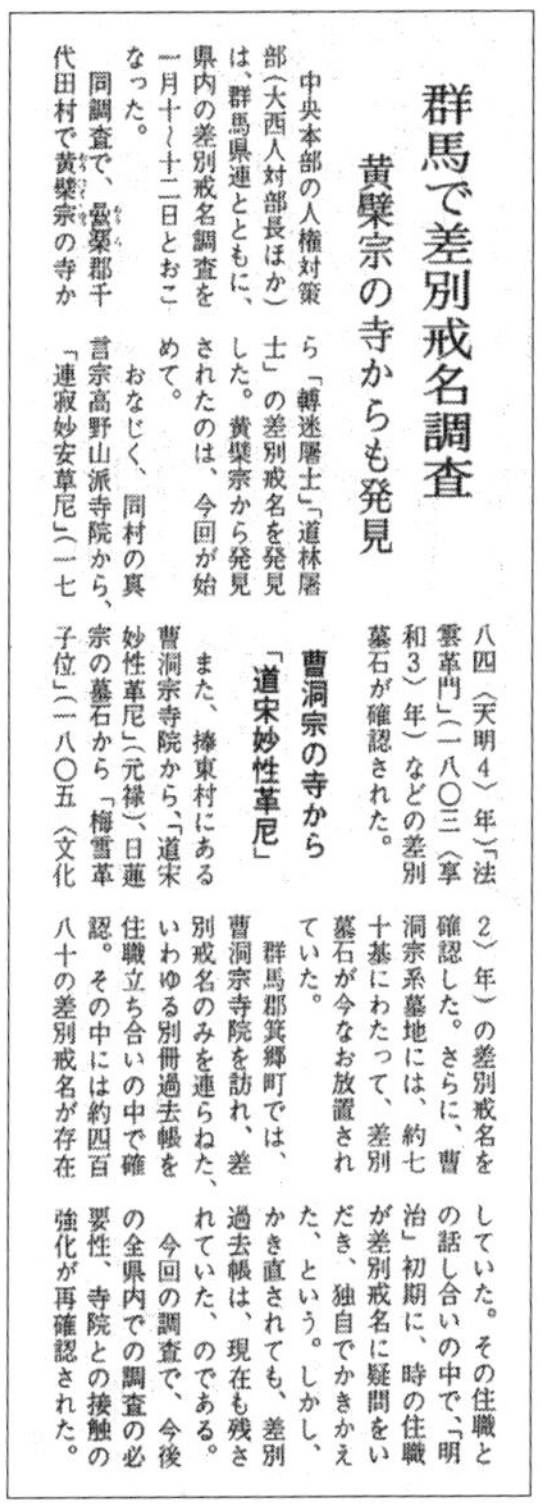

群馬で差別戒名調査
黄檗宗の寺からも発見

中央本部の人権対策部（大西人対部長ほか）は、群馬県連とともに、県内の差別戒名調査を一月十一～十二日とおこなった。

同調査で、邑楽郡千代田村で黄檗宗の寺から「轉迷屠士」「道林屠士」の差別戒名を発見した。黄檗宗から発見されたのは、今回が始めて。

おなじく、同村の真言宗高野山派寺院から、「連寂妙安革尼」（一七八四〈天明4〉年）「法雲革門」（一八〇三〈享和3〉年）などの差別墓石が確認された。

曹洞宗の寺から
「道宋妙性革尼」

また、捧東村にある曹洞宗寺院から、「道宋妙性革尼」（元禄）、日蓮宗の墓石から「梅雪革子位」（一八〇五〈文化2〉年）の差別戒名を確認した。さらに、曹洞宗系墓地には、約七十基にわたって、差別墓石が今なお放置されていた。

群馬郡箕郷町では、曹洞宗寺院を訪れ、差別戒名のみを連らねた、いわゆる別冊過去帳を住職立ち合いの中で確認。その中には約四百八十の差別戒名が存在していた。その住職との話し合いの中で、「明治」初期に、時の住職が差別戒名に疑問をいだき、独自でかきかえた、という。しかし、かき直されても、差別過去帳は、現在も残されていた、のである。

今回の調査で、今後の全県内での調査の必要性、寺院との接触の強化が再確認された。

■解放新聞2-3-4
群馬で差別戒名調査

（出典）『解放新聞』16巻、p.38、1983年1月31日

桐生新市長が差別実態を
認め、環境改善急ぐと約束
未指定部落での闘い

【群馬】これまで「桐生市に部落はない」とか「部落はあっても差別はない」と強弁し、「同和」行政をいっさいおこなわなかった群馬県桐生市の小山市長が、今年四月の統一地方選挙で落選し、桐生支部が強力に支持した大沢新市長が誕生した。

大沢新市長は当初から部落問題に積極的な姿勢を示しており、期待がもたれていた。

六月二十六日、群馬県連と大沢新市長の最初の交渉がおこなわれた。参加者は県連から八十九人、東日本部落解放研究所から九人、行政側から十三人。交渉で群馬県連は、①桐生市に被差別部落があることを認めるか②部落差別が存在することを認めるか③環境改善を必要とする部落の実態を認めるか④「同和」行政をいっさいやらなかったこれまでの行政をどう思うか、など原則的な質問を用意して、新市長と行政の姿勢を追及した。

大沢市長は、「残念ながら今も被差別部落はある」とこたえるとともに、結婚などにみられる差別と環境改善を必要とする部落の実態を認め、早急に改善することを約束した。

しかし、当面一般施策としてやるなど、行政としての壁はまだ厚いようすがうかがえるし、「同対審答申」を基本ベースに考えているかという質問にたいして、あいまいなこたえしかできなかったが、これまでの方針を百八十度かえた新市長への期待は大きく、桐生市に初めて「同和」行政が定着するのは確かなようだ。

今まで支部は、桐生市との交渉のなかで、差別の実態や生活環境、子どもの教育にかける願いなどを重ねて訴えてきた。

桐生の部落は、県内でも最大級の大きさをもち、中島広治支部長の話では約五百世帯、千五百人に達する。しかし、いまだに消防車も入れない道や、一人ぐらしの老人世帯の多さ、高い生活保護受給率、多い不安定な仕事など、とりくまねばならない課題が山積している。

環境改善だけでも、三十億円はかかるだろう、との専門家の見積りもあり、とても市の単費でまかなえるものではない。支部が桐生市に要求してきた「地区指定」は、まず、市が差別の実態を認識し、「同対審答申」の精神にもとづいて、国民的課題として、行政的責務をはたす出発点に立つことを求めたもの。

いまようやく、その扉がひらかれようとしている。

6月26日、新市長と初の交渉をおこなった

途中までは舗装されているが、あとはそのまま（桐生市の部落で）

■解放新聞2-3-5　桐生新市長と交渉

（出典）『解放新聞』20巻、p.261、1987年7月27日

及していくことになる。
なお、大沢市政が「一般対策で」とする理由として、地元の「寝た子を起こすな」の意識への気づかいと、地対財特法が新たな地区指定を認めないとしてきたことがあると思われる（松島一心「桐生市差別行政の歴史と現在」）。しかし、同じ時期に、新潟県神林村の差別行政糾弾訴訟が新潟地裁で原告の全面勝利を得ており、判決は地区指定の有無にかかわらず、同和対策は実施すべきこと、部落内外に「寝た子を起こすな」意識が強いからといって、同和対策をさぼってはならないことを明確にしている。

5 行政闘争の成果と群馬の部落の課題
—一九九三年の全国部落実態調査を踏まえて—

本章の最後に、特措法下の三三年間における行政闘争の成果と、群馬の部落の課題を見ておこう。

一九九三年に全国の生活実態調査・意識調査

部落解放同盟の国策樹立運動の成果であった同和対策にかかわる特別措置は、一九六九年の同和対策特別措置法に始まり、地域改善対策特別措置法・地対財特法の時代を経て、二〇〇二年に期限切れを迎える。

では、こうした特措法に基づく解放運動や、同和行政・同和教育は、どのような成果を生み出し、どのような課題をもたらしたのか。

総務庁は一九九三年に全国の生活実態調査・意識調査（九三年調査）を実施しており、その報告書をもとに、部落解放研究所は『図説　今日の部落差別　各地の実態調査結果より』（『今日の部落差別』）を刊行している。以下、『今日の部落差別』を素材として、群馬における行政闘争の成果と部落の課題を見ていきたい。

行政闘争の成果　―通婚率や高校進学率の向上―

さて、特措法時代の三三年間にわたって、同和行政・同和教育が取り組まれてきた。地域環境の改善、住宅の改良、地域の農業・産業の整備、学校同和教育・社会同和教育などが取り組まれ、部落の環境・産業・生活・就学・就職も大きく変化することになる。

部落の環境・産業・生活の変化の前に、まず通婚率と高校進学率・大学進学率の変化を見ておこう。

一九六五年の高校進学率を見ると、全国は七〇・七％、部落は一九六三年の三〇・三％と、一九六七年の五一・一％の中間値の四〇％ぐらいと思われる。この時期には、三〇％の格差があった。その後、部落の高校進学率は急速に高くなり、一九九五年には全国は九六・七％、部落は九二・四％となり、格差は四・三％に改善されている。その理由としては、一九六九年以降の特措法に基づく農業・産業の整備などによる親の経済力の上昇、同和教育推進教員の配置、学力保障や解放子ども会の取り組み、奨学金制度の充実などがあったものと思われる。しかし、大学進学率を見ると、全国と部落の進学率の格差は縮小しているとはいえ、一九九三年段階で、全国は三・六％、部落は一・九％と、いまだ二倍近い格差がある。

もちろん、偏差値重視の日本社会にあって、どのランクの高校に進学するかは就職先の選択や大学進学にも影響するし、全国平均と比べて、部落の高校中退率やニート率の高さも取り沙汰されているが、ともあれ、部落の高校進学率は劇的に上昇した。高校を出て就職するにせよ、大学進学後に就職するにせよ、学歴社会の日本において、大企業か中小の企業かはともあれ、就職先の選択権は飛躍的に強くなった。

後述するように、このことは、農村部落の青年の場合には、親の職業であった農業や兼業農業を継がず、都市にある企業への就職を促進することになるのだが、まずは、高校進学率の向上と通婚率の変化の関連を見てみよう。

夫婦とも部落が実線の折れ線グラフ、破線がいずれかが部落外の折れ線グラフで、部落と部落外の結婚の割合を通婚率という。

まず、年齢別に見てみると、一九九三年時点で八〇歳の人は一九一三年生まれ、大正初期の生まれである。この世代では、部落同士の結婚は七九・四％、部落外との結婚は一四・一％で、部落同士の結婚が圧倒的に多い。この時代、部落民は部落産業や行商・日雇いなどの職業についており、部落外と交際するチャンスはほとんどなかったのだろう。ところが、一九九三年時点で四四〜四五歳の世代は一九四九年〜一九五〇年生まれで、いわゆる団塊世代である。この世代になると、部落同士の結婚と、部落外との結婚は同率となる。この世代が高校に進学するのが一九六五年頃からで、高校進学率が五〇％を超える。以降、高校進学率は急激に向上し、企業への就職も増加し、学校や職場での部落外の人との交際が増えた世代である。さらに、一九九三年時点で二五歳の人は一九六八年生まれで、部落外との結婚は六七・九％となっている。この世代が高校に進学するのは一九八三年頃で、八六・六％となっており、全国平均と大差がなくなっている。

ここまでの分析で、高校進学率の向上と通婚率の改善はリンクしており、通婚率の改善は同和行政・同和教育の成果であると言ってよいだろう。しかし、高校進学率の向上と通婚率の改善だけを見ていると、同和行政と同和教育がもたらした成果であるが、このことは、農村部落の場合、青年世代が親の農業を継がず、就職や結婚に際して、地区を離れ、都市や都市周辺へ移動することを意味している。青年層の地区離れが限りなく進行していくのである。

行政闘争の成果と群馬の部落の課題

では、行政闘争の成果は、地区の人口・世帯構成・就労などに何をもたらしたのか。まず、全国と群馬県の地区内人口・世帯と同和関係人口・世帯を見てみよう。

一九三五年と一九九三年の群馬のデータを比較してみよう。地区数が二六二から一六四に減少しており、一地区の同和関係世帯数が一八・二から四三・九に増えているのは、一九三五年段階の小規模地区が一九九三年段階で地区指定されておらず、中規模・大規模の地区が地区指定されていたためと思われる。また、一九九三年の同和関係率が全国で四一・四、群馬で二六・六となっているのは、同和関係人口が社会的に流出し、替わって、都市周辺部の地区に部落外人口が社会的に流入したものと思われる。実際、群馬の同和関係人口率は、一九七一年の五〇・〇から、一九九三年の二六・六と半減している。

群馬県の部落は基本的に農村散在型であったが、一九七〇年代以降、高校進学率の向上に伴う企業への就職機会の増加や通婚率の改善もあって、青年層の社会的流出が激増したためと思われる。実際、全国のデータであるが、三〇歳未満の転出理由は、結婚が四七・六％、就労が三一・九％となっている。

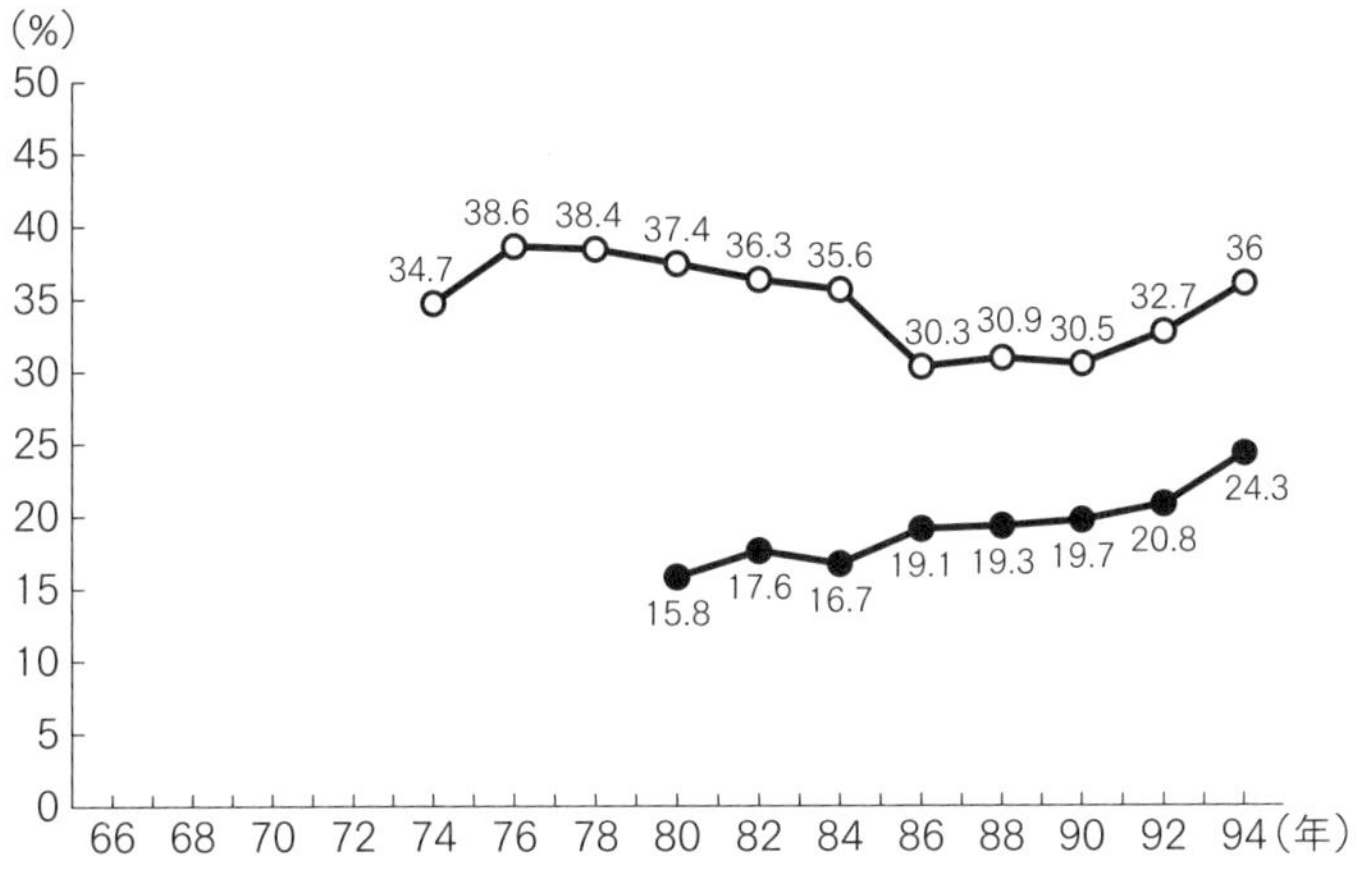

■図表2–3–6　高校進学率（全国）

（出典）部落解放研究所『図説 今日の部落差別―各地の実態調査結果より』より、1997

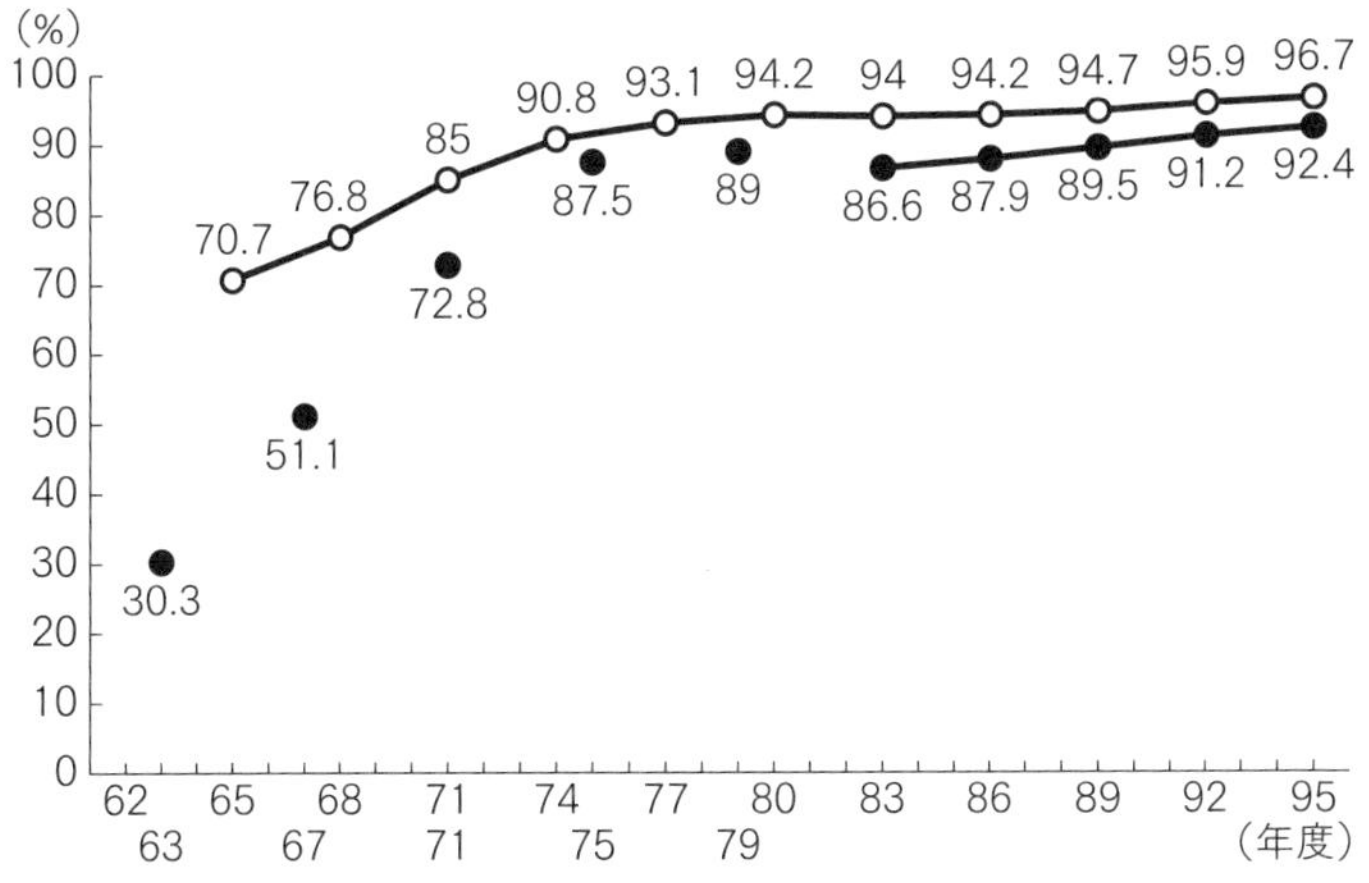

■図表2–3–7　大学進学率（全国）

（出典）部落解放研究所『図説 今日の部落差別―各地の実態調査結果より』より、1997

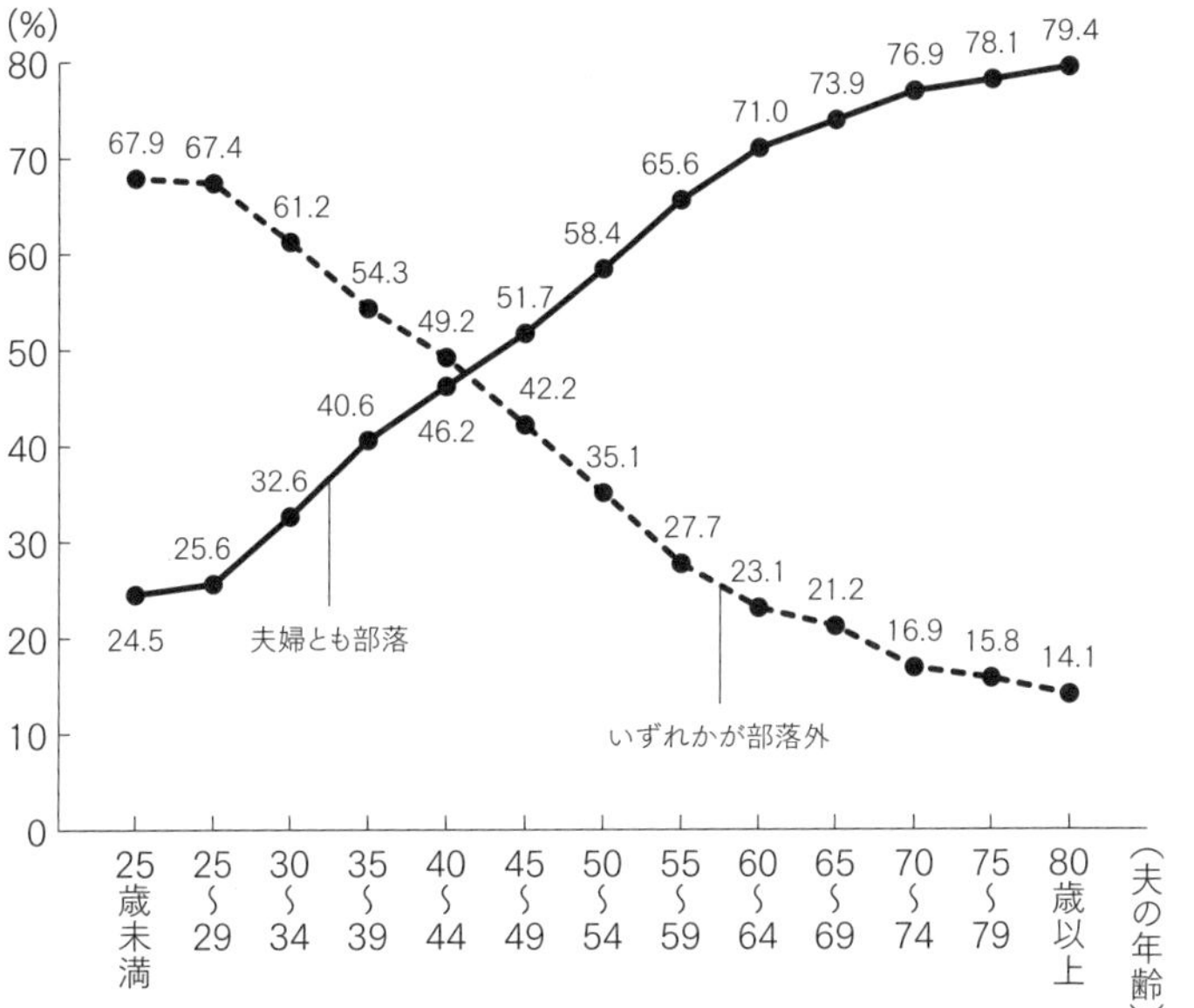

■図表2–3–8　夫の年齢別　夫婦の出身地の組み合わせ

（出典）部落解放研究所『図説 今日の部落差別―各地の実態調査結果より』より、1997

■図表2–3–9　全国と群馬県の同和地区の概況（1993年）

	地区数	同和地区		同和関係		同和関係率	1地区平均人口		1地区平均世帯数	
		人口	世帯	人口	世帯		人口	世帯	同和地区世帯	同和関係世帯
全国	4,442	2,158,789	737,198	892,751	298,385	41.4	486.0	201.0	166.0	67.2
群馬	164	102,561	32,003	27,249	7,199	26.6	625.4	166.2	195.1	43.9

（出典）部落解放研究所『図説 今日の部落差別―各地の実態調査結果より』より、1997

■図表2–3–10　全国と群馬県の同和地区の概況（1935年）

	地区数	同和地区		同和関係		同和関係率	1地区平均人口		1地区平均世帯数	
		人口	世帯	人口	世帯		人口	世帯	同和地区世帯	同和関係世帯
全国	5,367	–	–	999,678	191,554	–	–	–	–	35.6
群馬	262	–	–	30,005	4,870	–	–	–	–	18.2

（出典）中央融和事業協会『全国部落調査』より、1935

一九七〇年代以降、群馬の部落の青年層は高校・大学への進学率の向上とともに、親世代の職業であった零細な農業を継がず（零細ゆえに農業を継げなかったとも言える）、就労とともに、あるいは結婚とともに、都市および都市周辺に移動していった。結果的に、零細な農業および兼業農業は衰退し、そのことが青年層の流出をさらに促進し、地区内には高齢者層が多く居住することになる（高齢化率は一五・九）。

一九七〇年代以降の三大闘争を担ったのは、地区内にとどまった団塊世代と、その上の世代が中心であり、この世代の高齢化とともに、部落解放運動の継承が困難になっている。団塊世代以降の青年層が地区を離れることを可能としたのは、特措法に基づく同和行政・同和教育の成果であり、このことはとりもなおさず部落解放同盟による行政闘争の成果であった。しかし、戦前の水平社運動も、戦後の部落解放運動も、部落コミュニティの強い紐帯を基盤としており、青年層の地区離れは、部落解放運動からの離脱を促進してしまう要因のひとつとなっている。

ポスト特措法時代の部落解放運動の課題は、上記のように、部落解放運動の継承の困難さにある。このことは、あらたな解放運動の構築にとって、従来の部落コミュニティを基盤としつつも、さらに部落コミュニティを離脱する青年層をいかに組織化するかが大きな課題となっている。

第4章

特別措置法後の部落解放運動

本章では、特別措置法の期限切れ以降、現在にいたる時代の部落解放運動と部落をとりまく社会状況を明らかにする。

[1] 特別措置法後の同和行政・同和教育、部落差別解消推進法の施行へ

二〇〇二年三月三一日、三三年間に及ぶ特別措置法が期限切れを迎えた。残された課題は一般対策として対応していくことになる。同和行政・同和教育などは、人権行政・人権教育と名称を変え、自治体の担当部局や担当課の名称も人権対策課などと変更されていく。

部落解放基本法制定運動から、人権侵害救済法制定の闘いへ

部落解放同盟では、二〇〇二年一月に上程された人権擁護法案に対して、部落解放基本法制定要求国民運動中央実行委員会とともに、抜本的な修正を求めた。一九九三年に国連で決議された「国内人権機関の地位に関する原則」(パリ原則)の遵守やその独立性を担保するために、人権委員会を刑務所や入管などを所管する法務省ではなく、内閣府の外局とすることや、人権問題に精通した人材の登用を求め、また報道への規制には反対したが、同法案は廃案となった。なお、同年七月、部落解放基本法制定要求国民運動中央実行委員会は「国民運動」の文字を外し、部落解放基本法制定要求中央実行委員会(中央実行委員会)と改称する。日本国籍をもつ者に限定するという誤解される恐れがあるため、「国民運動」という名称を外したのである。

二〇〇四年二月には、中央実行委員会は試案として、人権侵害救済法の要綱を公表し、法制定へ向けて呼びかけを開始した。以後、同法の制定が中央実行委員会の中心課題となっていく。二〇〇九年の民主党政権の誕生によって、人権侵害救済法制定への期待が高まった。二〇一一年八月、法務省政務三役名で、「新たな人権救済機関の設置に関する基本方針」が公表されたが、所管は法務省とされており、政府からの独立性の危惧があったが、政府は人権委員会として上程準備を進めるとした。二〇一二年六月一四日の部落解放・人権政策確立要求第一次中央

■写真2-4-1　人権擁護法案の抜本修正を求めるデモ
(出典)『写真記録　全国水平社100年』、p.277・右2段目、解放出版社

集会では、人権委員会を政府から独立した三条委員会（国家行政組織法に基づき予算・人事・規則などの決定権を有する）とすることを求め、九月一九日には、法案が閣議決定された。人権委員会は法務省の外局ではあるが、三条委員会と位置づけられ、閣議決定され、衆議院に上程された。しかし、直後に野田内閣は衆議院を解散し、同法案は廃案となってしまった。

一二月の衆議院選挙で、民主党政権は惨敗し、安部政権が誕生する。安部政権は人権委員会設置などの総合的・包括的な人権法は制定しないとしたが、個別法の制定には取り組むとした。以後、部落解放同盟では、人権侵害救済法や差別禁止法制定の要求を堅持しつつ、個別法制定の取り組みに力を入れていく。

差別解消三法の制定と具体化、部落差別解消推進法要求の取り組み

二〇一六年六月、障害を理由とする差別の解消に関する法律（障害者差別解消法）が施行された。この法律は、二〇〇六年一二月の国連総会で採択された障害者権利条約を具体化するもので、日本政府は二〇〇七年九月に同条約に署名し、民主党政権後の二〇〇九年一二月から批准に必要な国内法の整備などの取り組みが始まる。二〇一二年には安倍政権が誕生し、二〇一六年に障害者差別解消法が制定された。同法は、差別的な取り扱いだけではなく、合理的配慮をしないことも差別とする画期的なものであった。

同年六月には、本邦外出身者に対する不当な差別的言動の解消に向けた取組の推進に関する法律（ヘイトスピーチ解消法）も施行された。この法律は、この時期に横行していた「朝鮮人を殺せ」などと呼号するヘイトスピーチを規制するためのもので、初め野党が法案を提出し、しばらく与党によって棚ざらしとなっていたが、規制を求める世論の高まりや、二〇二〇年に東京オリンピックを控えていたこともあって、与党も対案を出さざるをえなくなり、同法の施行となった。

同年一二月、部落差別の解消に関する法律（部落差別解消推進法）も施行された。インターネット上の差別書き込みなどが激増している社会状況が立法事実となり、同法の成立を後押しした。部落差別解消推進法は理念法という限界はあるものの、国・地方公共団体の責務、相談体制の充実、教育や啓発、差別実態の調査などを規定している。なお、二〇一八年には、法務省は差別実態の調査に際して、「人と地域を特定しない」という方針を明らかにしており、「人と地域を特定」して行ってきた従来の同和行政を否定する動きとして注意が必要である。

二〇一九年には、アイヌの人々の誇りが尊重される社会を実現するための施策の推進に関する法律（アイヌ新法）も制定され、また自治体レベルでは、パートナーシップ制度の導入の動きも広がっており、マイノリティの人権にかかわる法律や条例の制定の動きが加速している。

水平社博物館襲撃事件・プライム事件・「全国部落調査」復刻版裁判

国や自治体レベルでの人権法や人権条例などが制定される一方で、悪質な差別事件も頻発している。ここでは、水平社博物館襲撃事件・プライム事件・「全国部落調査」復刻版裁判について見ておきたい。

二〇〇九年一二月四日、在日外国人の特権を許さない市民の会（在特会）のメンバーらが、京都朝鮮初級学校の正門前で、「日本人を拉致した朝鮮総連傘下、朝鮮学校、こんなもんは学校でない。」などのヘイトスピーチを繰り返した。京都朝鮮学校襲撃事件である。二〇一一年一月二二日、在特会の関西地区担当副会長を務める人物は水平社博物館を訪れ、「出てこい、穢多ども」などとヘイトスピーチを繰り返した。京都朝鮮学校襲撃事件の京都地裁の判決では侮辱罪・威力業務妨害罪・器物損壊罪の成立を認め、原告側の民事訴訟でも勝訴している。また、水平社博物館襲撃事件でも、原告側の民事訴訟は勝利している。

二〇一一年一一月、横浜の探偵社プライムの社長、司法書士、行政書士、元弁護士などの五人が逮捕された。彼らは、住民票や戸籍謄本の職務請求権がある行政書士や司法書士を使って、戸籍等を不正取得したのである。彼らは、三年間で一万二五〇〇件の戸籍等を取得し、二億三五〇〇万円の売上を得た。プライムの社長は、懲役三年の実刑、横浜の探偵社の社長は懲役二年六月など、関係した司法書士・元弁護士や、職務請求書を偽造したグラフィックデザイナーらも有罪判決を受けた。なお、プライム事件とは別に、二〇一二年九月、群馬の調査会社ベルリサーチの社長、東京の調査会社SRC社長、そして、共犯の行政書士が逮捕された。群馬の探偵のベルリサーチの社長は、四年間で、四億五〇〇〇万円を稼いだ。部落解放同盟では、こうした事件の防止に向けて、全国の自治体に本人通知制度の導入を求める取り組みを展開している。

二〇一五年、鳥取ループのウエブサイトに、「全国部落調査」のデータを掲載し、

翌二〇一六年には示現舎版「全国部落調査」復刻版の出版予告、部落解放同盟では弁護団を編成し、出版差止めとウェブサイト削除の仮処分申請を行い、四月一九日に東京地裁に本訴提訴した。原告は部落解放同盟と部落出身者二四八名（群馬県連は八名）である。

この「全国部落調査」とは、一九三五年の中央融和事業協会が実施したもので、全国の五〇〇〇を超える部落の地名、職業、生活程度などが掲載されている。一九二一年九月に東京地裁の判決が出され、出版の差し止めを認め、損害賠償請求を認めたものの、中途半端な判決であったため、原告団は控訴し、被告の鳥取ループ側も控訴したため、現在東京高裁で控訴審が行われている。

■写真2–4–2　異議あり、有事法制のデモ
（出典）『写真記録　全国水平社100年』、p.277・上段右、解放出版社

憲法改悪、天皇制強化と戦争への道との対決

二〇一九年四月三〇日、天皇明仁が退位し、翌五月一日には徳仁が天皇となった。部落解放同盟では、生まれを理由とする部落差別に反対するとともに、生まれによって尊ばれる天皇制にも反対してきた。この天皇の代替わりに際して、天皇および天皇制の賛美の風潮も生まれている。

二〇〇二年五月には、戦争準備のための有事関連三法案に反対する全国決起集会が開催され、部落解放同盟中央本部も各都府県連も参加してきたが、同法案は翌二〇〇三年六月六日に広範な反対を無視して成立した。同年三月二〇日、イラクが大量破壊兵器を保有しているとして、国連決議もないまま、アメリカの主導の多国籍軍がイラクに侵攻し、フセイン政権を転覆した。日本政府はこれを支持したため、部落解放同盟は各地で反対の闘いに取り組んだ。安倍政権は、二〇〇六年には教育基本法の改悪、二〇一五年には戦争法案を強行採決した。

二一世紀に入っての二〇年余の日本は、憲法改悪、天皇制強化と戦争への道を歩んでおり、部落解放運動にとっても、これらとの対決が重大な課題になっている。

[2] 群馬における部落解放運動の多様な取り組み

次に、群馬における部落をとりまく社会状況の変化と、この二〇年余の部落解放運動の多様な取り組みを見てみよう。

行政闘争・同和教育・県民集会・尾島町パンフ・狭山・同宗連・ネット差別

翌二〇〇二年に特別措置法の期限切れが迫る二〇〇一年九月一〇日、全国大行動の取り組みの中で、部落解放同盟中央本部と群馬県連合会は群馬県との交渉を行った。県側は高山副知事、高井教育長をはじめ、四五人が参加した。解放同盟側は、中央本部の高橋書記長、群馬県連の福島委員長をはじめ、執行部・各支部代表、関ブロオルグ団など、一〇六名が参加した。群馬県は「今後も部落差別が現存する限り、解決に向けた取り組みを進めていく」と回答し、二〇〇〇年度に策定した「二一世紀プラン」（群馬県の総合計画）に人権課題をはっきりと記載していくと述べた。高井教育長は同和教育の成果と手法をいかし、学校教育・社会教育を通じて、人権教育体制の確立の準備を進めているとし、今年度群馬県人権教育推進協議会を立ち上げ、群馬県人権教育基本方針を確定したいと述べた。県連では、今後の解放奨学金問題について議論するとともに、県教委の現実から離れた実態把握や、人権教育の再構築などと語る県教委の姿勢によって、同和教育が終わるかのような受け止めが市町村に広がっている現状を指摘するなど、その姿勢を糺した。

二〇〇三年一月二九日、群馬県連が主催して、群馬県内の同和教育の推進と充実を求めて、「二〇〇二年度『同和教育』研究懇談会」を伊勢崎市文化会館で開催した。福島委員長は部落問題解決への行政の責任を放棄することなく、明るい社会の建設に向けて闘っていくことを訴えた。荻原幸助さん（元埼玉県同和教育研究協議会会長）が講演で「子どものつぶやきに学び、人権教育発展を」と訴え、シンポジウムでは、北爪敏男会長（群馬県人権・同和教育研究協議会）が司会をつとめ、シンポジストは石田章宇教諭（榛東村立南小学校）・高橋守館長（粕川村隣保館）・松島世会県連副委員長で、同和教育の現状と課題について論議し、同和教育の蓄積を踏まえて人権教育の再構築をめざすことを確認した。

二〇〇四年一一月二五日、新田町文化会館エアリスホールで、部落解放同盟と群馬県部落解放推進連絡協議会が主催して「差別のない社会と自分らしく生きられる社会—群馬県人権・同和問題研究県民集会」を開催した。オープニングでは、被差別部落の太鼓集団「光」が日頃の成果を披露し、作家の落合恵子さんが、人権とは「誰の足も踏まないこと」「誰にも自分の足を踏ませないこと」「ひとりひとりが主役の社会を」と訴えた。

二〇〇五年三月二八日、群馬県で唯一「部落差別とあらゆる差別をなくすことをめざす条例」（一九九六年一〇月一日施行）を制定している尾島町は、太田市・新田

あいつぎ厳しい指摘

現実から離れた実態把握

群馬県交渉

（関連1ページ）群馬県交渉を九月十日におこなった。

県政全体のなかでの人権行政の位置づけについては、意見交換のあと、高山副知事が、昨年度策定した「二一世紀プラン」（県の総合計画）について語り、「当然人権問題というのもはっきりと記載して固めていくだろう、このように思っています」とのべた。

教育分野では、高井教育長は「同和教育の成果と手法をいかし、県民一人ひとりの人権意識の高揚をはかりながらあらゆる人権問題の早期解決をはかるために学校教育、社会教育を通じて人権教育推進体制の確立

■解放新聞2–4–1
群馬県交渉／厳しい指摘
（出典）『解放新聞』34巻、p.351、2001年10月8日

子どものつぶやきに学び人権教育発展を

【群馬】県内の同和教育の推進と充実を求めて「二〇〇二年度『同和教育』研究懇談会」を一月二十九日、伊勢崎市文化会館でおこなった。懇談会は講演とシンポジウムを中心にしたもので、同盟員ほか加配支援教員、県や県教委など四百五十人が参加した。

主催者あいさつを福島義昭・県連委員長がおこない、部落問題解決への行政責任を放棄することなく、明るい社会の建設に責任をはたしたいとのべ、懇談会をよき学びの場としてほしいと訴えた。

講演は、荻原幸助・元埼玉県同和教育研究協議会会長が、「さまざまな被差別の子どもたちから学んだこと」をおこなった。

荻原さんは、同和教育はこれまでも子どもの「つぶやき」を大事にしてきたこと。二一世紀は人権の世紀であり、同和教育が本当に花咲くのはこれから。同和教育の成果を基礎とした人権教育の発展を、と訴えた。

シンポジウムでは、北爪俊男・県人権・同和教育研究協議会会長が進行し、パネリストとして荻原さん、石田章宇・榛東村立南小学校教諭、高橋守・粕川村隣保館館長、松島世会・県連副委員長が、同和教育の現状と課題について論議し、同和教育の蓄積をもとに人権教育の再構築をめざした。

■解放新聞2–4–2
同和教育研究懇談会
（出典）『解放新聞』36巻、p.119、2003年3月31日

■解放新聞2–4–3　尾島町で人権冊子
（出典）『解放新聞』38巻、p.76、2005年2月28日

合併に向け冊子を作成

群馬県尾島町　部落史の掘り起こしから

新しい市でも人権尊重のまちづくり着実にとの決意で

群馬県で唯一「部落差別とあらゆる差別をなくすことをめざす条例」（96年10月1日施行）を制定している尾島町は、今年3月28日、太田市、新田町、藪塚本町と合併し、新しい太田市として再出発する。合併に先立ち、尾島町は昨年、新市でも人権尊重のまちづくりを着実に前進させねばならないという決意を込めた冊子『人権のまちづくりをめざして―世良田事件と私たちの課題―』を発刊した。

冊子は、1925年に尾島町（当時は世良田村）の水平運動家の家が襲撃された「世良田事件」を基軸に、尾島町の江戸時代以前からの部落史と、「条例」制定にいたるまでの地元の部落解放運動の歩みとを、わかりやすく紹介したもの。東日本部落解放研究所と地元・尾島支部の人たちを編集委員に、尾島町教育委員会生涯学習課が事務局となり、まとめた。尾島支部の人たちが中心となり、20年以上にわたって群馬県の部落史発掘をつづけてきた「部落史を語る会」（1852号既報）の成果であり、地元の部落にしっかりと根ざした人権教育・啓発用教材になっている。

同時に、この冊子は、「部落差別とあらゆる差別をなくすことをめざし、町民一人ひとりの参加による人権を尊ぶ町づくりと、明るい地域社会の実現」（「条例」第一条）を「責務」（「条例」第二条）とする町行政の、合併後も人権尊重のまちづくりを着実に前進させる決意表明でもある。編集発行は、「条例」にもとづく「尾島町部落差別とあらゆる差別をなくすことをめざす推進協議会」（会長＝相澤邦衛・町長）と尾島町教育委員会。冒頭に収められた相澤町長の「発刊のことば」や本文中の記述にも、合併後も人権尊重のまちづくりをすすめる決意がこもる。

編集委員でもある尾島支部の松島世會・支部長（群馬県連副委員長）は、「これまで部落の人たちが社会にどれだけの貢献をしてきたってことが社会の人たちに知らされていない。だから部落差別が全然解消されない。それにはやっぱり部落史を掘り起こさないと。尾島支部の内部で『部落史を語る会』を作った成果として、部落の歴史がわかった支部内の人たちが『隠して暮らそう』を克服してきて『条例』につながった。いままでは尾島町では町長をはじめ、人権問題に反対する議員は一人もいない」と語り、新市で作ろうと煮詰められている全体的なまちづくりの条例に尾島町の「条例」を組み込み、生かすよう、働きかけを強める決意を語った。

同じく編集委員の松島一心さん（尾島支部、尾島町同和教育推進指導員）も、「冊子を新市にどう生かすか。生かすためにどうしたらいいかが大きな課題なんだよ」と語り、今後の運動展開に向けた意気込みを語った。

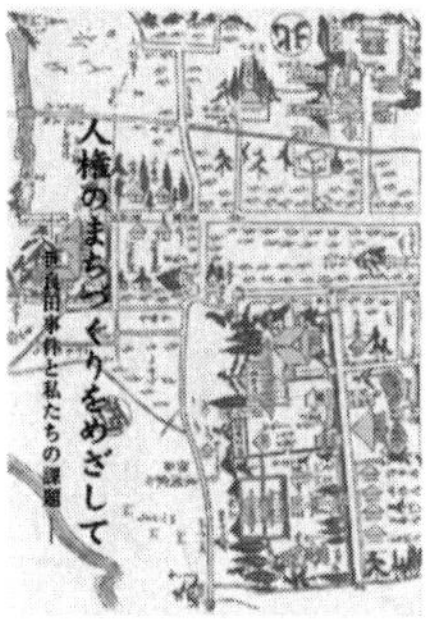

町・藪塚本町と合併し、新しい太田市として再出発する。合併に先立ち、尾島町では、昨年、新市でも人権尊重のまちづくりを着実に前進させねばならないという決意をこめた冊子『人権のまちづくりをめざして—世良田事件と私たちの課題—』を刊行した。世良田事件を基軸に、尾島町の部落の歴史と、「条例」制定にいたるまでの地元の部落解放運動の歩みをまとめたもの。地元尾島支部と東日本部落解放研究所が中心となり、尾島町教育委員会が事務局となって作成された。編集委員の松島一心さん（尾島支部、尾島町同和教育推進指導員）は、今後の運動展開に向けて、「冊子を新市にどういかすか」と意気込みを語った。

二〇〇八年五月一四日、群馬県勤労福祉会館で、狭山事件を考える市民の会・群馬が第五回総会を開催した。市民ら二九人が参加した。横田英明代表は「なんとしても再審をかちとろう」と訴えた。連帯のあいさつで、県連の金子委員長が「さらに力添えを」とよびかけた。閉会後、ジャーナリストの今井恭平さんが「えん罪はどうしてなくならないのか」をテーマに講演した。

二〇一四年三月二九日、群馬県連では地元の『上毛新聞』に「本人通知制度に登録するよう県民によびかける」意見広告を掲載し、「あなたの個人情報が、狙われているかもしれません！〜戸籍・住民票等の不正取得から個人情報を守りましょう〜」と訴えた。二〇一四年までに、群馬県内では、一九市町村が本人登録制度を導入している。

二〇一五年一〇月二〇日、高崎シティギャラリーで、「同和問題にとりくむ群馬県宗教団体連帯会議」は第一九回人権・同和研修会を開催した。二六〇人が参加した。フリージャーナリストの角岡伸彦さんが講演し、部落解放の歴史をたどり、部落の変容と、差別される存在であると同時に差別する存在であることを気づき、闘っていくことが大切と訴えた。藤秀彦議長は「群馬同宗連は結成二〇年。まだまだとりくむべき課題は多い」とあいさつした。

二〇一八年一二月一日、群馬県連前橋市協議会は毎年県内各地で実施している社会同和教育地区座談会の一環として、込皆戸集会所において、インターネット上の差別をテーマに座談会を開催した。鳥取ループ・示現舎がインターネットに掲載した差別記事を確認し、インターネットを利用した差別の拡散に対する今後の闘いの方向について語り合った。

女性部・青年部・組織点検・榛東支部の再建など

二〇一四年一一月一四日、たかさき人権プラザで、群馬県連女性部が主催する「たたかいの祭り」が開催された。各支部から女性部員ら七三人が参加した。この「たたかいの祭り」は一九七九年に始まったが、特措法が期限切れとなった二〇

登録訴え意見広告

「本人通知」で『上毛新聞』に

人通知制度登録をよびかける意見広告を掲載した

【群馬】「あなたの個人情報が、狙われているかもしれません！」「〜戸籍・住民票等の不正取得から個人情報を守りましょう。〜」と掲げ、事前登録による「本人通知制度」に登録するよう県民によびかける意見広告を、群馬県連は3月29日付の地元紙『上毛新聞』でおこなった。

意見広告は、この間の「戸籍等個人情報大量不正取得事件」の真相解明と、本人通知制度導入自治体の広がりをふまえ、同紙23ページの下4段に掲載したもの。戸籍、住民票、車両情報、個人所得など個人情報が不正取得されて全国的に身元調査や個人情報売買がおこなわれるなか、県内でも人権侵害、犯罪被害、悪質な詐欺などが発生している事実を知らせ、本人通知制度を導入している県内19市町村（同日現在）を紹介して、登録をよびかけたもの。

■解放新聞2-4-4
本人通知登録を訴え意見広告

（出典）『解放新聞』47巻、p.114、2014年4月14日

解放の歴史など学ぶ

群馬同宗連が研修会

▲フリージャーナリストの角岡伸彦さんを招き、学習を深めた（10月20日・群馬）

【群馬】同和問題にとりくむ群馬県宗教教団連帯会議（議長教団は日本基督教団）は10月20日午後、高崎市・高崎シティギャラリーで第19回「人権・同和」研修会をひらき、加盟教団から260人が参加。フリージャーナリストの角岡伸彦さんから講演を受けた。

角岡さんは、部落解放の歴史をたどり、「解放令」では何も解放されず新たな身分がつくられた、と提起。全国水平社結成、戦後の解放運動、「特別措置法」とたどり、部落の変容の過程を分析した。また、部落出身であっても差別のない社会をめざすことが必要、差別される存在であると同時に差別する存在でもあることに気づき、闘うことが必要、自分と関係ない問題はない、とこれからの運動について提起した。

部落の残すべき代表的な文化としてサイボシ（馬肉の燻製）を刻んで参加者にふるまい、積極的にかかわることの必要性を訴えた。

藤秀彦・議長は「群馬同宗連は結成20年。とりくみの歴史にくらべれば、まだとりくむべき課題は多い。宗教者の責務を自覚しつつ、みのりある研修にしたい」とあいさつ。開会あいさつは真言宗豊山派の巌清行・副議長が、閉会あいさつは高野山真言宗の石塚龍雄・副議長がおこなった。

める神奈川県民集会」をひらき、150人が参加した。石川夫妻からアピールをうけ、弁護団の指宿昭一・弁護人から狭山再審の現状と課題の報告をうけて確認。闘いの強化、世論の構築を誓いあった。

主催は、部落解放神奈川県共闘会議、部落解放共闘横浜市連絡協議会、部落解放川崎地区共闘会議の3共闘。宍戸秀樹・部落解放共闘横浜市連絡協議会議長が主催者あいさつし、集約・閉会、団結がんばろうは、川崎地区共闘会議の倉田亨・議長がおこなった。

■解放新聞2-4-5　同宗連が研修会

（出典）『解放新聞』48巻、p.330、2015年11月2日

「下山鑑定」を学ぶ
関ブロ青年宿泊交流会で

【群馬支局】部落解放同盟関東甲信越地方協議会青年交流会は7月29、30日、第23回宿泊交流会を埼玉県狭山市などでひらき、東京、埼玉、群馬、長野から21人の青年と高校生が参加した。狭山事件の学習、現地調査をおこなうとともに、8月に群馬県内でひらく「第49回全国高校生集会・第61回全国青年集会」の成功に向けて意思統一し、交流した。

1日目は、中央狭山闘争本部の安田事務局次長を講師に、狭山事件の発生から第3次再審闘争の現状について講演を受けた。あわせて、石川一雄さんの自宅で発見されたとして有罪の証拠とされている万年筆が、じつは被害者の万年筆ではないと科学的に明らかにした「下山鑑定」について、「ペーパークロマトグラフィー」の簡易実験をおこない、学習した（全高・全青の狭山の分科会でも模擬実験を予定）。実験では、インクが分離していく過程を見て、インクにいろいろな色が使われていることなどに驚きの声があがった。

その後、狭山事件を現地調査した。参加した青年・高校生は、半数以上が初めての現地調査。石川一雄さんが自白した内容が、いかにつくられたものであるかを確かめた。現地事務所では万年筆が発見されたというカモイの再現された場所を見学し、万年筆を見落とすことはあり得ない、とそれぞれ確認した。石川さん夫妻は不在だったが、現地事務所には、手書きのメッセージと冷たいお茶が準備され、調査の疲れを癒した。

2日目は雨のなか川越市の氷川神社や蔵造りの町並みを散策し、交流を深めた。

▶「ペーパークロマトグラフィー」の簡易実験で、水を吸った紙の上でインクの色が分離していくのがわかる

■解放新聞2-4-6　関ブロ青年宿泊交流会

（出典）『解放新聞』50巻、p.245、2017年8月14日

う

世界の人との連帯が
ドイツの戦後に学ぶ

【群馬】「戦争する国」好きですか？「有事法制」に反対する2・11市民の集いが二月十一日、前橋市・県婦人会館ホールでひらかれ、県連、労組、市民など二百五十人が参加した。主催は実行委。

集会では、「北東アジア共同の家は可能か－EU（欧州）統合に学ぶ」と題して、弁護士の内田雅敏さんが講演。「戦争反対に立ち上がっている全世界の平和を求める人びとと連帯し日本の戦争協力反対の闘いを強め、広げていく」との決議を採択し、決意を新たにした。

内田さんは、9・11以降のアメリカやアジアの情勢について説明。戦争責任の追及や補償、教科書問題など、ドイツと日本の戦後の違いをのべ、「戦後の出発点は、靖国イデオロギー、国のために殺す、国のために死ぬことからの決別であったはず。また『つくる会』の教科書は、アジアや世界で通用しない国内消費型ナショナリズムだ」と首相の靖国参拝や「つくる会」教科書を批判。偏狭なナショナリズムだけでは近隣諸国と友好関係は得られない、と訴えた。また、魯迅が希望について「希望はもともとあるものであり、ないものでもある、道のようなものだ。道はもともとないものだが、歩く人がいればそこが道になる」と語った言葉を紹介し、憲法の九条をかかげ、多くの人とともに歩こう、とよびかけた。

日本の戦争協力反対の闘いを強める決意を固めた（群馬）

■解放新聞2-4-7　有事法制反対集会

（出典）『解放新聞』36巻、p.79、2003年3月3日

自分探しで文化を学ぶ
アイヌ文化とのふれあいin榛名

【群馬】「アイヌ文化とのふれあいin榛名」（主催は自主の会）を7月19、20日、群馬県吾妻町でひらき、市民など46人が参加、群馬県連青年部からも参加した。

ワークショップでは、アイヌの伝統工芸や舞踊を紹介するアイヌアートプロジェクトの結城幸司・代表と、深田広明・県連青年部長が報告。そのあと、4グループで感想や意見をだしあった。

結城さんは、「父親がアイヌ解放運動をしていたが、家にいない日も多かった。そのため両親が離婚し、関東の親戚にあずけられた。アイヌ民族であることの誇りや意識より、むしろ運動のために家庭が壊された、と思い父を許せなかった。自分探しをするなかでアイヌの本をよみ、運動に目覚め、文化を学んだ。札幌に戻ったあと、自分が発信者になろうと、仲間とアイヌアートプロジェクトを立ち上げた。いまでもアイヌを語ること＝差別体験を語ることという依頼が多い。でも私は現在を語りたい。昔のことばかりを語るのではなく、倭人がアイヌを理解し、共生していく世代を育てたい」と語った。

深田さんは、「県連の職員になるまで、部落民だと知らなかった。自分に関係があるならという思いはあったが、関ブロの仲間や全青で鍛えられ、『仕事』という意識がなくなった。自分自身に誇りというよりは、仲間がいることが誇り。また昨年、はじめて差別を受けた。これまでも自分のこととして考えていたが、さらに運動にとりくむ意識が変わった」と語った。

グループで感想をだしあったあと、アイヌアートプロジェクトのメンバーが舞踊、トンコリを中心とした音楽演奏などを披ろう。参加者も輪に入り、歌や踊りを楽しんだ。

参加者も輪に入り歌や踊りを楽しんだ

仲間づくりをすすめる
青年部大会で

【群馬】群馬県連青年部第4回定期大会を7月19日午前、県部落解放センターでひらいた。大会では、狭山再審を求めるとりくみや仲間づくりなどを柱とする活動方針を確認した。

具体的には、2か月に一度の定例集会や、関ブロ青年交流会のとりくみを通じて仲間づくりをすすめていくこととした。また、部長には深田広明さんを再選した。

■解放新聞2-4-8　アイヌ文化とのふれあい

（出典）『解放新聞』36巻、p.319、2003年9月8日

〇二年に一時休止し、その後途絶えていたが、昨二〇一三年に復活して、二〇一四年は復活二回目となった。二〇一四年の「たたかいの祭り」は、平井豊館長（たかさき人権プラザ）が県連女性部の歴史や、現在の部落問題を報告するとともに、近藤ヒサエ女性部長（一九三七年生まれ、高崎市協）の報告「私の歩んだ道」（一九九一年の全女）について、本人に直接聞きながら、読み解いていった。貧困で学校へ行けなかったこと、ぶつかった厳しい差別、解放運動への出会いと歩みなど。午後は、芸能発表として、各市協・各支部の女性たちが歌や踊りを次々と披露した。最終演目は「上州よいとこ」、多くの女性参加者が舞台にあがり、みなで踊って、「たたかいの祭り」を締めくくった。復活した「たたかいの祭り」の記事は「コラム14　女性部の取り組み」を参照。

二〇一七年七月二九・三〇日、埼玉県狭山市で、関ブロ青年交流会は第二三回宿泊交流会を開催し、群馬・東京・埼玉・長野から、高校生と青年二一人が参加した。八月に群馬で開催する第四九回全国高校生集会・第六一回全国青年集会の成功に向けて意思統一を図るとともに、初日には、中央狭山闘争本部の安田事務局次長から、第三次再審闘争の現状や下山鑑定を学び、その後、狭山事件の現地調査を行った。二日目は、川越市の氷川神社や蔵造りの町並みを散策し、交流を深めた。

二〇〇七年一二月一二日、飛鳥事件など一連の不祥事と部落解放運動の再生に向けて、上田正昭さん（京都大学名誉教授）を座長とした「部落解放運動に対する提言委員会」は「提言」をまとめ、組坂委員長に手交した。部落解放同盟は全国的な組織総点検・改革運動を進めており、二〇〇六年一二月一八日、群馬・部落解放センターで、群馬県連の金子委員長はじめ執行委員三〇名と、中央本部の谷元・西島書記次長などとともに、組織点検の報告と、改革に向けた意見交換を行い、支部オルグを展開していくことを確認した。

二〇一八年一〇月二〇日、榛東村中央公民館で、一四年度から活動を停止していた榛東支部の再建総会が開催された。村内をはじめ、近隣の協議会からも一八人が参加して、支部規約・運動方針を決めた。当面、県連の内林委員長が支部長、深田事務局長が書記長を担い、活動を軌道に乗せ、組織の活性化していくことを確認した。

戦争反対・アイヌ・教育基本法反対・朝鮮人虐殺・ハンセン病

二〇〇三年七月一九・二〇日、群馬県吾妻町で、「アイヌ文化とのふれあいin榛名」を開催した。主催は自主の会で、市民など四六人が参加し、群馬県連青年部からも参加した。ワークショップでは、アイヌの伝統工芸や舞踊を紹介するアイ

ヌアート・プロジェクトの結城幸司代表と、深田青年部長が報告。結城代表は「倭人がアイヌを理解し、共生していく世代を育てたい」と語り、深田部長は「自分自身に誇りというより、仲間がいることが誇り」と語った。その後、四グループに分かれて感想や意見を出し合った。なお、一九日の午前には、県連青年部の第四回定期大会を開催し、狭山再審闘争や、関ブロ青年交流会への取り組みを通じた仲間づくりを進めていくことを確認した。

二〇一五年一一月一八日、前橋市で、「追悼碑裁判勝利をめざす市民集会」を開催した。市民ら一〇〇人が参加し、「追悼碑裁判を支える会」を発足させた。群馬県連の内林委員長が「差別を許さず、ともに闘う」と連帯のあいさつをした。この追悼碑は、戦争中の労働力として、朝鮮半島から群馬県に強制的に連れてこられた朝鮮人犠牲者を追悼するもので、高崎市内の県立公園「群馬の森」にある。二〇一四年夏、群馬県は碑の管理団体『記憶反省そして友好』の追悼碑を守る会」に対して、設置許可の更新を拒否し、碑の撤去を求めた。県の更新拒否の理由は、碑の前で開催した追悼式での発言が政治的であったという不当なものであった。同会では、同年一一月一三日に、前橋地裁に県の決定を取り消す行政訴訟をおこした。一審の前橋地裁は、発言は政治的だと認めつつ「公園の効用は失われていない」として、不許可を取り消したが、二審の東京高裁は県の判断は正当と判決、上告審の最高裁は上告を棄却したため、二審の判決が法的には確定した。『記憶反省そして友好』の追悼碑を守る会」では、抗議活動を続けている。

追悼碑裁判に勝利を

強制連行の歴史封印許さず

群馬

「強制連行の事実は消せない」裁判に勝利を、と訴えた（11月18日・前橋市）

【群馬】戦争中の労働力として、朝鮮半島から県内へ強制的に連れてこられた朝鮮人犠牲者の追悼碑が、高崎市内の県立公園「群馬の森」にある。この碑をめぐり、2014年夏、群馬県が、不当にも、碑の管理団体への設置許可の更新を拒み、碑の撤去を求めてきた。これまで碑の前でひらかれてきた追悼式などで出席者から政治的発言があったことは、政治的行事・管理をしないという許可条件違反、とする恣意的な決定だ。

強制連行の歴史的事実はもとより侵略戦争の歴史そのものの封印へ、公共施設から朝鮮人追悼碑などをなくそうとする差別排外主義の台頭。その圧力に県が屈した全国的先例であり、けっして許してはならない。

碑を管理する「『記憶 反省 そして友好』の追悼碑を守る会」は11月13日、表現の自由を侵害する決定だとして、前橋地方裁判所に県の決定の取り消しを求める行政訴訟を提起。11月18日には「追悼碑裁判勝利をめざす市民集会」を前橋市内でひらき、100人が参加、「追悼碑裁判を支える会」を発足させた。

市民集会には、部落解放同盟の内林房吉・群馬県連委員長もかけつけ、「差別を許さず、ともに闘う」と連帯のあいさつをした。

碑は、03年の県議会での全会一致での請願採択もふまえ、碑文の内容なども県と合意して決め、04年4月に設置したもの。設置許可は10年間。その更新時期にあたる14年、県議会は逆に撤去を求める団体の請願を可決し、県が更新許可を拒み、撤去を求めてきた。

大澤正明・県知事は「碑の存在自体が論争の対象になり、憩いの場にふさわしくなくなった」などと語った。これは、日本の侵略戦争の歴史を封印しようとする勢力による「政治的発言」という指摘――再三にわたる県議会への碑の撤去を求める働きかけが背景になっている。設置許可条件違反だという恣意的な解釈は、県がその圧力に屈したことを示す。

市民集会で、角田義一・弁護団長は、「ネット右翼、歴史修正主義者らによる全国的な流れの一つだ。強制連行の事実は消せない。裁判に勝利する」と決意表明した。

アジアの平和と友好発展を願い

集会アピールでは、「あらためて、追悼碑の碑文に記された『過去を忘れることなく、未来を見つめ、新しい相互の理解と友好を深めていきたいと考え、ここに労務動員による朝鮮人犠牲者を心から追悼するため

■解放新聞2-4-9　追悼碑裁判に勝利を

（出典）『解放新聞』48巻、p.22、2015年1月19日

二〇一六年七月一二～一三日、草津町で、県連は支部指導者研修会を行った。一日目は国立ハンセン病療養所栗生楽泉園入園者自治会長の藤田三四郎さんの講演とフィールドワーク、二日目は部落会解放同盟中央本部の山崎中央女性部長の「男女平等社会実現基本方針（第二次改訂）」について講演、続いて内林委員長と平井書記長が「部落解放運動の任務と課題」について講演した。研修会には、支部代表のほか、生活相談員・人権相談員など七〇人が参加した。一日目のプログラムでは、藤田会長（一九二六年生まれの九〇歳）が「ハンセン病の歴史と現状」について講演し、一九九八年に星塚敬愛園・菊地恵楓園の入所者一三人が「らい予防法」は必要のない違憲政策だったとして熊本地裁に国家賠償請求訴訟を提起し、二〇〇一年に勝訴したことを報告するとともに、入所者の社会復帰にはまだ厚い壁があることを訴えた。午後からは、群馬県教組の川口書記長、栗栖書記次長の案内で、栗生楽泉園の重監房資料館などを視察した。

これらは、ここ二〇年余の群馬県連の活動の一端であるが、戦争反対・教育基本法反対など、日本の右傾化に抗する闘いに参加するとともに、アイヌ・在日朝鮮人・ハンセン病などマイノリティの人権を守る闘いや同宗連などの活動と連携する闘いなど、多様な取り組みを展開してきた。

二〇〇三年二月一一日、前橋市の群馬県立婦人会館ホールで、「戦争する国」好

教育基本法の改悪を許すな

教育者は「死に神」に

米国追随の危険な将来

アピール採択後、そのまま全員で「憲法・教育基本法改悪ストップの歌」を合唱し、闘いを誓い合った

【群馬】群馬県教職員組合は6月10日午後、「守ろう憲法！　活かそう教育基本法！　6・10群馬県集会」を前橋市総合福祉会館でひらき、450人が参加した。コントと講演で学習を深め、集会アピールを採択し、憲法・教育基本法を活かす行動を誓い合った。

群馬県連も賛同団体に加わり、各市協・支部から参加。アピール採択時に、ほかの賛同団体の代表とともに金子喜代美・県連委員長も舞台にならんだ（写真）。

集会は、社会派コント集団「ザ・ニュースペーパー」のコントと、ジャーナリストの斎藤貴男さんの講演「教育基本法『改正』を斬る！」などで構成。斎藤さんは、「教育基本法」改悪を「教育が格差社会の格差を固定化するための道具にされる」と指摘し、いまの政府がすすめる諸改革の「ほとんどすべてに共通する問題」として「もともと恵まれた環境、状況、立場にある人間にはひじょうに都合がいいが、そうでない人間にはいままでまだしも与えられていたチャンスさえも奪われる」と説明した。

「もともとある格差を政策を使ってさらに広げる。この不平等の究極の姿が戦争だ」

「愛国心」の強制に反対

「ヒロシマ」を原点に訴え

【広島支局】「変えんさんなや！　教育基本法6・11広島県民集会」を6月11日、広島県庁前広場でひらき、2000人が参加し、

■解放新聞2-4-10

教育基本法の改悪を許すな

（出典）『解放新聞』39巻、p.225、2006年7月3日

きですか？「有事法制」に反対する二・一一市民の集いが開催された。県連、労組、市民など、二五〇人が参加した。主催は同実行委員会。集会では、内田雅敏弁護士が「北東アジア共同の家は可能か—EU（欧州）統合に学ぶ」をテーマに講演。「戦争反対に立ち上がっている全世界の平和を求める人びとと連帯し、日本の戦争協力反対の闘いを強め、広げていく」との決議を採択した。

二〇〇六年六月一〇日、前橋市総合福祉会館で、群馬県教職員組合は「守ろう憲法！　活かそう教育基本法！　六・一〇群馬県集会」を開催し、四五〇人が参加した。県連も賛同団体に加わり、各市協・支部から参加。集会では、社会派コント集団「ザ・ニュースペーパー」のコント、ジャーナリストの斉藤貴男さんが「教育基本法『改正』を斬る！」をテーマに講演。憲法・教育基本法を活かす行動を誓い合い、集会アピールを採択した。

終章

群馬県水平社創立一〇〇年、部落解放運動の継承と発展に向けて

1 群馬県水平社一〇〇年の闘い

群馬県水平社と当事者主権・糾弾闘争・生活擁護闘争

一九二三年三月二三日、群馬の部落の先輩たちは関東水平社・群馬県水平社を創立した。一八七一年の「解放令」から半世紀余にわたる「差別と貧困」をはねのけて、水平社運動は「部落民自身の行動によって、絶対の解放を期す」（綱領）として当事者主権を確認し、糾弾闘争や、生活擁護の闘いを開始した。全国水平社運動の分岐や、世良田事件の衝撃、群馬県の融和行政など、さまざまな困難に遭遇し、紆余曲折を経ながら、群馬の水平社運動は当事者主権の運動を堅持し続けながら、やがて戦争体制に呑み込まれていった。

戦後の部落解放運動と行政闘争・狭山・地名総鑑ほか

戦後すぐに、部落解放委員会群馬県連合会を結成し、一九五五年には部落解放同盟群馬県連合会に改称し、七〇年余にわたる戦後部落解放運動に取り組んできた。水平社運動以来の当事者主権・糾弾闘争・生活擁護闘争を堅持しつつ、国策樹立運動を経て、行政闘争・狭山差別裁判糾弾・地名総鑑糾弾などの闘いを軸としながら、戦争反対・教育基本法改悪反対・右傾化阻止など、さまざまな政治課題にも取り組み、青年部・女性部・同企連などの組織強化や、群馬県同和教育研究協議会や群馬県宗教教団連帯会議などの共闘組織との連携を深めてきた。また、特別措置法後の部落解放運動では、これまでの活動に加えて、部落解放基本法や人権侵害救済法の制定運動に取り組み、またアイヌ・在日朝鮮人・ハンセン病などさまざまなマイノリティ運動との連携にも力を注いできた。

2 部落解放運動の成果と課題

行政闘争・生活擁護の闘いの成果

さて、群馬県の部落は、小規模な農村散在型という特徴をもっていた。とりわけ戦前の農業経営の多くは小作で、しかも耕作面積は一般農民の二分の一、もしくは三分の一ときわめて零細で、農業だけでは生計が立たず、竹細工・藁細工・草履表・食肉などの部落産業や、日雇いや行商などを兼業していた。戦前の群馬県の水平社運動は、零細農民の小作争議と連携して開始された。

戦後の農地解放で、部落民は小作地を手に入れることになる。耕作面積は一般農民の半分程度であったが、それでも、農地を所持することで、部落の子どもたちの高校進学率も少しずつ上昇していった。

第2部第3章の「5　行政闘争の成果と群馬の部落の実態」で示したように、やがて、同和行政・同和教育の成果もあって、一九九〇年代には、部落の高校進学率も九〇%を超え、少ないとはいえ大学進学者も増えていく。その結果、進学や就職の機会が増えることで、一九九〇年代には、部落と部落外の通婚率も七〇%に近づいていく。高校進学率や通婚率の上昇は、明らかに戦後同和行政・同和教育の成果であった。

戦後部落解放運動の課題

一九九〇年代以降、高校進学率・大学進学率の向上や、企業などへの就職機会の増大によって、多くの部落の青年たちは親の職業であった農業などを継がず、企業への就職や、あるいは結婚を機会に、部落コミュニティを離れて、都市およ

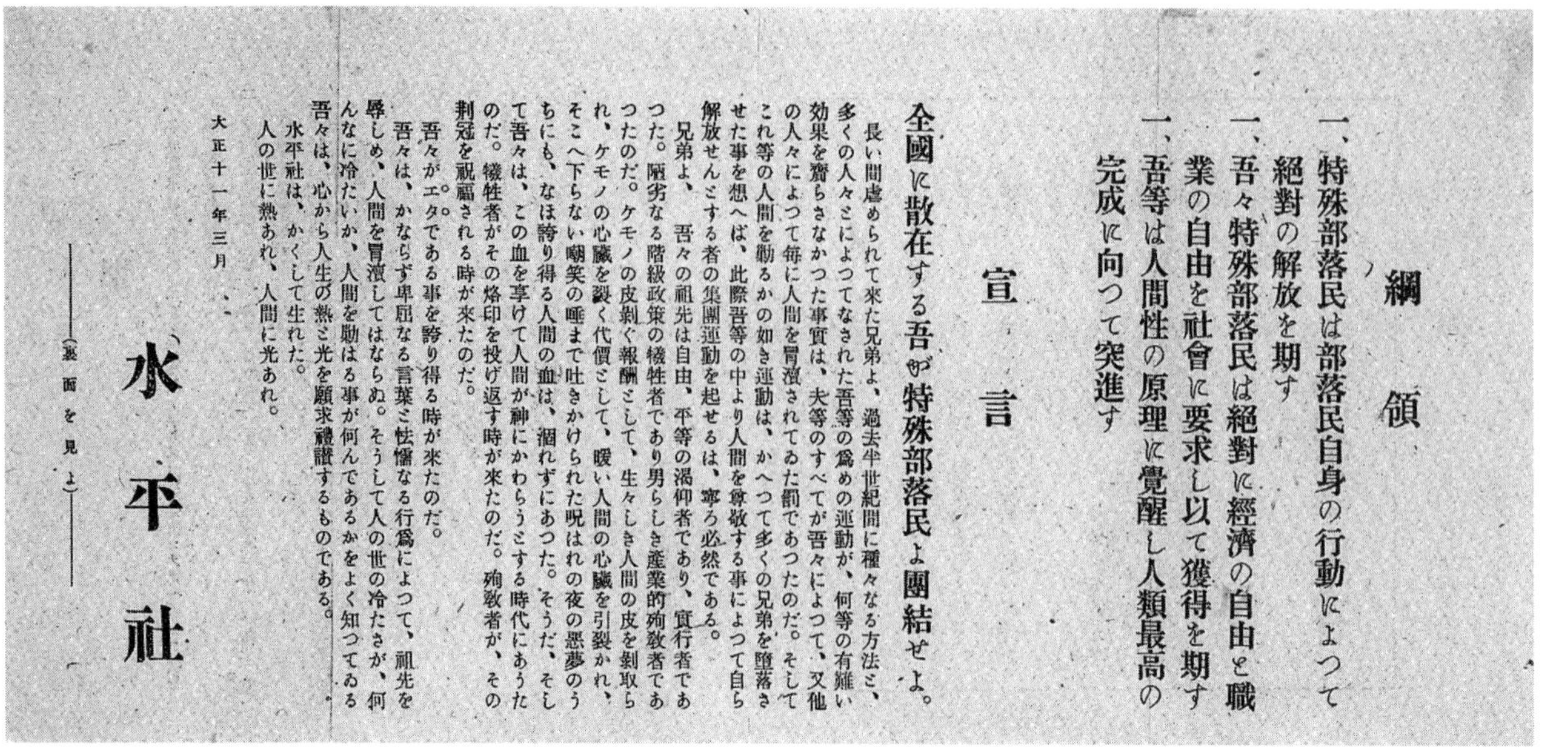

綱領

一、特殊部落民は部落民自身の行動によつて絶對の解放を期す

一、吾々特殊部落民は絶對に經濟の自由と職業の自由を社會に要求し以て獲得を期す

一、吾等は人間性の原理に覺醒し人類最高の完成に向つて突進す

宣言

全國に散在する吾が特殊部落民よ團結せよ。

長い間虐められて來た兄弟よ、過去半世紀間に種々なる方法と、多くの人々とによつてなされた吾等の爲めの運動が、何等の有難い効果を齎らさなかつた事實は、夫等のすべてが吾々によつて、又他の人々によつて毎に人間を冒瀆されてゐた罰であつたのだ。そしてこれ等の人間を勦るかの如き運動は、かへつて多くの兄弟を墮落させた事を想へば、此際吾等の中より人間を尊敬する事によつて自ら解放せんとする者の集團運動を起せるは、寧ろ必然である。

兄弟よ、吾々の祖先は自由、平等の渇仰者であり、實行者であつた。陋劣なる階級政策の犠牲者であり男らしき産業的殉敎者であつたのだ。ケモノの皮剝ぐ報酬として、生々しき人間の皮を剝取られ、ケモノの心臓を裂く代價として、暖い人間の心臓を引裂かれ、そこへ下らない嘲笑の唾まで吐きかけられた呪はれの夜の惡夢のうちにも、なほ誇り得る人間の血は、涸れずにあつた。そうだ、そして吾々は、この血を享けて人間が神にかわらうとする時代にあうたのだ。犠牲者がその烙印を投げ返す時が來たのだ。殉敎者が、その荊冠を祝福される時が來たのだ。

吾々がエタである事を誇り得る時が來たのだ。

吾々は、かならず卑屈なる言葉と怯懦なる行爲によつて、祖先を辱しめ、人間を冒瀆してはならぬ。そうして人の世の冷たさが、何んなに冷たいか、人間を勦はる事が何んであるかをよく知つてゐる吾々は、心から人生の熱と光を願求禮讃するものである。

水平社は、かくして生れた。

人の世に熱あれ、人間に光あれ。

大正十一年三月

水平社

（裏面を見よ）

■写真2–終–1　綱領・宣言

（出典）『写真記録　全国水平社100年』、p.44、解放出版社

び都市周辺に移動するものが増えていく。結果として、部落コミュニィの高齢化が進んでいく。実際、一九九三年の全国調査では、群馬県の部落の高齢化率は一五・九であり、高齢化社会の目安である一四を超えている。

一九七〇年代以降の三大闘争などを担ったのは、主として地区内にとどまった団塊世代と、その上の世代であり、この世代の高齢化とともに、部落解放運動の継承が困難になっている。この世代の子どもたちは、部落解放運動の成果によって、進学や就職や結婚などに際して、部落コミュニィを離れていったからである。戦前の水平社運動も、戦後の部落解放運動も、部落コミュニティの強い紐帯を基盤としており、青年層の地区離れは部落解放運動からの離脱につながっていく要因のひとつとなっている。

特措法後の部落解放運動の大きな課題のひとつは、従来の部落コミュニティを基盤とする従来の運動を大事にするとともに、部落コミュニティを離脱する青年層をいかに組織化するかにあると言ってよいだろう。

3　部落解放運動の継承と発展に向けて

言うまでもなく、部落解放同盟は全国組織であり、関東ブロックの仲間もいる。たとえば、青年部の闘いも、女性部の闘いも、個々の都県連や支部だけでなく、関東女性集会や関東ブロックの青年連絡会議があり、全国女性集会があり、全国高校生集会や全国高校生集会もある。全国各地に仲間がいる。

また、戦前・戦後の群馬県における部落解放運動の軌跡をたどり直して痛感するのは、とりわけ特別措置法後の取り組みにおいて、狭山闘争などを通した市民の会・労働組合・企業連・同宗連など共闘するマジョリティとの連携が広がっていることであり、またアイヌ・在日朝鮮人・ハンセン病など、さまざまなマイノリティ団体との連携が深まっていることである。

当事者主権の取り組みを堅持しつつ、全国の仲間とともに、さまざまなマジョリティ団体との共闘や、さまざまなマイノリティ団体との連携を深めながら、「人の世に熱あれ、人間に光あれ」と宣言した先輩たちの闘いを継承し、発展させていくことが私たちの責務であると思う。

第3部

コラム／群馬の闘い・生業・女性の活動・文化

コラム1

鉱毒の地での被差別部落民

谷中村の遊水地化や明治末年から戦後に至るまでつづいた河川改修により破堤する事態は激減したが足尾銅山製錬所から流されつづける鉱毒については、ほとんど知られることはない。しかし、渡良瀬川流域の自治体や農民組織は、毎年のように鉱毒被害について対策をもとめてきたのである。正造の没後、渡良瀬川沿岸の農業用水利組合で新たに鉱毒除外運動が活発化するのは、一九二四、二五年である。その前年の一九二三年には大干ばつがこの地域を襲ったことも大きな要因だった。禿山となった足尾の山は水源涵養能力を著しく欠いていた。一九二四年には、群馬県の東部地域の三郡(山田郡、新田郡、邑楽郡)の農民団体は国会にたいして「足尾銅山煙害防止請願」をおこなっている。さらに、一九二七、二八年と連続して、国会にたいして「足尾銅山鉱毒に関する質問主意書」を提出し、さらに一九二八、二九年には、「鉱毒流下予防工事施行方陳情」を国に提出している。一九三三年には、「鉱毒の取り締まりに関する請願書」と「鉱業法改正に関する請願書」の提出へとつづく。一九三四年には「渡良瀬川に流る足尾の鉱毒下流群馬県から抗議」、「足尾山の毒水に悩む関係者が本省に陳情」(ともに東京日日新聞記事)をおこなう。一九四〇年の夕刊両毛新聞には、「河水が変色する鉱毒に渡良瀬川沿岸民の悲鳴郡南町村から怨嗟の声」と伝えている。翌年末には太平洋戦争が始まる。渡良瀬川流域の農民の苦しみは圧殺されていく。

戦後の鉱毒との闘い

戦後、群馬県は太田市北部の毛里田地区を鉱毒激甚地として指定した。太田市毛里田地区は用水の取水口にもっとも近い地域であり鉱毒被害の激甚地になった。行政主導の対処療法的対策はつづくが効果は出ず他地区にくらべて米麦の収量は二〜三割の減収がつづいた。一九五四年五月に突然、足尾銅山の源五郎沢堆積場が崩落。雨や地震など外的な要因はなかった。崩落した汚染土砂が渡良瀬川に流入して「鉱毒」が毛里田地区の田植え前の苗代六〇〇〇ヘクタールを直撃した。この事件が鉱毒根絶運動再燃のきっかけになり、渡良瀬川に水質基準を設定させるため国の審議会に代表を送り出す闘いもしたが、一九六八年、国は農民の要求を退け、甘い水質基準を決定した。古河鉱業の救済を優先したのである。

一九七一年に毛里田地区で収穫された米から高濃度のカドミウムが検出される事態が起きた。産米は凍結され市場に流通することはなかった。農業人口の多かった毛里田地区民はフランス革命時の「テニスコートの誓い」ならぬ農協倉庫前にあつまり、鉱毒根絶を誓い「村是」とした。その後、約一〇〇〇人が古河鉱業を加害者として政府の公害等調整委員会に農業被害補償の調停を申請した。群馬県は古河鉱業(現・古河機械金属)を原因企業と認定。調整委員会の裁定により、一九七四年に被害農民に賠償金を支払った。現在も同盟会の農民たちは、足尾の山元に登って監視をつづけてきた。毛里田地区と韮川地区はそれぞれ「祈念碑」を建設しあらたな闘いの継続を誓った。その後、汚染された田畑の土地改良がおこなわれた。

群馬県水平社と農民運動

この鉱毒被害地に生きた坂本利一(利郷とも)は水平社運動とともに農民運動をけん引した。坂本利一は、一九二三年七月一七日、群馬農民組合連合会の結成の準備会の席で、「連合会の成立は誠に結構であるが、諸君が従来の如き水平社員に対しての観念を排除せずば同組合に入会するを得ないと述べ、之に対し坂本(須永カ)、清水の両氏を初め連合会は、特殊待遇は決してせぬことは勿論であるが、殊更に之を他に鮮明にする必要はあるまいとのべ、坂本氏之を諒とし満場一致組織することに決し」(『上毛新聞』七月一八日付)た、という。また、同じ出来事を報じた『日本農民新聞』(八月一五日付)には、坂本が「水平社の運動と同一の歩調をとるの一項を入れる必要を主張した」とある。

この論議のあった三か月前の三月二三日、関東水平社（と群馬県水平社）が群馬県新田郡太田町の電気館で結成された。真砂座に第二会場を設けるほどの盛況であった。その前年の全国水平社の創立につづくものだ。差別からの解放と自由を願い、関東各地から数千人が参加した。この関東水平社結成の原動力となったのが毛里田村や強戸村の鉱毒被害地に生きた小作人たちであった。毛里田村に隣接する強戸村は、農民が村長以下のポストを掌握し村政の実権を握り「無産強戸村」を生み出したことでも全国に名を馳せた。

この地域は古河からの永久示談にいち早く応じた地域であったが、小作人たちは、鉱毒被害とともに他村よりも割高な小作料に苦しんだ。小作人組合の中核にはこの地域の被差別部落民がいて差別との闘いを強いられていた。そして、尾島町をへて太田市に合併した世良田村で、一九二五年一月、わずか二三戸の被差別部落が自警団に組織された数千人の周辺農民によって襲撃されるという事件が起きた。「世良田村（襲撃）事件」である。農民組合結成の準備会での坂本の提案はたんなる杞憂ではなかったのだ。

縣下農民運動リーダー
會同懇談開く
縣農民組合聯合會組織
九月上旬發會式を擧行

■写真3–1–1
『上毛新聞』1923年7月18日

足尾鉱毒事件とキリスト者の意識

当時の鉱毒問題の支援にたちあがったキリスト者は多くはなかったが被害地の農民支援に大きな力となった。しかし、明治のキリスト者はマイノリティにたいしてどの様な意識をもっていたのだろうか。一つの事例だが、「…たとえば、『廓清』第一巻第二号（一九一一（明治四四）年八月）所収の「朝野諸名士と廓清会」（二）に山路愛山の意見とする「女郎屋は穢多の一族ならん」がある。「我輩の考へでは、女郎屋などを営む如き人間は、日本人には違いないとするも、屹度種族が異なった者であろう。換言すれば穢多の一種に違いないと思うのである。…遊郭は皆穢多村の近所に持って行くがよい」（五〇頁）と述べている。

こういった視点は、『廓清』の編集発行人であった益富政助にもみられる。同誌、第二巻第一二号（一九一二年一二月）に掲載した「男女問題」の中で、益富は「目下群馬県は此の公娼制度を全廃しているのであるが、私娼があるにも拘らず。一般人が之にたいする眼は、余程以前よりは改り、群馬県人は人の前でダルマ買（私娼の俗称）の話をするを恥ぢ、子女はダルマの話をすると顔を背け耳を塞ぐと云う様になり一般の人民は之を穢多の如くいやしめている。」（小松裕『田中正造の近代』）とのべる。こうした事例はキリスト教界に限らず、神道や仏教界も部落差別から自由ではなかったのは無論である（安田耕一「渡良瀬川の慈しみ」）。

■写真3–1–2　祈念鉱毒根絶
毛里田地区鉱毒根絶期成同盟、1977年

足尾鉱毒事件は、封建的意識から脱しきれない明治という時代から近代へと移行する社会運動に大きな影響を与えてきた。その中心には渡良瀬川流域に生きた名もなき被差別部落民たちの姿が確かな存在感をもって立ち現れていることを覚えたい。

（安田耕一）

コラム2

部落と石《いし》苗《なえ》間《ま》

——厳冬期の育苗を可能にした技術——

はじめに

上州の冬は格別だ。格別の意味は、上越国境の二千メートル級の山脈から一気に吹き降ろす風のことである。地元ことばで、この風のことを「空っ風」と呼ぶ。その特徴の第一は、肌を切るような冷たさにあり、その二つとしては、カラカラに乾燥しているということである。

シベリアのバイカル湖付近で発生した高気圧が、日本海を渡って移動する際、多量の水蒸気を含んで越後平野に上陸をする。さらに国境付近にある二千メートル級の山々に突き当り一気に上昇をはじめる。この時日本海から吸い上げられた夥しい量の水蒸気は、山並を這い上がりながら上越国境に豪雪を降らす。雪を降らし終わった綿のカタマリの様な雲が浅間山、榛名山、赤城山、足尾連山や白根山をはげしく吹き下る時、いわゆる上州の「空っ風」が吹きまくる。従って地域によって、「浅間おろし」や「赤城おろし」そして「白根おろし」という呼び方に変わってくるのである。

上州の集落を北側から眺望すると、いっこうに家並は視野にうつらず、欅、樫、榎の類の巨木や竹林、杉などが、大手を振って「空っ風」に打ち向っている。これらの屋敷林を「カザグネ」といい、屋敷全体を「空っ風」から守り、ポカポカとした日溜をつくり出すのである。

一九二五年「世良田焼打事件」という大きな差別事件の起ったこの部落には、農業や日雇い仕事の他に、ある大切な仕事が、部落の風物誌としてあった。それは、一般農家にもほとんど存在していなかった。「苗床」(野菜の育苗をする温室のようなもの)をつくり、「八十八夜の別れ霜」といわれる五月の二日頃までに、五寸程(十五cm位)の茄子の苗やトマト苗を生産することである。さらに、この時期に合わせて、唐辛子の苗もつくられた。

この部落では、来春の「八十八夜」に出荷する茄子苗の苗床づくりを、年内に始めるのが常であった。秋の取入れのための一連の作業が一段落すると、茄子の床の広さに合わせて杭が庭に打ち込まれる。部落の人達の限られた庭の面積が妙に上手に使われるのである。この杭をみると、各々の家の庭に合わせるので、概ね長方形となり、この長方形に打たれた杭に、青い竹が二重に括りつけられる。この青竹にひと摑み一〇センチ程にまとめられた稲わらが、ひと捻りづつ巻きつけられていくのである。つまり、この作業が終了するとき、杭と横に取りつけられた二本の青竹は、すっかり(完全に)稲わらの中に隠れてしまう。この作業を終えて正月を迎えられる家は、年内の農作業が順調にいった証拠であり、三分の一程の家は、この作業を正月休みに行ったものである。

この茄子苗床の囲いが完成すると、部落の子供達の胸がさわぐのである。大人達が、囲いの中に、稲わらや「わらシビ」(稲わらから、ちぎれたしまった、ごみの総称)を沢山敷きつめるのである。厚く敷かれた稲わらやシビは、弾力性があり、子供たちが飛び跳ねてもころんでも怪我をする様なことは滅多に起きないからである。大人達もこの一時期は、「ほれ、遊べ」とばかり、子供達にやさしい。だからここが子供にとっては、リングとなり相撲の土俵となるのである。子供達は、タコ上げやメンコに飽きると、この囲いの中で毎日日暮れまで遊びころげた。そして、毎日きまった様に、一人の子供が何かの拍子に「わっ」と泣き出すと、それまでわいわい騒いでいた子供達は、クモの子を散らすように、各々の家に帰るのである。

やがて、子供達によって、すっかり踏みしめられた苗床も、正月も終り、寒い寒い大寒から、立春の頃になると、落葉でつくった、培養土や下肥を稲わらやシビに加える。稲わらを堆肥化させるためである。さらに春から夏にかけて、子供達が朝晩刈った草や麦わらでつくった大量の堆肥が、びっしりと敷きつめられる。堆肥置場から苗床に堆肥を運ぶのは、大変な重労働であった。それは、家人総出で、箕とか「コイッミザンマ」と言われる、頑丈につくられた大きな籠で運搬された。次々に運ばれる黒褐色の重い堆肥は、真白い湯気の様なものを、もうもうとはく。ぽっぽと熱い堆肥は、筋肉を張りつめている部落の男たちをにんまりさせる。「今年も、いい床ができるぞ。」この部落の人達は、一年をかけて、この日のための、堆肥をつくるのである。男達によって足で踏み固められた堆肥は、苗床の中で茄子やトマトの播種の時期に向って、さらに熱く熱くその使命を果たすべく、床の中に熱を蓄えるのである。堆肥は、固く踏み締めるほど高温を持続させると言われる。鈍重とも思われる、これらの手抜きのない重労働と時間、そして緻密な技が有り初めて、季節外れの大雪や幾多の晩霜の被害も物ともせず、商品価値の高い苗の生産を可能にするのである。

■写真3–2–1　「苗床」想像図　カット／川原徹三

（出典）『明日を拓く7』、p.7

　頑なな霜が弱々しい朝日の日溜で解け始める三月初旬のころ、床の中で踏み締められた堆肥の温度計は四十℃になっている。三月といえば、この上州では夜外の温度は氷点下に下ることもしばしばである。こんな時使用した、不思議な石が部落の中に有る。

茄子《なす》苗石《なえいし》のこと

　いつの頃からそんな風景があったのか、詳らかではないが、この部落は屋敷の東側や艮の角に、各家庭で申し合わせでもしたかの様に、形状のほぼ一定した自然石が山と積まれていた。それはどんな形かといえば、直径一〇センチから十五センチ程の黒い物や、灰色を帯びた丁度焼餅の様な石だった。子供達が石を並べて遊んだり、石蹴りなどをする時、よくこの石を使った。でもこんな時は、決まっておじいさんや、父親からきつく叱られた。つまり、遊ぶための石ではないということが教えられたのであった。

　部落の老人達からこの石のことを聞くと、決まって利根川の河原から拾って来たという。八十七歳になるある老人は、親や年上の兄達が籠や、車輪が木で出来た荷車などで、この石を運んでいたという、微かな記憶を語ってくれた。全くその通りなのである。ここの部落の伝承では、農閑期などで、仕事のない時、三々五々連れ立って、この石を利根川などへ拾いに行ったということである。だから、これらの石には、遠い昔から、ここの部落の人々の汗や涙が染みついている。そういう意味だけでは無いかも知れないが、実に魅力のある思いの籠った石だ。

　十月のある日、この石のことがどうしても知りたくて、町の中学校の校長先生にお願いして、専門の先生を紹介していただいた。放課後、数名の先生が校長室へ来てくれ、この石を割ったり、レンズで見たりし、調べてくれた。結論的には「頁岩《けつがん》」という名の石で、出来方は粘板岩と同じようであるが、粘板岩ほど大きな圧力が加わったものではないということである。先生方の会話の中には、「ホルンフェルス」や「安山岩」「砂岩」など普段あまり聞き慣れない石の名前が、次々と顔を出した。奥利根や赤城山系にある岩石が利根川に流れ出し、気の遠くなる程の歴史と時間をかけて、こんな形状になったのである、と言うことであった。

　さて、部落では、この石のことを「茄子苗石」と呼んでいる。なぜそう呼び出したのかはわかっているが、いつの頃からそう呼び始めたかは誰もわからなくなってしまった。

　上州、武州、野州の辺では、概ね「八十八夜」の別れ霜を期に一斉に茄子苗やトマト苗を畑に移植することが常であった。ここの部落では、この時期に合わせた茄子苗の生産を行った。従って苗の生産時期は、雪や霜そして冷めたい「空っ風」とのたたかいである。外気はいかに寒

■写真3-2-2 「茄子苗石」に使用した石
（出典）『明日を拓く7』、p.8

くても、苗床の中は四〇℃の温度が保たれる。三月上旬の播種の時、苗床の上に、梯や材木が差し渡される。その上に乗り、少しづつ石を持った人々が苗床の堆肥の上に、黒くて丸い石を、びっしり並べていくのである。その上に燃し灰などを混ぜた、茄子の種を丁寧に播いていく。夜は苗床の上に竹を差し渡し、その上に麦わらで一〇センチ位の厚さに編み上げた薦《こも》と呼ばれる覆いを掛けるので、万が一雪が降る様な場合でも、薦がカバーするので、直接苗を害することはない。問題は気候の加減で温度管理がうまく行かない時である。ここに、苗床一杯に敷きつめられた黒くて丸い石の意味がある。石はどんなに冷めたい風が吹こうとも、日光の熱を一杯吸収し、日中床を暖めると共に、その熱を夜になっても持続しつづけるのである。茄子苗石が発する熱を、薦が自由に温度の管理を行う。さらに人間は、毎日茄子やトマトの苗に必要な水を与えるのみである。苗は二葉、三葉そして五枚六枚と葉の増え出す頃、五月初旬となり、「八十八夜」の別れ霜を迎えるのである。

茄子苗売り

部落の中が俄かに活気付く。別れ霜を迎える、その頃である。久し振りに遠乗りする自転車の整備がはじまる。タイヤ、ブレーキ、チェーン等丹念な点検が始まる。部落の人々がたとえ、中古の自転車でも手に入れるのは、主にこの時期である。昨年売り歩いた地域の情報などが、お互いに交換され、それぞれが今年こそは！という意気込みに湧く。前日の夕方、大きく丈夫に育った苗から、籠や箱にしっかりと詰め込む。

正に真剣そのものである。発育の不充分なものは取り残され、後日出荷となるのである。五月とはいえ、まだ夜が明けきらぬ午前四時頃から出発する。各々が目ざす販売地域によって、出発時間は勿論異なる。

部落の中での聞き取りでは、秩父、小川、川越、八王子、児玉、用土、武州大里郡一帯。県内では、沼田、松井田、藤岡、富岡、榛名、大間々、桐生。また栃木県の足利、佐野、足尾などに行ったことが明らかとなった。

我が家でも、沢山の茄子苗の生産をしたと聞いたことがあった。父が、長男、次男、三男と共に背負うことの出来る限りの茄子苗を持って、桐生の相生駅から渡良瀬渓谷を経て銅山で有名な足尾に泊まり掛けの商に行くのである。足尾は、ここの部落の気候より、かなり寒さが厳しいため、この地域で充分商売を行った後でも、非常に売れ行きが良く、毎年固定したお客さんがいた、とよく父が言っていた。足尾の「いずみや」という旅館をとり、「間藤」という駅前で、茄子苗の荷を解くと一日半位で四人分の荷がすべて、無くなったと聞いたことがあった。その父も貧乏な生活の中で、人間解放の道を生き、三人の兄達も年若くしてすべて他界している。今思っただけでも、心に熱いものを感じる。

まとめにかえて

語っても語っても、語り切れないのが被差別部落に生きた人々の生活《なりわい》である。

ナイロンやビニール類はまだ出現せず、わずかにガラスや和紙に油を浸み込ませた油紙というものが特別なものについては使用されていたが、まだまだ世間一般のものではなかった。

その頃この部落においては、太陽の熱を合理的に吸収する黒く丸い頁岩やホルンフェルス、粘板岩などを利用していたのである。また、一年掛りでつくった堆肥の発熱を育成期に合わせて、持続させる技である。

まさにひたむきに生きた部落の人の思いを理解することができる。

外は雪が降りつづける日でも、どんなに厳しい霜の朝でも、真っ青にたくましく育った茄子やトマト、唐辛子の苗が、苗床を覆う薦の下には、無限に茂っていた。

今私の傍らに一冊の本がある。和田伝『船津伝治平』という本である。

私たちの部落で伝統的に行なわれていた、この「石」をつかった農法を考案した学者である。彼が考案した「石苗間」を利用した茄子や石垣苺は特に有名である。私達の部落は、いち早くこの方法を自分達のものにした。単位面積当りの生産性をいかに高めるかということが、貧しい部落の大きな課題であったからである。

それにしても、石を利用して茄子苗を生産した部落の人々は、どんな思いでこの素晴しい仕事を行っていたのだろうか。世良田、剛志、太田の一部の部落、そして私の知る限りでは館林方面の百姓の方々が、これと同じ方法で自家用の苗の栽培を行ったと聞く。

私は、この話をいろいろの人々から聞けば聞く程、被差別部落の生活《なりわい》を思わずにはいられない。なぜそうなのか。

自転車に乗せた、たった一箱の茄子苗、そして背中にしばりつけた、ひとかたまりの荷物をなにゆえに、何十キロも離れた地まで、売り歩かなければならなかったのか。被差別部落の周囲の百姓の人々も、すべて、この茄子苗が欲しかったはずである。

いずれにせよ、「船津伝治平」の理論を生活の中で実践し、関東の広い地域でこの茄子苗が利用され、手に染まる様な多くの新鮮な茄子の生産、出荷にかかわる最も技術的に困難な一過程をささえつづけた歴史が、まぎれもなく、部落の歴史として存在しているのである。（松島一心）

コラム3

朝鮮衡平社との連携（群馬県水平社）

　全国水平社が創立した翌年の一九二三年四月、日本植民地支配下の朝鮮で衡平社が設立される。その主体は、朝鮮での被差別民・白丁たちであり、「秤（衡）のように公平な社会を作ろうとした団体」である。日本の植民地支配三五年間における中で単一の組織として維持された社会運動団体（一九三五年大同社となる）である。当時、白丁は儒教精神・制度（「三綱五倫」）＝身分制を維持する倫理）の中で結婚、教育、差別呼称、戒名など様々な社会的生活面で差別が存在していた。その上での日本の植民地支配。こういった社会状況の中で、人間の平等を謳う人権団体として誕生した。（金仲燮『衡平運動』）。

　創設されるとすぐ全国各地に支社が誕生し、一九三一年には一六六の分社へと組織が拡大された。（渡辺俊雄「衡平分社の地域的展開」）

　形式的には一八九四年の甲午農民戦争後の甲午改革（甲午更張）によって身分差別は解消されてはいたが、日本の植民地政策が強制される中で、それまでの差別状況にはほとんど変化はなかった。特に戸籍制度や教育制度に関して、旧態依然たる社会状態であった。そして、日本の植民地政策が進む中で、彼らは、生活そのものの変容を強制され、屠畜、食肉販売など日本の資本に圧迫され経済的・社会的に貧困に直面するようになる。（水野直樹「朝鮮衡平運動の展開と水平社」）

　こういった状況の中で結成された衡平社は、内部のイデオロギー対立を乗り越え「日本の植民地という状況の中で、単に白丁の身分解放活動に留まるのではなく、社会問題にも積極的に参加」（金仲燮、前掲書）するようになり、やがて民族解放運動へと変化していく。

　衡平社が結成されると日本でも一九二三年五月、朝日新聞、大阪毎日新聞などで「衡平運動が始まる。水平社と同様の主張で全鮮《ママ》に檄を飛ばす」と報じられた（『朝鮮の「身分」解放運動』、衡平運動七〇周年記念事業会編）とある。

　衡平社結成の動きに対して、一九二三年二月には全国水平社（全水）第二回大会で「水平社と朝鮮人の連携に関する件」が泉野利喜蔵から緊急動議として提案されているが、この時は保留となっている。

全水の衡平社との交流・連帯は群馬県水平社の提案から…

　翌一九二四年三月の第三回全水大会で、群馬県水平社から提案された「朝鮮ノ衡平社ト連絡ヲ図ルノ件」が提案され可決される。この大会では同時に奈良県小林水平社・木村京太郎から「内地ニ於ケル鶏林《けいりん》（新羅発祥の地）同胞ノ差別撤廃運動ヲ声援スルノ件」も提案された。そして、山田孝野次郎から「鮮人《ママ》取扱ヒニ関シテ政府ニ警告スルノ件」がはかられた。「当局ハ不合理ナル法律ヲ以テ鮮人ヲ圧迫シテヰル…大会ノ名ニ拠ッテ政府ニ警告文ヲ発シタイ…」と提案もありすべて可決される（『水平運動史の研究』第二巻、部落問題研究所）。水平社では、このように早くから民族の違いを超えた国際連帯を志向する動きがあった事が分かる。水平社は、運動において労働者、農民、水平社運動の連帯を掲げると共に、反差別・国際連帯による運動もめざした動きであったといえる。第三回大会の高揚感に包まれた熱い議論が伝わってくる。

朝鮮衡平社との交流・連帯への動きは…

　一九二四年九月に関東大震災が起こり、関東各地で流言飛語にもとづく日本にいる朝鮮人への虐殺が横行した悲劇が起こる中であったが、一九二五年一〇月、京都で「全国水平社青年連盟協議会」が開かれ、水平社側からの動きが始まる。このとき群馬県水平社は、埼玉県水平社とともに電報・書面で連帯を表明している。この会議で、静岡の小山紋太郎は、「水平社ト衡平社トハ同ジ運命ニアッテ将来ハ当然合体スベキモノデル…我々ハ該件ヲ実行サシタイガ為ニ視察連絡委員三名ヲ来年四月廿六ノ衡平社大会当日迄ニ派遣シタイ」と提案（『朝鮮衡平運動資料集・続』）し可決された。

これ以降、水平社と衡平社との交流は…一九二三年七月

「関東水平運動」（関東水平社機関誌第一号）に初めて衡平社に関する記事「『進め』（一九二三・六）に掲載された孫永極の文章」が掲載され紹介される。

一九二四年一月二三日

奈良県・大島水平社（米田富の生地）では、「火《か》箭《せん》」第一号が発行され「朝鮮衡平社趣旨」を掲載し、田川清市が「人類愛の立場から」と題する文を掲載。「水平社運動からの衡平社運動への連帯の決意の表れ」を示す。（「水平社と衡平社国境を越えた被差別民衆連帯の記録」、水平社博物館HP 二〇二二・九より）

一九二二年三月

第三回全水大会で、群馬県水平社から「朝鮮ノ衡平社ト連絡ヲ図ルノ件」が提案、可決。

一九二四年四月二五日

晋州・衡平社、ソウル・衡平社革新連盟（この時は、衡平社が二つに分裂、八月に統一）それぞれが第二回大会と創立一周年記念式を開催。このとき、日本からは、猪原久重が参加し、全国水平社は祝電を送っている。「吾々水平社同人との間にあるものは只一つの海峡だけである。衡平社同人諸君、人間礼賛の佳き日の為に、水平社同人は衷心より諸君の清栄を祈り第二回大会開催を祝す」と。これに対し、衡平社からは「謝辞」が届く。「水平社同人職君、我々衡平社同人ハ諸君ト共ニ手ヲ握リ…新社会建設ニ向ツテ突進ショウ」と。そして、「我が衡平運動トソノ目的ガ同一ナル水平社ト握手シ、運動ノ連絡ヲ図ルコト」を決議したと。（『朝鮮衡平運動資料集・続』）

一九二四年一〇月五日

群馬県水平社第二回大会。衡平社・金慶三が参加。平野小剣、村岡静五郎（関東水平社委員長）らと会見。（『朝鮮衡平運動資料集・続』）

衡平社は日本の水平社（日本水平社）と連絡をとるため代表を京都へ派遣し、南梅吉と会見している。結果、翌年一九二五年春には朝鮮の京城で「内鮮連合」で水平大会を開催する事を決めた。しかし大会は出来ていないがこのような連帯が話し合われていたことは衡平社と水平社との連携が進んでいたことを証明するものである。国際連帯を目指していたのは、この年、全水から除名された南梅吉、平野小剣や、彼らを擁護する関東水平社（群馬県水平社）の人たち、そして九州の水平社など「非ボル系」の人たちや団体であった。

一九二五年四月〜五月

普通選挙法、治安維持法が成立。この状況の中で、全水の闘う主要テーマは、「差別徹底糾弾」から「政治闘争」＝全水の無産政党への合流を目指す方向＝へとシフトしていく。（八箇亮仁「日朝被差別民の連携模索とその意義と限界」）

こういった動きは全水の運動において、大衆運動としての衡平社と交流する事（国際連帯）や

■写真3–3–1
全朝鮮衡平社第八回定期大会ポスター
（提供）法政大学大原社会問題研究所

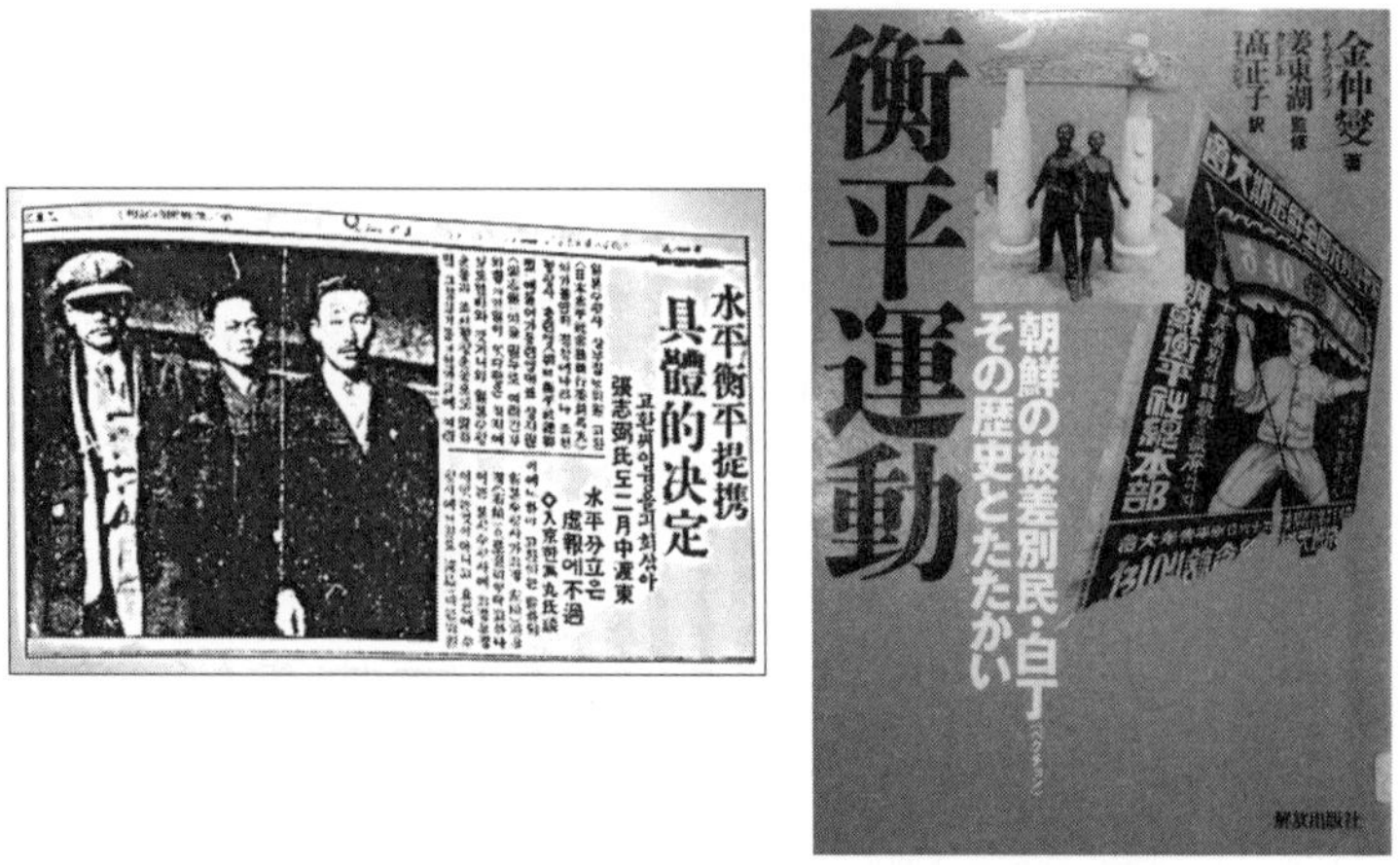

■写真3–3–2　衡平社と水平社の連携を報道（『朝鮮日報』）
（出典）金仲燮『衡平運動』、p.12、部落解放・人権研究所

日常闘争の共有はむしろ後景化していくことになってしまった。しかし、全水の運動から離脱した日本水平社（一九二七・一創立）としての運動が全水結成当時の理念、運動を抱え、発展したかというと疑問でもあるが…。一九二八年全水第七回大会は生活権擁護と賤視観念の社会的根拠の除去を目指す運動と「政治闘争」＝全水の無産政党への合流を目指す運動との対立状態の中で大会は、官憲によって「解散」という不名誉な結果になってしまう。

そして三月一五日の大弾圧。このような中で

■写真3–3–3　京都を訪れた李東煥（前列右）
（出典）『朝鮮衡平運動史料集・続』、p.4、部落解放・人権研究所

も関西の水平社（香川、静岡、大阪・西浜水平社など）、そして南梅吉、平野小剣たちからの大衆運動路線堅持の働きかけがあり、朝鮮衡平社との交流が続く。むしろ朝鮮衡平社からは一九二七年、二八年と全国水平社との交流を決議し積極的な交流の動きが続く。応えるべく九州水平社の松本清は、一九二七年四月、衡平社第五回大会へ参加し、衡平社・李東煥は全水第六回大会に参加している。この時、李は京都を訪れ衡平社と水平社の交流も実現している。

しかし、一九二八年四月、衡平社第六回大会に参加した徳永参二は祝辞で「天皇陛下ハ一視同仁ト仰セラレタノデアリマス…帝国ノ国勢ヲ四海ニ発揮スル様ニ努力サレムコトヲ御願ヒシマス」と発言（祝辞）し参加者からの批判に晒される。植民地支配を前提とする大国主義的発言から見える水平社との関係が表面化する中、全水と衡平社との関係も次第に変化していく。

そして、一九二九年四月一六日の大弾圧。水平社運動は壊滅的な打撃を受ける。その頃、朝鮮支配下でも高麗革命党事件をフレームアップした日本は、衡平社第七回大会へ介入。東京水平社、全水関東連合会本部、東京府水平社からの祝電を押収し、今までの国際交流・連帯の動きに対して完全に封鎖する弾圧をかける。

日本は一九三一年柳条湖事件を起こし、本格的な大陸侵略を始める。一九三三年朝鮮では、衡平社青年前衛同盟事件が治安維持法違反として捏造され一〇〇名を超す青年の逮捕を通じた大弾圧が起こる。この状況は、水平社、衡平社の国際的提携・交流を壊滅させる弾圧であった。

一九三〇年代後半以降、戦争が激しくなる中 衡平社と全国水平社との交流・連帯は…

金仲燮はその著『衡平運動』の中で次のように述べている。「衡平社と水平社の関係は侵略による支配と被支配というこの時代の両国の関係の不幸な関係から自由ではなかった。衡平社から見るとき、水平社は差別撤廃を主張する人権運動の明らかな同伴者であった。一方では打

倒対象である軍国主義侵略国日本に属していた。このような両義的な関係にあった二つの団体は、緊密な関係になれるにもかかわらず、親しくなれなかった。結局、一九三〇年代初頭に、衡平社が日本の植民地支配下での弾圧による困難を経る中で両団体の関係もほとんど途絶えてしまった」と。

一九三四年衡平社は大同社へと組織改編となる。そして、一九三八年関東水平社は解散、一九四二年日本水平社が解散する。

（松本勝）

コラム4

群馬県水平社と部落の女性たち

全国水平社が誕生したのち、平野小剣、沢口忠蔵らが東毛三郡をオルグし、一大団結し水平社の結成を目指す。一九二三年三月二三日、関東水平社創立大会が太田町電気館で開催された。同日に群馬県水平社、新田郡水平社、邑楽郡水平社が結成。その年の内に、西上州水平社、碓井水平社、北甘楽郡水平社、山田郡水平社と次々と各地に地域水平社が結成される。

そして、同年八月二八日には、早くも群馬県少年少女水平社大会が太田町電気館で開催されたことは特筆されるべきである。この時、新田郡生品村・橋本さく子（二〇才）が綱領朗読、山田郡韮川村・小沢たけ子（一三才）が宣言を朗読する。水平社結成以降、全国の女性達は声を上げ始める。

一九二四年の第三回全国水平社大会において婦人水平社設置の件が満場一致で第二回の大会に続いて可決され、水平新聞（一九二四・六・二〇号）に「婦人欄」が設けられることになった。最初の婦人欄には「水平社の姉妹達へ」と題する主張が掲載され「女であるがために男の横暴に抑えつけられて居た未だ苦しい境遇から脱却《のがれ》てエタも人間であると同時に婦人もまた人間として尊敬される善い社会を建設《きずく》ために働かうではありませんか」と訴えかけた（この主張は、鈴木裕子『水平線をめざす女たち』では小見山富恵＝高橋貞樹の夫人とされる）。また、同号に署名で主張を展開した山川菊栄は、「部落の姉妹へ」と題して次の様に訴えかけた。「正直に働いて生活してゐる限り、部落民であろうが、無かろうが尊敬に値する立派な人間です。誰に恥ることも無ければ素性を隠すにも及ばない。」「自覚こそは弱者が弱者足ることを脱する一番大切な武器であります。」「部落民たることを恥じたり、嘆いたりするような人間のために一日も早くこの運動が浸透することを切に希望する次第であります」と。

しかし、水平新聞一九二四・八・二〇号の「婦人欄」にケイの署名（ヲハラケイ?）の署名で「部落婦人の立場から」と題する主張が展開される。「私共部落の婦人は今の社会において、実に三重の苦しみを受けてゐる事を忘れてはなりませぬ」「一、部落民であるが故に（男性よりも遙かに多く侮蔑を受けてゐます）二、生活の自由がない故に（殊に部落民は職業の自由を奪われてゐる為に、大抵プロレタリヤで経済上に搾取されてゐます）三、女性であるが故に（之は、部落婦人に限らず一般社会的に男子より奴隷的扱いを受けています）苦しめられていることです」と。これら「三重の苦しみ」（「二重三重の鉄鎖」一九二四・一〇・二一号）は、女性たちが現実の生活に根ざした「苦しみ」「差別」であるとあると訴え、「人間が人間を支配する為に勝手に拵へた道徳や、長い間の間違った因襲」であると訴え始める。そして「近頃は…部落婦人の立場を考へずに新聞で或いは議場で、部落内外の男女の方から私共姉妹に自覚を促されるのを度々見受けますが、誠に不愉快でなりませぬ」と主張し、「自覚」せよ「立ち上がれ」的な一方的な主張、当時の融和主義、小見山、山川らの単なる「自覚」を促すこれらの流れに精一杯の反論と抗議する立場（宮前千雅子「部落女性と婦人水平社」）を明確にし、同時に、「内なる差別（部落内にもある差別）」に向かって鋭く立ち向かう姿勢を形成する。

このような女性自身の自覚と団結による解放へのエネルギーは、同時に生産点からの差別糾弾の闘いを展開していくことになる。

ここでは関東水平社機関誌「自由」に見られる女性たちの取り組みを紹介する。

長谷川ち江の場合…「闇の光　群馬山田のドン底で」と題する詩を発表する。（一九二四・一〇号）

「（前略）お々　自由　自由　自由平等の鞭よ
あらゆる天地にひらめきて
呪われたる人の子の為
自由のとびらひらかれよ（後略）」と詠う。

長谷川は「表現活動」を通じて主張を始める。

松下實子（群馬婦人水平社）**の場合…**『時代は移ります』と題し主張する。

「（前略）我が国の家庭制度は、お互いが真の愛によって作られたものでなくして、その主権者が親権の濫用によって作られたる家庭が多いのであります…此処や彼処に於いて沢山の悲惨事が行われて居るのです。頑迷な父兄の因習的思考の束縛によって愛なき結婚を余儀なくされて涙もだえる者。…（中略）…尊き命を奪われる者。こうした惨逆は枚挙にいとまがないほどであります。」しかし「時代は一日一日と移り変わりつゝあることを知らなければなりません。…姉妹よ、私たちは私達自身の行動によって絶対の解放を期す勢ひを以て突進しませう。」と女性たちを鼓舞する（一九二四・四号）。

太田静子（鈴木裕子「前掲書」では、群馬出身）…『暴君の男子へ』と題し主張する。

「（全略）あなた方は、妾（わたし）たち女性、現代思潮に目覚めた妾たち迄も、依然として、人形として弄ばんとする。さもしい偏見では社会は許されなくなりました。…わたしたちは、男子に対する抗議として、正しからざるものは、正しく革めよと絶叫せずにはゐられません（後略）。」と家父長的因襲、社会状況、男性中心主義の運動（内なる差別）を「暴君」と表現し「革めよ」と訴える（一九二四・四号）。

正田嘉枝（群馬婦人水平社）の場合…『自由結婚と婦人の覚醒』と題して主張する。

「（前略）我国の『家庭』は昔から…『家長』を絶対のものとして、他は奴隷の如く、すべてそれに隷属するのであるように考へて、自ずから絶対に服従してきたのであります。本当の『家庭』といふものは、…お互いに同等の権利を認め合って結婚した男女――その二人が中心でなければならないのであります。それには『家長』といふような『主』の存在を断じてなくしなければなりません。『強いられたる結婚』『受動的結婚』を離れて…自発的な、自由意志から成り立つ結婚でなければなりません（後略）」と主張。（一九二四・二号）

これら「二重三重の鉄鎖」を部落の女性たちが、現実の生活に根ざした「苦しみ」、「差別」であると位置づけ、因襲打破、自由結婚の実現、婦人の覚醒を訴え、家父長的因襲、差別的社会状況、男性中心主義の運動（内なる差別）を「革めよ」と水平運動に要求する。

また、労働者・女工として働く女性たちは生産点からの「闘い」を始める。一九二四年九月、深谷・小口館製糸工場内働く工女たちは、工場内に婦人水平社を誕生させ、会社を糾弾し「水平社趣旨講演会」を開くことを勝ち取る（「水平新聞」参照）。工場内に勤務する女工に対し、暴虐なる振る舞いと差別言辞に対しての糾弾であった。この出来事に対して深谷水平社がすぐさま支援に立ち上がり、約九〇名の部落の女性たちの内七三名余が「名乗りを上げ」工場内婦人水平社の結成に至る。一九二五年一〇月には熊谷林組工場での差別事件において群馬西上州水平社同人女工約三〇～五〇名が糾弾に立ちあがっている。

ここでは、小口館闘争に参加した信州生まれの高橋みすえの思いをみる。彼女は一九二四・一一月「自由」（第四号）に「悲しみの中から 娘子軍への努めに」を発表する。差別の中で過ごした小学校を卒業し信州から深谷の製糸工場へ働きに来た彼女は、この工場内婦人水平社の闘いに出会って次の様に言う。「数十里離れた他国に来ても、矢張り私達につきまとふ、呪いの声は同じでした。…しかし、この間の水平社の講演会がありましてから私達姉妹は強くなりました。水平社、水平社なんという強い響きを与える言葉でせう。私達は、ほんとうに甦りました。」と。差別に抗し、自己解放を勝ち取るように成長し、自信に溢れた気持ちの表れた主張である。

群馬の女性たちの差別糾弾、水平社運動の闘いは、部落に生まれた現実、そこに暮らし生活に根ざした面から、また働く生産点から「二重三重の鉄鎖」を跳ね返し文字通り「解放」を勝ち取る動きを見せていく。

（松本勝）

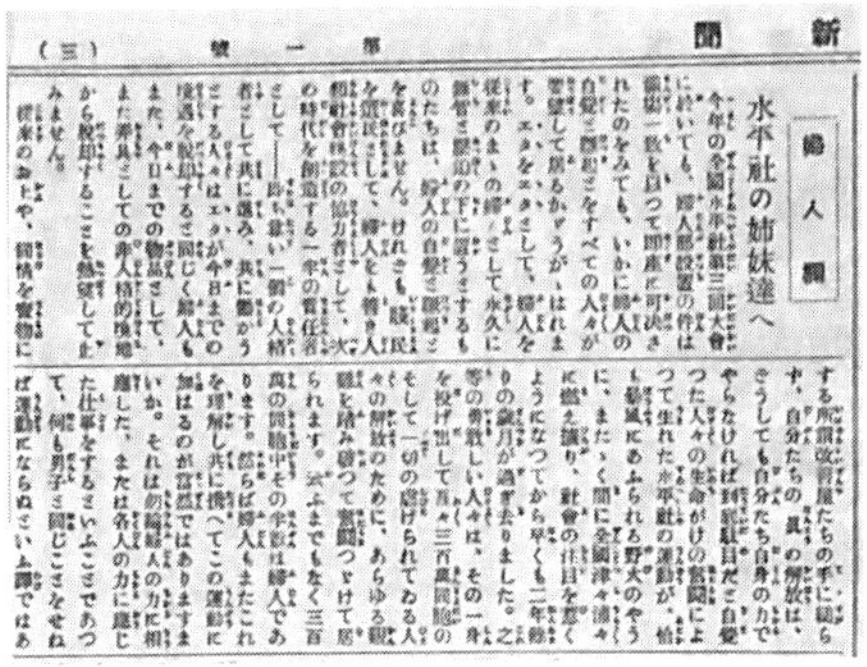
新聞

婦人欄

水平社の姉妹達へ

■写真3–4–1
「婦人欄」の掲載が始まる（『水平新聞』）
（出典）『水平新聞』1924年6月20日

コラム5

製糸産業と部落の女性たち

群馬の絹織物取引は、一六世紀には、前橋、伊勢崎、高崎ですでに「市」での取引が行われていた。やがてこの地域は、一八世紀になると京都から高機《たかはた》による技術を導入し大いに江戸期の主要地場産業として発展（「西の西陣、東の桐生」と呼ばれる）することになる。こういった発展を支えたのが竹筬であった。竹筬作りは江戸期・長吏身分の人たちの専業的な・伝統的な生産に支えられていた。「男の筬作り（筬をぶつ）、女の機織り稼ぎ」と呼ばれた。

明治期の一〇年代になると筬つくりを取り巻く環境が一変する

明治期の一〇年代になると、金筬の登場と製糸業の機械化が始まる。以降、一気に竹筬作りは衰退していく。同時に在地における「女の機織り稼ぎ（副業）」も成り立たなくなっていく。明治期、前橋藩による洋式機械製糸導入がはかられ、富岡製糸場（旧武士身分＝士族の授産工場）が建設され近代化が進む中で、群馬県、埼玉県・北部地域では各地に民間の製糸工場が誕生する。在地における人々（主に女性）は、「家内労働」が解体され、各地に民間製糸工場が誕生する中で労働力として吸収されていくことになる。

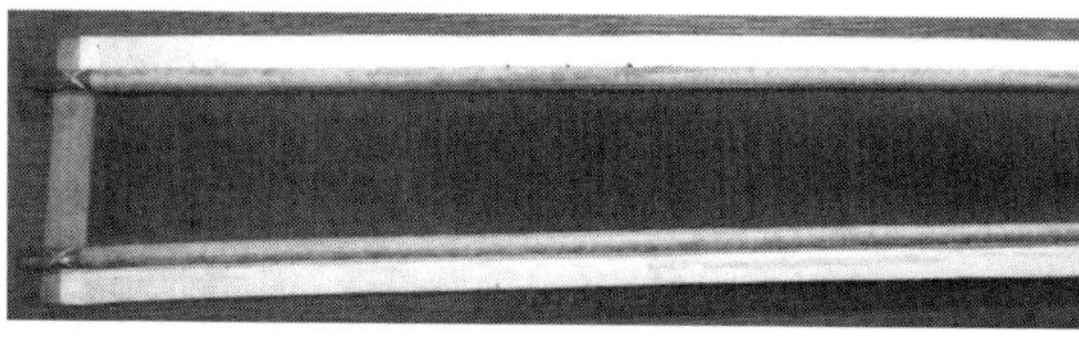

■写真3–5–1　竹筬　撮影 松本勝

その頃、西南戦争の影響もあり米価高騰が起こり、農村地域では、地主による土地囲い込み、人々の土地喪失、小作人化が始まり、地方都市では製糸業において問屋制家内工業、マニュファクチャーの発展がはじまる。生活困窮と格差が広がる中で人々は、雇用機会を求めて「農家副業の機織り」から「口減らし」のための都市・製糸工場へと働きにでていく状況が始まる。主に女性がこの労働力として吸収されていくことになる。

それらの工場には、群馬、埼玉、山梨、新潟などの県から多くの女子労働者が長時間、低賃金で働かせられていた。『埼玉県部落解放運動史』（部落解放同盟埼玉県連合会編）には、この女子労働者の中には部落出身者がかなりの数に上った事が書かれている。

群馬、栃木などから埼玉県内の製糸場へと働くことになった女性たちに関して見てみる

新編埼玉県史［資料編二一］（埼玉県工場法適用工場一覧・大正一二年八月）を見ると、熊谷・深谷地域の状況は次の表の様になっている。

深谷・小口館製糸の場合は、工女三〇〇余名の内、約九〇名が部落出身であった（鈴木裕子『水平線をめざした女たち』）と記されている。

民間製糸工場で働く多くの職工・女工たちは群馬、山梨、長野、新潟などから「桂庵《けいあん》」（手配師）の手によって集められ、工場では「見番（支配人）」の監視のもと過酷な労働に従事させられた。民間製糸工場では、その多くが住み込み労働、年季金（年季終了後に支払う方式。一部は前金として親元家族に先払いが行われた）方式の契約形態であったため、過酷な労働、生活を縛り管理する人権無視（人身支配）の労働現場が一般的となる。

やがて職工・女工たちは「逃走」「脱走」「闘い」を始める。熊谷・林組製糸の場合、国民新聞（一九一八・五・三一）では群馬郡室田町の一七才の女性二人、宮本町の一五才の女性の三人が「逃走」する出来事が報じられ、東京日日新聞（一九二〇・七・七）では、栃木県足尾町の一二才の女性への不当な就労と労働の実態（一二才の女性をはじめ年少の女性たち一三名を雇い入れたにもかかわらず、帳簿に記載せず働かされていた。ほか一一才

の少年（五名）を富山から雇い入れ一日一三時間に及ぶ労働を強いていた事実〔結果：工場管理人は熊谷署に告発〕が報じられている。

埼玉県労働運動史研究一一号で鈴木裕子さんは、本庄・富士紡争議について詳しく論じ、その中で、当時の劣悪な労働状態について記述している。例えば、賃金は女工では平均八〇銭（男の半分）、労働時間は午前六時から午後六時。午後六時から午前六時までの二交代制。賃金支払いは、会社費用天引き、残金の親元送金、手元に残るのは小遣い銭程度と記している。

また、『埼玉県労働運動史〔戦前編〕』（埼玉県労働部労政課）編には、大宮・春岡村の「工女虐待事件」について詳しい資料が紹介されている。「籠の鳥」状態の職工・工女たちにとって、「逃亡」「脱走」が、自由を求める「やむにやまれぬ一つの方法」だったのかもしれない。

しかし、一九二二年四月、埼玉県水平社が創立する。そして翌一九二三年に群馬県水平社が誕生する。この状況の中で、職工・女工たちは「逃走」「脱走」をやめ、「闘い」を始める。

一九二四年九月、深谷・小口製糸工場内で働く工女たちは、ついに工場内に婦人水平社を誕生させ、会社を糾弾し「水平社趣旨講演会」を開くことを勝ち取る（「水平新聞」参照）。工場内に勤務する女工に対し、暴虐なる振る舞いと差別言辞に対しての糾弾であった。この出来事に対して深谷水平社がすぐさま立ち上がり、約九〇名の部落の女性たちの内七三名余が「名乗りを上げ」工場内水平社の結成に至る。水平社講演会当日は、女工たちは、胸に赤バラ徽章を下げ、高橋みすえ他三名を会務係、高橋よね子他三〇余名を会場整理係、接待係を分担して任務に当たった。

会場へは、群馬の坂本清作、川島米次、植松三郎そして、長野県の「女性闘士」・高橋くら子らが駆けつけ、荊冠旗を押し立て盛大（一〇〇余名参加）な講演会を勝ち取る。鈴木裕子著『水平線をめざした女たち』には、同和通信を引いて、当日の様子が詳しく述べられている。

この小口館婦人水平社の誕生は、彼女たちを一個の「婦人闘士」へと成長させていくことになる。この動きは各地の女性たちに勇気を与え、同年一〇月一日には、埼玉県婦人水平社の創立大会を見ることになる。

（松本勝）

■図表3–5–1　熊谷・深谷警察管内・製糸業

熊谷警察署管内・製糸業	職工数					
工場名	工場主	寄宿・男	寄宿・女	通・男	通・女	計（人）
合名会社林組熊谷支店	岩波錬三	110	837	0	0	947
尾沢組熊谷製糸場	武井慎太郎	103	815	0	0	918
片倉製糸紡績株式会社	小松寛司	59	573	0	0	632
以下略						

深谷警察署管内・製糸業	職工数					
工場名	工場主	寄宿・男	寄宿・女	通・男	通・女	計（人）
開国館製糸所	小口武義	130	1108	8	25	1271
富国館	両角正右	85	895	33	47	1060
（株）深谷製糸所	藤森治郎吉	153	378	0	0	531
小口工場	小口清一	38	261	9	0	308
以下略						

（出典）「埼玉県工場法適用工場一覧（大正12年8月）」、『新編埼玉県史』

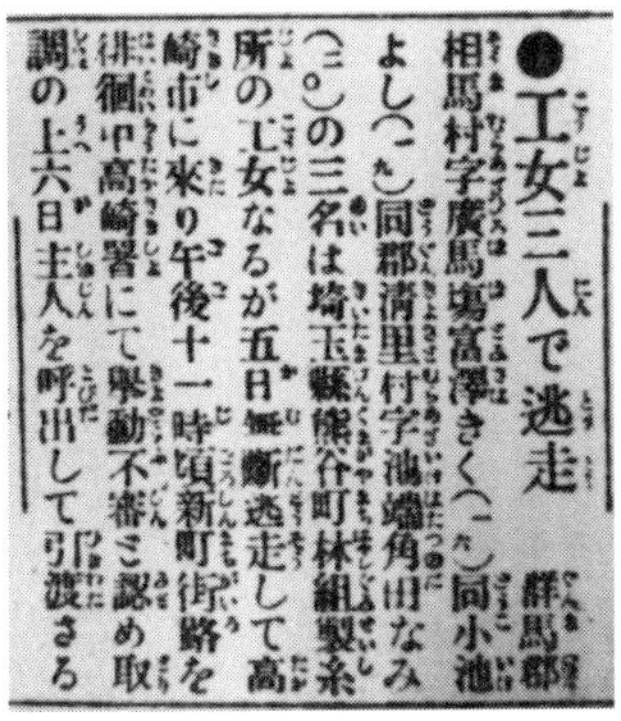

●工女三人で逃走　群馬郡相馬村字廣馬場富澤きく（一九）同小池よし（一九）同郡清里村字池端角田なみ（二〇）の三名は埼玉縣熊谷町林組製糸所の工女なるが五日無斷逃走して高崎市に來り午後十一時頃新町街路を徘徊中高崎署にて擧動不審と認め取調の上六日主人を呼出して引渡さる

■写真3–5–2　工女三人で逃走

（出典）『東京日日新聞』1918年5月7日

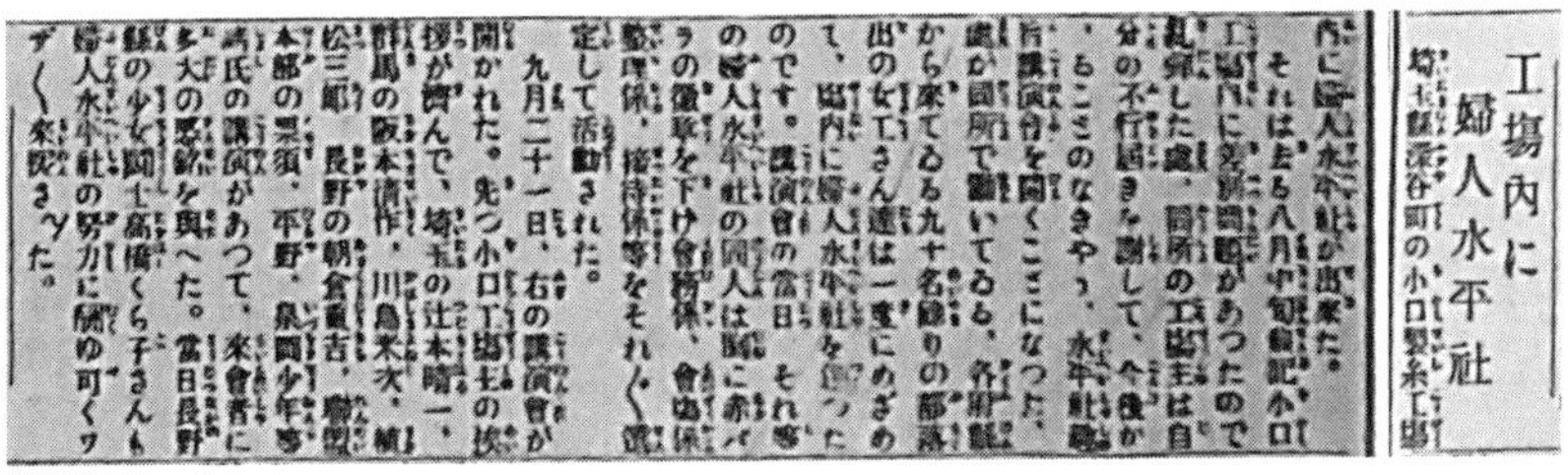

工場内に婦人水平社

埼玉縣深谷町の小口製糸工場内に婦人水平社が出來た。それは去る八月中旬頃記小口工場内に差別問題があつたので糺彈した處、同所の工場主は自分の不行屆きを謝して、今後か、ることのなきやう、水平社趣旨講演會を開くことになつた。[illegible]講演會が同所で開いてゐる、[illegible]から來てゐる九十名餘りの部落出の女工さん達は一度にめざめて、場内に婦人水平社を創つたのです。講演會の當日、それ等の婦人水平社の同人は胸に赤バラの徽章を下げ會務係、會場整理係、接待係等をそれ〴〵決定して活動された。

九月二十一日、右の講演會が開かれた。先づ小口工場主の挨拶が濟んで、埼玉の辻本晴一、群馬の坂本清作、川島米次、植松三郎、長野の朝倉重吉、聯盟本部の栗須、平野、泉野少年等諸氏の講演があつて、來會者に多大の感銘を與へた。當日長野縣の少女闘士高橋くら子さんも婦人水平社の努力に酬ゆ可くワザ〴〵來援さッた。

■写真3–5–3　工場内に婦人水平社

（出典）『水平新聞』1924年10月20日

コラム6

竹筬の歴史

伊勢崎織物史にみる被差別と筬

伊勢崎織物は銘仙・絣ものを中心にその名前を全国に轟かせた輝しい歴史がある。もとより、この織物の生産に当って欠くことのできない三つの重要な要素がある。それは、杼《ひ》・筬《おさ》・綜絖《そうこう》であり、基本的にはこのうちのどれか一つ欠けると、織物を作ることができない。伊勢崎の織物史の中で筬に関する部分が、甚だ曖昧なものであった。

天保時代以前においては、藤岡および安中地方より移入されていたことは明かであり、伊勢崎で初めて筬が製造されたのは一八六三年。伊勢崎町の住人原名六三郎を嚆矢とする。

これより歴史は少し遡るが、那波郡玉村町大字下新田に石原三郎佐衛門且助と言う人があり、一八三〇年、京都より某という画工がやってきて、しばらくの間同氏方へ寄寓をしていた。このときこの画工は筬をつくることをしっていたので、竹筬の製造法を伝授していった。

竹筬の製造法を伝授された石原氏はその後、石原氏の親族にあたる碓氷郡安中町の柳生和三郎および倉賀野町の清塚惣七氏にこの技術を伝えた。この後柳生、清塚両人は共に自分たちの郷里を中心に筬製造業を開始し、製品を伊勢崎および藤岡地方の広い需要地へと売り出すことになった。

一八六三年になり、原名六三郎は且助の弟石原元三郎氏に筬製造法を伝授され、ここに初めて伊勢崎における筬の製造と販売が始まるのである。しかしながら当時の生産量が、この地方のすべての需要を満たすことはできず、その大部分は安中地方より供給を受けた。

一八七二年、伊勢崎町の赤井七平、櫻井八次郎氏は安中地方の筬製造業者より販売の委託を受け、且製造法を清塚惣七氏より習得して製造販売を開始し、この後伊勢崎織物業の発展と共に、筬製造業は増加の一途をたどるのである。

筬の原料のなかでもっとも主要な部分を占める竹ヒゴは、一八八二年頃までは安中地方より供給を受けていたということである。この当時、伊勢崎町八名、豊受村一名、剛志村二名、玉村町三名、合わせて一四名の専門的な筬製造業者の存在が記録されている。(『伊勢崎織物同業組合史』)

桐生に西陣織の技を伝えた「賤民」

今からおよそ二六二年ほど昔のはなし。一七三七年の正月、そのころ下野国足利郡下菱村(現在は桐生市の一部)が、横瀬駿河守という武士の知行所であった。そこに住んでいた周藤平蔵という人が、領主の命により、主に徴租(税金の徴収)のために置かれていた地頭所の用事で、同村の宿の島で生まれ、江戸柳原弁慶橋というところで、薪や炭などを商っている青木七郎兵衛、青木彦四郎の二人を訪ねた。この両人は、自分の故郷である桐生方面より人々が、江戸に来た時は、自分の家に宿泊させていたといわれる。周藤平蔵もしばらくの間、この青木宅に滞在することになった。この時平蔵は、七郎兵衛や彦四郎から面白い話を聞かされた。面白い話というものは、次のようなものであった。

現在、江戸に西陣織の技術をもった「彌兵衛」という人がいる。桐生は、生糸の産地だから、織物師「彌兵衛」に西陣織の飛紗綾を伝授してもらえば莫大な利益が得られ、桐生の発展の基になるだろうというものであった。さらに七郎兵衛が平蔵に言うことには、もし桐生の機屋の人々が望むならば、七郎兵衛は「彌兵衛」と平素懇意なので、紹介してやってもいい、と話した。

その後平蔵は桐生に飛んで帰り、早速このニュースを桐生の主だった機屋の旦那衆に伝え、打合わせの準備に取りかかった。桐生の羽二重機の景気が今一つだったという情況もあり、このことは、当初思っていたよりもスムーズに事がはこんだ。平蔵が西陣織の紗綾織の件を正式に相談したのは、周藤太郎兵衛、蓼沼平兵衛、小林文左衛門、新井弥三郎、青木興右衛門等であったと言われている。江戸にいる「彌兵衛」

の招へいの件は、即決定し、翌一七三八年の暮に、飛脚をもって上州屋七郎兵衛へ、「織物師彌兵衛」を差遣わす様、連絡をとったのである。「彌兵衛」はこの後、迎えの人と同道して桐生の地にたどり着いた。桐生の地で「彌兵衛」は西陣の飛紗綾機を指導し、織物を織出すことにより、すこぶる世人に歓迎され、桐生の織物の名声を、不動のものにした。

桐生にはじめて西陣織を伝えた「彌兵衛」の人生をもう少し詳しく調べると「京都西陣の職工なりしが、豊後浄瑠璃芝居、並に大夫ども残らず、非人博次の支配下たるべき旨、箕筋より命ぜられしかば、何れも穢多の手下になるを厭ひて、大夫の者共追々江戸に下りける。其中の浄瑠璃語りに、豊後大夫と称せしは、実に織物師彌兵衛の実子なり、比豊後大夫江戸に来るに就て、其監督をなさんとて江戸に下りしが、其滞在中、桐生に聘せらるゝ相談整ひ、足利郡下菱村（現在の桐生市）に来り、周藤太郎兵衛、同半蔵、蓼沼平兵衛、小林文左衛門、新居弥三郎、青木興右衛門等七機を博授し、云々」とある。（岡部赤峰『桐生地方史』）。

こんな私達の身近の歴史の中にも、定住文化の中で生息し、非定住なるものの文化や生活を蔑みつづけた共同体が、一瞬にして「文化」という名「賤民」の技の「とりこ」になる。春駒、虫追い、猿まわし、門付、旅の行商、角兵衛獅子等すべてが非定住の生活の中に生き賤視されつつも定住文化を振り動かし、地域社会を活きた共同体に変えつづけた。豊後の浄瑠璃太夫「彌兵衛」が桐生織物史に咲かせた華は、余りにも美しいではないか。

（松島一心）

■写真3–6–1　竹筬

（出典）『解放新聞』、1993年1月4日

■写真3–6–2　居座り機に組み込まれた竹筬

（出典）『解放新聞』、1993年1月4日

コラム7　世良田事件

世良田村事件の概要

一九二五年一月八日、世良田事件が起こる。世良田村農民の差別発言と糺弾闘争があり、水平社が襲撃してくるというデマをきっかけとして、世良田村の自衛団と周辺農民およそ二〇〇〇人が武装して、世良田村の二六戸の部落を襲撃し、水平社同人の家などを中心に一五戸を破壊し、一五人に重軽傷を負わせた。襲撃を知った警察は巡査を動員したものの、ただ静観するばかりであった。水平社の糾弾闘争に対して、一般民が武装して部落を襲撃したもので、全国的に見ても、これは前代未聞の事件であった。

発端の差別発言と破られた約束

一九二四年一二月三一日、大晦日の午後二時ごろ、世良田村に隣接する佐波郡境町の田島材木店で差別事件が起きた。材木店を訪れていた新田郡世良田村の室田忠五郎が材木店主に向って、「ボロこそ着ているが、俺はチョウリン坊じゃない」と言った。佐波郡剛士村の水平社同人松島滝次郎がこの会話を聞いて、忠五郎の差別発言を糺した。

翌一九二五年一月一日、滝次郎は同じ剛士村水平社同人の坂本伊勢五郎に相談し、二人で田島材木店に行った。店主は忠五郎の名前を教えようとしなかったが、世良田村の住人であることが判明した。一月二日、滝次郎・伊勢五郎は忠五郎を呼んで糺弾会を開催した。剛士村と世良田村の水平社同人も参加し、忠五郎側には世良田村の茂木高次郎と巡査二人も駆け付けた。いろいろなやりとりがあったが、忠五郎は差別発言を陳謝し、自発的に講演会を開催することを約した。

ところが、一月一七日、忠五郎から剛士村水平社に「私は、水平社同人から、恐喝されて講演会を開くことを約束したが、その約束は取り消すことにする」という趣旨の手紙が届く。約束は破られたのである。

世良田村の自衛団と糾弾闘争

忠五郎が約束を反故にした背景には、世良田村で結成されていた自衛団の動向があり、世良田村水平社の糺弾闘争がある。

実は、世良田村では、一九二三年の一二月に自衛団を結成した。同年九月に関東大震災が発生し、「社会主義者と朝鮮人の放火多し」とのデマをきっかけとして、関東各地で自警団や警察・軍隊が朝鮮人を虐殺する事件が多発し、群馬県でも藤岡事件が起きている。この関東大震災をきっかけに、群馬県でも四六九の自警団が結成された。世良田村の自衛団もこうした自警団のひとつであった。

翌一九二四年二月二〇日ごろ、世良田村の小学校で懇親会が開催された。開催の理由は、小学生のなかで差別発言をするものがあり、これは学校の責任であるとして、世良田村水平社は小学校訓導をしばしば糺弾し、両者の懇親を図るためであった。世良田村水平社の度重なる小学校訓導への糺弾は、一般村民と水平社同人の対立の火種となったものと思われる。

まして、世良田村は徳川家ゆかりの土地とされ、八坂神社の祭礼は関東三大祭りのひとつであり、由緒ある土地柄であった。こうした土地柄、昔からの差別慣行、自衛団の結成、小学校訓導への糺弾、そして忠五郎の差別発言への糺弾などが、世良田事件の伏線となったものと思われる。

村長の仲介の失敗、そして辞職届

こうした一触即発の状況を心配して、世良田村長の保坂新助は、事態の打開のために、一月一八日、八坂神社の社務所で村民との協議会を開催した。村長は講演会の開催を促したが、自衛団の交渉委員の強硬派は「その（水平社同人）暴戻を糺すは一般村民の強硬なる対抗によらずんば難し」として反対し、協議会は流会となる。この事態を受けて、村長、助役、巡査らは辞職届をしたためることとなった。

抗議を襲撃と早合点して、部落襲撃が始まる

協議会の終了後、自衛団の交渉委員は帰路についたが、その一部が部落に差しかかると、「チョウリンボー、くやしければ出て来い」と罵った。この時、部落のある家で母屋の普請が行われていた。祝い酒を飲んでいた水平社同人が区長宅に抗議に行ったところ、区長は留守で、応対した次男がこれを襲撃と早合点し、隣家に急を伝えた。これが引き金になって、世良田村および周辺農民の部落襲撃が始まってしまった。

■写真3-7-1　世良田東照宮

撮影 吉田勉

部落襲撃の惨劇と傍観した警察

自衛団による普門寺と総持寺の鐘の乱打を合図に、世良田村および周辺農民は部落襲撃を開始し、水平社同人らを見ると「やっちまえ。たたき殺せ」と叫び、一五人に重軽傷を負わし、水平社同人の家を中心に破壊し、家財・家具を屋外にて焼却した。

この襲撃を受けて、世良田村の水平社同人は尾島町の派出所に駆け付けたが、巡査はすこぶる冷淡であった。そこで、太田警察署に電話連絡をとったが、警察の一隊四〇名が現場に到着したのは夜の一一時から一二時で、翌日午前三時ごろに巡査一〇〇名を、午前六時ごろに二〇〇名を増援した。襲撃がもっとも激しかったのは午後九時から一二時ごろだったから、警察の部隊は襲撃を傍観したに等しい。

■写真3-7-2　新田氏ゆかりの地

撮影 吉田勉

襲撃者の検挙、糾弾者の検挙、差別的な判決

翌一九日から二六日にかけて、警察は世良田事件の関係者を検挙した。世良田村一五一名、尾島町二名、計一五三名で、村の名誉職についていたものが多く含まれていた。うち七六名が騒擾罪で起訴され、懲役刑一九名（最高六ヶ月、うち執行猶予九名）、罰金四九名、無罪八名となった。

二月四日、五日になって、糾弾に参加していた剛士村水平社同人の三名、世良田村水平社同人の二名が脅迫傷害監禁罪で検挙された。うち三名が懲役六月の実刑判決、一名が懲役五月、一名が執行猶予三年の判決であった。

部落を襲撃した側に軽く、糾弾をした水平社同人に厳しい差別的な判決と言うべきだろう。

関東水平社・全国水平社の取り組み

関東水平社では、世良田事件の報を受けて、本部に集合し出動準備を急ぎ、隣県の埼玉県水平社同人も駆け付けたが、水平社の世良田村入りを防ぐべく、警察は非常警戒体制をとった。関東水平社では、布施弁護士を介して、東京控訴院に「司法権の発動を要求」し、東京の各新聞社にも事件の概略を伝えた。

翌一九日、沢口広吉・沢口忠蔵が世良田村の現場に赴く。午後六時より、本部で緊急の執行委員会を開催し、対策を協議し、世良田村に救護本部を設置する。翌二〇日、平野小剣、栃木代表清水弥三郎、群馬代表坂本清作らが群馬県の牛塚知事を訪問し、「重大なる不祥事件、聖代の恨事の責任」を負うことを約させ、午後になって、知事は現場を視察した。その後、一行は前橋地方裁判所中村検事正を訪問し、司法権の公平な執行を要求し、明快なる答弁を得る。また、五人の被害調査委員による調査を開始した。

全国水平社では、南委員長が二〇日に急遽現場に入り、二一日には平野・村岡らとともに内務省警保局を訪問し、事件の真相を伝え、善後策の意見交換をする。さらに、南と村岡は二三日に同愛会の有馬頼寧を訪ね、二四日には各政党幹部と懇談した。

また、関東水平社と世良田水平社の呼びかけに、群馬県・関東・全国から、二九三口、二九二〇円三銭の義捐金が寄せられた。

■写真3–7–3
世良田八坂神社／白山神社が合祀されている
撮影 吉田勉

世良田事件の衝撃とその影響

群馬県水平社は、糺弾闘争の評価をめぐって、糺弾闘争を堅持しようとする平野派と、一般民衆との融和へと路線転換を図る村岡派と、中立派に分岐する。また、群馬県当局は一九二三年ごろから町村を単位とする融和会の設置をすすめていたが、世良田事件後の一九二五年二月一二月には、各郡市長あてに融和会設立を促す通牒を出す。翌一九二六年二月二二日には群馬県融和会を発足させる。

なお、県融和会の理事には村岡派と平野派のメンバーが選任され、主事には平野派の沢口忠蔵が就任している。以後、群馬県の水平社運動は水平主義と融和主義に引き裂かれながらも、当事者運動としての自発性を堅持し続けることになる。第1部第4章を参照。

（吉田勉）

コラム8

草津温泉と長吏小頭・ハンセン病者との関わりについて

長吏小頭三右衛門の由緒

日本で最も古いと伝えられる上州の草津温泉は、平安時代には記録に登場し、戦国時代末期以降、利根・吾妻二郡を領する沼田城主真田氏の支配下にあった。その真田氏が改易された天和元年（一六八一）の頃まとめられたとみられる『上野国沼田領品々覚書』に、「湯掃除」はそこの長吏に申し付けているとある。この長吏こそ、草津町長吏小頭三右衛門とみられる。彼は、利根郡沼田城下町の長吏小頭（自らは「御牢守」と称した）伝蔵、吾妻郡岩櫃城下原町の長吏小頭八右衛門と共に、上州北部における戦国以来の長吏頭の系譜を誇っていた存在と思われる。特に沼田と草津は、関八州及び周辺地域の長吏・非人を統括していた弾左衛門の配下にあって、有力大組小頭（「縁側詰衆」と呼ばれた）十二家に名を連ねる存在だった。彼が幕府代官に提出した「由緒書」（湯根家文書）には、建久八年（一一九七）に源頼朝から与えられた特権として、①滝之上通りに長五拾間、幅二拾間の屋敷地（千坪余）、②湯根という苗字、③鑓、④帯刀の許可を挙げている。建久八年とする由来からは明らかに偽文書と思われるが、戦国時代末期或いは江戸時代初期の文書かと置き換えてみると、上州館林や野州佐野の長吏頭系譜の小頭家などと同様の内容であり、それなりの実態を語っている可能性がある。冒頭で触れた『上野国沼田領品々覚書』に、「湯掃除」の手当として「拾石四斗三升分」の畑を与えていると記している点にも、三右衛門家が戦国以来の長吏頭の系譜を持つ存在であるという感を深くしている。尚、萩原進の『草津温泉史』には次のような三右衛門の由緒が記されている。

　三右衛門が湯の花の権利をあたえられたのは遠く源頼朝浅間狩の時で、頼朝が一夜□□の娘を夜の慰みとし、娘は遂に懐妊した。其夜の床の言いかわしで、男の子が出来た時は此証拠をもって来いと、一口の短刀を娘に渡して鎌倉に帰った。間もなく娘は男子を産んだので、頼朝にこの由を告げると、非常に喜んで、その子に頼朝の名字をくれ、頼団左衛門源一胤と名乗らせ、関東□□の総取締役を命じ、草津温泉の見廻役として、湯の花の権利を一切与えたというのである。

草津町『草津温泉誌』もほぼ同様の三右衛門の由緒を記しているが、この話は「口碑」であると明記している。右書は「湯根家文書」を用いながらの記述であるから、三右衛門もさすがに「関東〈穢多〉（萩原進『草津温泉史』、文進社、一九四八年、には伏字なし）の総取締役」という主張は弾左衛門を憚《はばか》って文章化せず、口頭伝承に任せたのかもしれない。或いは単に関係文書が残らなかっただけのことかもしれない。いずれにしても、この由緒を示されたら弾左衛門側はどのように反応したものか。吾妻郡の西端でさほど大組の小頭とは思えない三右衛門が有力十二家の一員となったのは、この由緒が物を言ったかと考えることも不可能ではないが、とんだ見当違いかもしれない。それはともかくとして、右の由緒は、三右衛門が草津温泉の「見廻役」を勤め、その手当として「湯の花」の取得権を有していたことが物語られている点に積極的な意味があると思われる。

三右衛門の特権「湯の花」取得

「湯の花」は硫黄を主成分とするものであるが、温泉に沈殿して「湯垢」などとも呼ばれ、硫黄とは異なるものとする観念が強かったようだ。草津町『同前』には、天明二年（一七八二）硫黄稼ぎをめぐる紛争の中で、草津町役人が勘定奉行へ湯の花について次のように述べた文書（草

■写真3–8–1
小頭三右衛門が建立した供養塔
（出典）『部落解放』643号、p.108、解放出版社

津町所有）に基づく次のような説明がある。湯の花は長野原人別にある、草津に居屋敷をもっている、三右衛門と申者が、前々より取っている。六ヶ所ある温泉のうち、滝湯ばかりで、金高で五拾両ほどあるそうだが、自分共に関係がないので聢《しか》とは分らない。

先の由緒話では草津温泉の見廻役の手当として三右衛門に漠然と湯の花取得権が与えられたとしているが、右の文書では六ヶ所の温泉（湯壺）のうち滝湯（三右衛門の屋敷隣接）だけとなっている。恐らく、戦国以来、三右衛門が全面的に取得していたのだろうが、温泉地の発展、湯宿の増加、それに伴う泉源の増加、町役人・有力宿主人の権限強化という歴史的変化の中で、三右衛門の古い由緒（戦国領主の保障）は力を失い、町が手当と認める範囲にその権利は狭められていったものと思われる。また、単なる湯治場から遊山・観光地としての発展に伴い、湯の花が専ら薬種として用いられてきた状況から、広く浴溶剤など用途の拡大によって需要が増大し利権としての価値が高まった状況へ変化したことも、三右衛門の権利を弱めていったものと思われる。三右衛門が後述するように「湯の花屋」と名乗っていたのは、こうした状況への抵抗でもあったのではないかと思われる。その後、弘化三年（一八四六）三右衛門は町役人等を相手に「湯花年季売渡証文」を入れて九拾両を手にしたが、返済できず湯の花取得権をすべて失ったのである。尚、翌弘化四年に三右衛門は松代藩の長吏頭孫六一族の権力争いに巻き込まれ、長期にわたって帰宅できなかったことが知られるが、こうしたことも三右衛門の困窮化の一因であったかもしれない。

三右衛門の役割とハンセン病者

三右衛門の役割については、「湯掃除」に始まって、様々な文書に湯治・行路者の統制・管理・始末とか、見廻り、夜番、「おあまり（小屋）の管理（乞食への施業取扱いか）」、病死人の片付け等々、多岐にわたる記述がみられる。到底、彼一人で果たせる仕事とは思えないが、配下の長吏組下や非人がどれくらいいたのか、どのような体制で活動していたのか、現在のところ皆目分からない。

彼の役割の中で、ハンセン病者（「らい者」）との関りが考えられるのは、湯治・行路者の管理統制と病死者の片付けと思われる。行路死者などについて各地の長吏（かわた）・非人が地域番人役の一環としてこれに当たっていたことは、各地の研究で解明されており、草津温泉における三右衛門の役割も同様であったろう。特に、中世以来、草津温泉は様々な病いに効能有りと信じられ多様な病者が訪れており、重病者を含む湯治客が多かった分、三右衛門の苦労は他地域にまさるものであったかもしれない。

また、草津温泉には「冬住」と言われる独特のシステムがあった。これは、草津温泉地の厳寒に耐えられず、住人が旧暦の秋十月から翌春三月迄全員が草津から下山し、近隣の村々に移住するという慣行であった。先に触れた文書に三右衛門は「長野原人別にある」と述べられていたのは、このような事態を語っているのである。従って、病者も資力のある者は人に頼み縁類のある者はその力によって下山するが、浮浪者に類する重病者は困難に直面した。もともと、温泉地で死亡した病者のうち引き取り手のない死者は、温泉地東奥の谷に埋葬（実態は捨て置きか）されていた。この地はいつしか「骨ヶ原」とよばれていたが、「冬住」が始まる時期、浮浪病者の中にはこの葬地に息の絶えぬまま捨てられたとの伝承もあった。後にこの近辺（温泉地の東端）に「湯の沢」地区が形成される際、多数の骨が掘り出され、草津温泉から東へ数キロの山林の墓地に移された。この時一緒に一つの供養塔が発見された。その碑文には、正面に「南無阿弥陀仏」と大書され、左右に「文化一三年」（一八一六）、「施主　湯の花屋三右衛門」とあった（写真参照）。この供養塔も右墓地に移されたが、骨ヶ原への病死者葬送に三右衛門が関わっていたことを示す証跡となるものであろう。

「湯の沢」地区と「栗生楽泉園」の形成

草津温泉から病者、特に外貌などでそれと分かるハンセン病者を排除し、観光地として発展させようという動きは、明治維新以降、近代に入って強まった。数々の経緯を経て町はハンセン病者を前述の「湯の沢」地区に移転・集住させることに成功し、温泉における混湯から排除した。その後、この地区ではクリスチャンによる支援などもあって、自ら湯宿を経営するなどして「自治区」を形成・発展させた。しかし、こうしたハンセン病者の存在を排除しようとする町当局・町有力者の策動は様々続き、この病気が伝染病の一種であることが分かると一層この動きを強めた。そして、排除・隔離の政策を強力に打ち出していた国の動きと連携し、遂に昭和一六年（一九四一）「湯の沢」地区の解散・撤去と温泉地から三キロほど東に建設した「栗生楽泉園」への患者の強制移転・隔離に成功したのである。かの三右衛門は明治四年（一八七一）の解放令発布後、その役割から完全に離れ、明治一六年（一八八三）には屋敷地も売り払い、長野原へ去ったのである。従って、右のようなハンセン病者をめぐる動きと関わることは全くなかったものと思われる。

■写真3-8-2　湯の沢の入口にある煮川の湯

（出典）『部落解放』643号、p.101、解放出版社

【参考文献】
- 萩原進『草津温泉史』（国書刊行会『萩原進著作選集』所収）
- 草津町『草津温泉誌』第壱巻
- 川元祥一「部落の文化と歴史　草津温泉①～⑤」（解放出版社『部落解放』六三九～六四七号所収）

コラム9

全国に名をはせた高崎の雪駄（南部表）

昭和初期（一九三四年）、ドイツから日本に亡命してきた建築家ブルーノタウトが群馬県の委託として働いていたときに、高崎で「南部表」といわれる雪駄表作りの職人と出会う。その精緻な技術と美しさに感嘆した。「デザインはタウト、技術はドイツ、材料は日本の竹皮、それに高崎の下駄表の伝統が工夫を重ねて新しい工芸品」（水原徳言「高崎の竹皮編とタウト」）を創りだした。それが「竹皮編み」である。製品はブランド化され銀座に販売店ミテラスを開店するが戦争体制で途絶えていく。

高崎南部表の編み子職人集団は、昭和初期には「高崎表」として全国に名をとどろかせるまでの製品を生み出していた。わら草履や竹皮草履は江戸時代から被差別部落の産業でもあった。生きるための執念が草履文化を支えていった。その最高峰が「雪駄」である。草履表の底に皮をはった履物である。高崎の南部表づくりは、明治初年から盛んになった。それまでの草履編み技術を応用して南部表は製作されていく。高崎近郊の被差別部落の産業として隆盛をきわめるが、その作業は過酷であった。編み子職人の腕の優劣も収入に大きく影響した。その南部表の製作は生活のために家族総出で担われた。

…この製品は一時期、東京を中心に関東一円に販路をもち、遠く関西まで進出して、高崎の履物として、業界に君臨した程でした。その問屋街は、（W）町にあり、（K）町、（T）町の人々の大半はこの仕事で生計をたてゝいました。その生産構造は、財力のある問屋数軒を中心に、近隣近郊の現在部落の婦女子の大半がこの上下の関係に連座して、第一工程の草履原形の編子として永い間生活をして来たわけです。

資本主義社会では何の仕事でも共通に、末端労働者の手間賃は一番低いものです。私の子ども当時の記憶にある末端編子の賃金は、出来高払です。一足（二枚）単価ではなく五足（一〇枚）でその単価が問屋の判断によって決められたものだと思われます。ですから同じ製品でも編子の上手、下手で甚しきは倍の差もあったことでしょう。それから個人収入の面では、上手で手早な人は賃金収入は高く、その反対に下手で手のろの人は同じ時間で半分の収入です。ですから娘の二人も居り、手早く、上手な編子の居る家庭は日常の生活費の大半がまかなわれておりました。そのような娘の嫁の口は優先されたものです。

この仕事は、娘も嫁も母も祖母まで家庭によっては家中の仕事であったわけです。近郊、地区では農繁期だけ農業生産に従事し、その期間を外して、七〇％～八〇％の家庭の主婦はこの仕事ととりくんでその日の賃金を得ていたわけです。中には、屋外の賃金労働に従事できない男の人でさえこの編子の仕事をしていました。賃金は納入即現金でした。（K）町の場合は戸数も多く編子人口も多いため専門の運搬屋（当時は便利屋といっていた）も、二、三居り、毎朝早く関係編子はその便利屋の家まで製品を届け問屋届けを依頼したわけです。便利屋はそれを荷車に積み約四㎞以上の道のりを運搬し問屋に届け査定を受け、金銭を受取りその日の夕方各編子に届けるという、システムが毎日毎日くりかえされていたわけです。その便利屋の収入は編子の収入の約一割位を運賃として天引し、納入した問屋からも、労賃として納入額に合った労金を支払われていたらしく、二、三の便利屋はそれを業としていたわけです。

ところで、大正末期から昭和初年のこの履物生産の工賃はいくらぐらいだったのでしょうか。私の記憶は定かではありませんが、一日五〇銭から六〇銭の収入をあげるのに、早朝から夜九時一〇時まで座り通しの作業が一〇数時間続きます。このような長時間、食事の用意もせず通して働けるのは娘さんだけです。嫁も技術や経験のあるものは嫁いですぐ稼げたでしょうが、技術のないものは、嫁のつとめの間に姑や近所の人に習うわけですからその労苦も大変なものでした。出来のよい嫁とは手の扱の良い収入のよい者が言われたでしょうから、小姑に負けまい、姑に負けまいとする努力はまったくつらいものであったでしょう。その上嫁は、一日の食事の用意や子どもの世話をし家中の洗濯の仕事も、ほころびを繕う仕事もあったのです。（清塚幾太郎「高崎の部落産業と人びとのくらし（部分）」）

高崎の倉賀野を中心としたこの「南部表」は、完成品の雪駄草履を作ったのではなく、「草履表」をつくり、問屋をへて全国の仕上げ職人へとどけられていた。そこから雪駄職人の手を経て完成品として流通した。『タケヤネの里』という映画の中で、畑中敏之さんが指摘しているが、幕末期の大阪では竹皮の値段が高騰し死活問題となった。被差別部落が団結して問屋に値下げを要求する出来事（奥田家文書「竹皮一件」）もあったほど、草履編みは被差別部落と密接な関係にあった。

■写真3–9–1　下駄表の賞状（1929年3月24日）
撮影 安田耕一

『タケヤネの里』という映画が二〇一一年に製作された。竹皮にともなうさまざまな技術が現代に継承されている姿、とりわけ高崎の職人集団が作り上げた高崎表が遠く大阪の問屋でも残っていたようすを記録していく。「四〇年でも五〇年でも持つ」という問屋の言葉は、雪駄の製作の末端を担ったに過ぎないと評価されずにきた表編みの技術が、最も重要な部分を担っていることを明らかにしていく。その一言は、「誇りの回復」であった。「草履づくり」は、被差別部落の産業とされたが故にその衰退と消滅も早かった。

この雪駄表の産業も戦時体制になるにつれて、中国からの竹皮輸入の途絶と「贅沢品」に指定されたことにより休止状態におちいった。戦後は急速に洋装化が進み履物も様相が変化した。もはや、かつての隆盛がよみがえることはなかった。いまは、その痕跡をたどることさえ難しい。しかし、この映画作品が高崎表の製作に携わった被差別部落の人たちの誇りを掘り起こし繋いだ。被差別部落の人たちが生きた「証」を垣間見せてくれたとおもっている。この一点において『タケヤネの里』はまったく赴きを変えた作品として、私たちの前に立ち現れた。

資料につけた写真は、一九二九年におこなわれた「第一回下駄表編み品評会」で五等になった清塚さんのもの。倉賀野の隣保館（高崎人権プラザ）に保存されている。さらに技術を高めようとする往時の隆盛と心意気を感じさせる貴重な資料だ。

なお、群馬県史や高崎市史にはほんの数行しかこの高崎の雪駄表職人集団についての記録はない。それがいままでの社会の評価だったといってもよいだろう。

（安田耕一）

コラム10

ジラード事件

一九五四年一月三〇日、群馬県群馬郡相馬村（現・榛東村）の米軍キャンプ・ウェア演習場（相馬ヶ原演習場）で、空薬莢拾いに来ていた被差別部落の主婦、坂井なかさん（当時四六歳）が米兵、ウィリアム・S・ジラード特務三等兵（当時二一歳）に射殺されるという事件が起こった。ジラード特務三等兵は、薬きょう拾いの坂井さんに近づいて「ママサンダイジョウブ　タクサンブラス　ステイ」と声をかけておびき寄せ、ジラードは小銃に取り付けた手りゅう弾発射装置に空薬莢を逆向きに差し込み、空包を装てんして「ゲラル　ヘア」と叫びながら走り寄った。坂井さんが逃げ出すと、ジラードはこれを追いかけ、後ろから発砲、一発目をはずし、二発目を坂井さんの背中に命中させ絶命させたという。

事件は裁判権をめぐって日本国中を巻き込んだ大きな社会問題になった。アメリカ側からは米軍事法廷での裁判を主張するなど紛糾したが、日本の裁判に服することで決着した。

しかし、ジラードへの処罰を最大限軽く（殺人罪でなく傷害致死罪で処断）することを条件に、身柄を日本側へ移すという内容の密約が日米間で結ばれていたことが、一九九四年に米国政府の秘密文書公開で明らかにされた。日本の外務省が一九九四年におこなった「戦後対米外交文書公開」でもその事実が裏付けられることになった。その密約どおり、前橋地裁で懲役三年、執行猶予四年の判決が出されたが、判決は情状で「危険な立ち入り禁止区域に入って、無秩序に行動した農民にも責任がある」「わざと命中するように撃ったのではない」「被告は深く反省し、再犯の恐れがない」などとした。米軍側は控訴せずジェラードは不名誉除隊したのちに、台湾生まれの日本人女性と結婚、アメリカへ帰国した。現在の沖縄での日米地位協定にも関連する事件であった。

一九五五年、部落解放全国委員会から部落解放同盟と改称した。大衆組織として新たに出発を果たし、この事件にたいしてとりくむことになる。当時、解放新聞九二号（一九五七年二月一五日付）は、「相馬が原事件に抗議を！　殺されたのは部落民」との見出しを掲げて報道した。二月一三日、群馬地評、部落解放同盟、社会党、共産党、日本農民組合、群馬大学自治会などで「相馬が原米軍農婦射殺事件対策群馬県協議会」を結成し、二月六日、部落解放同盟群馬県連では、中央本部の野本武一常任を迎えて対策を協議、抗議行動をおこなうことを決定。二月九日、当時の松本治一郎委員長、田中織之進書記長、野本武一常任が群馬県庁と群馬県警を訪れて抗議と善処を要求した。この年一二月一二日の部落解放同盟会第一二回大会で「事件は部落問題であるとともに、土地と仕事のない農民問題であり、日本民族にたいする圧迫と差別の問題」と決議した。

事件の起きる五年前、解放新聞（一九五二年八月二〇日付）は、相馬ケ原演習所開設で、生活の糧を奪われた被差別部落の人たちを詩人・酒井真右はうたう。さらに、事件の四年前解放新聞（五二号、一九五三年三月一〇日付）は演習場周辺の被差別部落のルポルタージュを掲載、「命がけで弾丸拾い　どん底にあえぐ部落の姿」との見出しをつけ、現状を伝える。同演習場は榛名山の南面に広がる原野で、一九二〇年に旧日本陸軍が開設した。戦後は米軍基地となり、保安隊の特別教育隊も駐屯していた。数回にわたる土地取り上げで農民を追い払い、「箕輪、相馬、桃井村の山林すべてが強制的に接収されたが、最大の被害者は相馬、桃井村にまたがる五つの被差別部落だった」という。

「…そこは、牢屋ぶりだ、犬殺しだ、ばくち打ちだと一般農民からののしられ、一切の生業を基地のために奪われた」生活があった。戦前から戦中、戦後になっても被差別部落の生活はまずしかった。そうであるが故に「…ある者は、生活に追いつめられて、法律をおかして実弾のとびかう演習場に生命がけで弾丸ひろいにゆく。今日までに分かっているだけでも三か町村で百五十名の負傷者がでている」と報道した。ルポの前年の一一月にも不発弾を持ち帰って分解しようとした親子二人が暴発により死亡、事件直前の一月中旬にも村の青年が砲弾の破片で亡くなっていた。それでも村人は「運が悪かった」と言って、生活の糧である弾ひろいをやめることはできなかった、という。

事件の半月後、早稲田大学部落問題研究会が調査に入った。被害者の部落は、四八戸。「村の生命である広大な山林原野を米軍演習場として接収され、貧乏で有名になった相馬村の中でとくに貧しいのは〇〇〇〇の人たちだ。三六戸の農家の平均耕作はわずか三反、その耕地も火山灰地であり、しかも村で一番高地にあるため、土質や水利は非常に悪く平均地方は七等地（全村平均四等地）。このような耕地で、一等地の半分の収穫を得ようと思えば、労働力も肥料も二倍以上いるのだ」と記す。

ジラード事件は、たんに演習場で部落民が殺されたという事件にとどまらず、戦前の陸軍演習地でも「弾丸ひろい」をしなければならなかった被差別部落の人たちが背負う実態が背後にあったのである。

1957年2月15日　解放新聞

解放新聞

相馬ヶ原事件に抗議を！

殺されたのは部落民

鬼のようなアメリカ兵

松本・田中両氏現地へ

群馬県知事に善処を要求

米兵を殺人犯で告発　社会党

人に向けて射つ

日本側取調べに自供

■写真3-10-1　相馬ケ原事件に抗議を

（出典）『解放新聞』1957年2月15日

この時期は、日本各地で軍事演習場の返還や山林の解放、入会権を求める闘いが展開された。地主の反対や妨害にあいながらも各地で山林解放を勝ち取り、開拓がされていった。多くの被差別部落も入植、開拓した事例がある。しかし、その地が新たな被差別部落になっていった。

一九五八年になって相馬ケ原演習場が日本に返還されることになった。部落解放同盟の地元支部と一般農民との共闘で相当部分が解放になったが、やがて、第一特車（戦車）大隊が習志野駐屯地から移駐して相馬原駐屯地として開設された。現在は、自衛隊第一二旅団司令部と直属部隊が駐屯、相馬原飛行場も設置され、オスプレイの訓練地として現在がある。（安田耕一）

※解放新聞中央版二七二七号／二〇一五年八月二四日、二七三〇号／二〇一五年九月一四日に掲載されたものを再編集した。

コラム11

高崎・倉賀野の山車祭り

差別との闘いを継ぐまつり

中山道と例幣使街道の分岐点の宿場町として栄えた倉賀野宿。地区（南町）の人口は、一九七五年には一七五世帯、七二五人をピークとする。一九二三年四月には倉賀野水平社が結成された。現在も県下有数の支部として活動の中心を担ってきた。戦後四〇年間仕舞われていた山車小屋から山車が引き出されたのは一〇年前。児童館での盆踊りのやぐらの代わりに使われたこともあったが、現在のような南町内の巡行は八年前から。町内に引き出された山車は二階建ての立派なもの。一九一九年に埼玉県寄居町の鉢形から買ってきたもので、山車には明治三七（一九〇四）年製作の銘が残されている。町内には四基の山車が現存し、それぞれの「山車祭り」をおこなっている。南町の場合、神事はいっさいなく今年は、一一月におこなれ、山車を曳き、子どもたちが練習したお囃子を山車の上から披露する。山車の舞台の前面にはお囃子の平太鼓がならび、屋台の脇には大太鼓がくくりつけられる。屋根部分には繭に蛾がはばたこうとする飾り物がのせられる。この日は風がつよく羽根のついた姿は見られなかったが、昨年の写真を見せていただく。まぎれもない繭から飛びたとうとする「純白のモスラ」にしたのは、この地域がかつては養蚕地帯だったからという。ほかの地域であれば、山車には勇壮な武者などが乗せられた。戦時中も出したというが、戦後は地区からの人口流出や少子化などの理由で途絶えていた。

■写真3–11–1
倉賀野南町山車祭り
（出典）『解放新聞』
2017年1月2日

■写真3–11–2
屋台の飾り物
訪問時は風が強く屋台の飾り物はつけられなかった。写真は前年のまつりでつけられたもの。撮影 平井豊

地域交流の広がりを担う

倉賀野の旧村社は倉賀野神社。明治時代まで飯玉神社とよばれていた。『飯玉縁起』によれば、平安時代初期の八〇七（大同二）年に創建されたという。明治初年まで南町に倉賀野神社の神輿が入ることはなかった。当時はまだ県境さえ確定していなかった時代。神社の対応を差別だとして裁判に訴えて勝訴した誇り高い歴史をもつ。

この日、大人にサポートされながら、二〇人ほどの子どもたちが引き綱を持って町内を一巡。隣保館に到着すると山車祭りの開会行事が始まった。これからもつづけていきたいと町内会長。高崎市の教育長、市議会副議長もあいさつをした。隣保館の駐車場には地域の女性たちが前日から作ったカレーライスとけんちん汁をふるまい、地区の人たちが列をつくった。そのほか、焼きそばや赤飯、チヂミなどを即売した。

いまでは地区から出た人と入れ替わるように町内の建て売り住宅に入居する世帯がふえた。元からの人たちと新たに来た人たちによって山車祭りは、地域の町づくりの象徴として力強い轍がきざまれていく。

（安田耕一）

※解放新聞中央版二七九三号／二〇一七年一月二日付の原文に若干の加筆をした

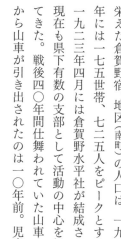

コラム12

込皆戸人形操り式三番叟の復活

込皆戸の人形操り式三番叟

『部落解放』四五四号は「ムラ自慢・支部自慢」を特集しており、そのひとつとして、部落解放同盟群馬県連合会の「古典芸能『式三番叟』を復活――群馬県・粕川村込皆戸の歴史と継承の取り組み」が掲載されている。文責は松島一心さんで、冒頭の書き出しは次のようである。

タン・タンと乾いた拍子木の音とともに、舞台左手に若々しい人形がすっと立ち上がる。手には面箱を抱えている。舞台の縁にそって中央に進み、三礼した後に右手に移動して座している。「千歳」の登場である。次に濃緑の衣装を身につけた人形が音もなく立ち上がり、「千歳」と同じ動作をした後、舞台中央で座している。「翁」の登場である。タン・タンと拍子木の音が激しい。太陽と月が描かれた烏帽子をつけた人形が、激しい動きで立ち上がる。最後の「三番叟」の登場である。三体の人形が舞台に出そろった。「千歳」が「翁」に面箱を手渡すと、右に回り、左に回りして舞う。「千歳」の舞だ。ピ〜、ピ〜、ピ〜ラリラという笛の音と、ポン・ポンという鼓の音を合図に、「翁」が「とうとうたらり、たらりらあ」と謡いはじめて、「翁」の舞に入っていく。

最後が「三番叟」の舞であるが、これが一番激しい踊り方をする。時間的にも舞の大半を占めて、演じ手には苦しいが、愛嬌のある仕草も入って人気がある。それぞれの人形を操る演者の横顔にたちまち幾筋もの汗が流れ出す。

拍子や笛や鼓の音とともに、人形操りで演じられる能の式三番叟が鮮やかによみがえる。

演じているのは込皆戸保存会の面々

人形を操っているのは、込皆戸三番叟保存会の面々である。この人形操り式三番叟は群馬県勢多郡粕川村込皆戸（現前橋市）の部落に伝わってきたもので、部落解放同盟群馬県連粕川支部の努力と、粕川村（当時）行政のバックアップで、一九九〇年代に復活した。

この人形操りは一九〇〇年ごろまでは、部落の鎮守である白山神社などで演じられてきたが、その後、途絶えてしまった。一九六八年ごろ、粕川村の文化財専門委員の田島丑太郎さんや、群馬県議会図書室長の萩原進さんや早稲田大学の桐野教授らが人形のかしらや衣装を調査して、江戸時代の元和・慶長年間に遡ることが明らかになった。

群馬県の赤城山麓には、前橋市内の下長磯操式三番叟や、前橋市の二之宮町や下増田町には村人が演じる三番叟があり、込皆戸の三番叟もこれらのひとつとも思われる。

伝承「鶴姫さまとさんばさま」

一九九一年、粕川支部では東日本部落解放研究所に「粕川村込皆戸地区・歴史調査」を依頼した。研究所では、早稲田演劇博物館学芸員の林京平さんにお願いして、人形・人形の衣装や、

■写真3–12–1　三番叟の上演

（出典）小林岩男（故人）HPより

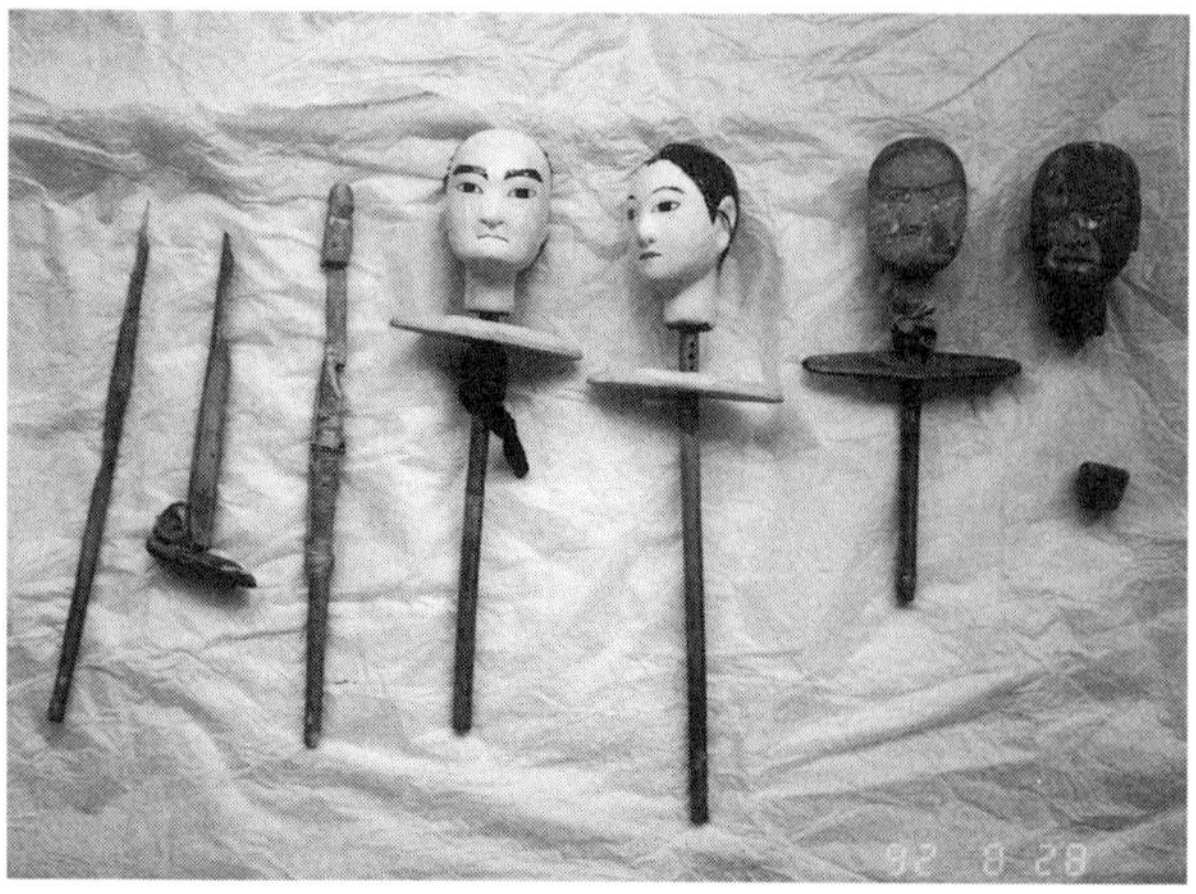

■写真3–12–2　古い人形の頭など

（出典）東日本部落解放研究所『込皆戸の歴史と生活』

■写真3–12–3　古い人形の衣装

（出典）東日本部落解放研究所『込皆戸の歴史と生活』

その伝来について調査し、人形や衣装の古いものは江戸時代の初期に遡ることが明らかにされた。林京平「込皆戸の三番叟人形」参照。

実は、人形の伝来については、従来から鶴姫伝説と結びつけられて考えられてきた。『粕川村誌』の「鶴姫さんとさんばさま」によると、駿河国長窪城を守っていた牧野康成は、一五九〇年の家康入府に際して、勢多郡大胡に転封された。康成には鶴姫という娘がおり、ハンセン病を病んでいたので、大胡城の東方の込皆戸の鶴姫御殿に住まわせた。込皆戸の先祖は、鶴姫に随って込皆戸村の移り住んだ家来だったという伝承がある。

やがて、一六一五年になると、牧野氏は越後に転封となったが、鶴姫と家来は込皆戸に残された。ハンセン病を病んだ鶴姫の慰めとなったのは、駿河から伝来した能人形の三番叟の舞であったという。この伝承によると、込皆戸の能人形および能の芸能は駿河からもたらされたことになる。この能人形の芸能は猿楽の芸能として室町期に成立していたものであり、込皆戸の人形の古いものは江戸時代の初期に遡ることから、「鶴姫さまとさんばさま」の伝承と矛盾しないという。とすれば、込皆戸の操り人形は駿河から伝承したものかも知れないが、確定しがたいともいう。

人形操り式三番叟の復活

一九九一年の東日本部落解放研究所の調査を受けて、粕川支部では、当時の小林岩男支部長が中心となって、人形操り式三番叟の復活の取り組みが始まる。松島一心さんは「被差別部落の歴史を掘り起こすことは、つらい作業である。何世紀にもわたって心に鬱屈した屈辱の過去は、思い出すことさえ胸が痛くなる」と述べているように、人形操り式三番叟の復活は簡単なことではなかった。

それでも、粕川支部では何年もかけてオルグし、次第に若い支部員の心を動かしていった。一九九三年から九四年に、全国一二地域のひとつとして、総務庁の啓発推進モデル市町村事業の委託を受けて、粕川支部では、粕川村教育委員会の支援を受けながら、人形操りにかかわる学習や研修に取り組み、人形操り式三番叟は見事に復活した。以後、集会所指導事業成果発表会、粕川村文化センターこけら落とし、部落解放第三〇回東日本研究集会、全同教東日本講座などで上演し、二〇〇〇年には前橋市の無形民俗指定文化財に指定されている。

（吉田勉）

コラム13

近年の差別事件

全国にかかわる差別事件

群馬県では、全国規模の差別事件が発生している。

示現舎の問題では、「部落探訪」に群馬県の被差別部落が掲載されており、「部落解放同盟役員一覧」には最終的に三七名の役職員の名前や住所が掲載された。中央本部が行っている裁判には当初九名が原告となって取り組んだが、残念なことに裁判の判決を待たずに一名の原告がなくなり、現在八名が原告として闘っている。

もっとも強く印象に残っているのは、二〇一一年に発覚したプライム事件だ。

プライム社は仲介者を通じて全国各地の探偵社や調査会社から依頼を受けて一万件を越える不正取得を繰り返し、職務上請求書を大量に偽造して戸籍などを不正取得していた。プライム社に依頼していた業者は、この事件の四年前に三重県で行政指導を受けた業者で、より大がかりな不正取得を繰り返していたことになる。

警察の捜査の過程で群馬ルートと呼ばれる、ベル・リサーチ社の不正が明らかとなり、プライム社同様に不正取得が行われていた。

このような戸籍等の不正取得事件をうけて、部落解放同盟が全国各地で取り組みを行い、戸籍等の「本人通知制度」が出来た。不正取得への一定の予防効果を発揮しているが、登録数の伸び悩みや、毎年のように不正取得事件が後を絶たない。早急に戸籍の不正取得は人権侵害であり、不正に取得した場合はこれを罰する法律が必要である。

土地に係わる事件として、二〇一三年に発覚したY住宅販売会社差別事件がある。群馬県桐生市にある中古物件販売会社Y社の和歌山支店が建築計画概要書の閲覧の申し入れをする際、「同和地区であり、需要は極めて少なくなると思われます」などと書かれた複数の書類を和歌山県伊都振興局（県の出先機関）にファックスしたことにより発覚した事件で、糾弾に取り組む中で「一三府県二六件」で同様の書きこみがあったことが報告された。人権問題・部落問題に取り組んでこなかったY社の体質がこうした行為を常態化させていた。

この事件は全国的な差別事件となり、国会でも取り上げられ、国土交通省から全国宅地建物取引業協会をはじめ業界八団体に「不動産業に関わる事業者の社会的責務に関する意識の向上について」という文書が出された。部落にたいする市民の「忌避意識」に迎合するのではなく、差別を許さない不動産・住宅業界を構築するために、業界自身の主体的な体制の構築やとりくみを追及していかなければならない。

結婚に係わる取り組みは、一九九七年に明らかとなった問題で、結婚差別にあった女性は、自分の受けたような扱いをだれにも受けさせたくないとの思いで法務局の人権擁護委員に相談したところ、「もっといい人にも巡り会える」など部落問題を問題として取り上げず、相談内容が法務局に上げられてもそのまま放置していたことがわかった。当時、この結婚差別事件は、人権擁護委員制度が機能していない具体的な事例として国会議員からの聞き取りが行われ、二〇〇二年に人権侵害に対する救済制度の在り方ついて国会で議論された際、参議院法務委員会で取り上げられた。

群馬県内の差別事件の傾向

群馬県内で行っている糾弾・確認会は年を追うごとに減っている。これは部落差別事件が発生していないわけではなく、税務の相談や地域での座談会などではたびたび同盟員から、結婚差別や差別発言などについての話は出ている。結婚差別の問題は、差別行為を問題にすることで人間関係や仕事などに影響が出る。それでは

■写真3–13–1　差別落書
撮影 部落解放同盟群馬県連合会

■写真3–13–2　Y住宅会社第1回確認会
撮影 部落解放同盟群馬県連合会

困るということで、あまり表に出てくることはない。行政への結婚に係わる同和地区の問い合わせはここ数年、毎年報告がある。インターネット上には被差別部落の所在地情報があふれていることから、実際の結婚差別がどのくらい発生しているのかはわからない。こういった話は、実際に私たち組織側に話があった時には数年が経過しているということもある。

差別落書きの傾向は、単発的に発生している落書きと、同一人物が継続的に落書きを県内各地で行っていると見受けられる事件が発生しており、その都度、行政や教育委員会と連携し、市民に対しての啓発を進めている。こうした落書きは、清掃作業員が部落問題をきちんと認識していないと、単に落書きとして消されてしまうこともあり報告が上がる事件は氷山の一角かもしれない。

こうした問題を組織として取り組めてこなかったため、部落差別が起こった時にどうすればいいのか、糾弾・確認会ということになったとき部落解放運動の柱である糾弾について理解できていない役員が多く、原点に戻って学ぶ必要がある。差別行為者をただたんに感情的に攻めることは糾弾ではなく、絶対に行ってはならない。部落解放同盟は差別行為者に、部落問題の解決にむけて率先して取り組んでもらえるようになってもらい、ともにとりくむ事が大切である。

（深田広明）

コラム14

女性たちの歩み

はじめに

はじめに、これまでの女性部の歩みを簡単に振り返ってみた。

現在の部落解放同盟群馬県連合会女性部は、婦人部として一九六九年に結成された。

2014年12月8日　解放新聞　第2694号（第3種郵便物認可）　8

「たたかいの祭り」を復活　群馬県連女性部

10年をへてもう一度

和気あいあいの交流の場が

なごやかな楽しい一日にと

「たたかいの祭り」を復活

群馬県連女性部

■写真3–14–1　復活したたたかいの祭り

（出典）『解放新聞』2014年12月8日

全国水平社が創立されてから二〇二二年で一〇〇年。群馬県水平社が創立されてから二〇二三年で一〇〇年を迎える。県連女性部は半世紀にわたり、全国水平社、群馬県水平社とともに歩んできた。

県連女性部が最盛期のときは、二二の支部で結成されていた。現在、女性部として結成している支部・協議会は二つだけになってしまった。なぜ二つの支部だけになってしまったのか考えてみた。「地域に残っている女性たちが歳をとり活動ができなくなってしまったのではないか」、「男女平等社会、女性も活躍できる場をと言っているが、地域内でも女性に対する理解がないのではないか」、「昔、全国の女性たちは女性が変われば部落が変わるとがんばってきたが、女性自らが甘えているのではないか」といろいろな意見がでてきた。

この問題については、女性部で議論し県連女性部のこれからの解放運動の前進に繋げていかなければいけない。

たたかいの祭り

一九七九年の秋から始まった「たたかいの祭り」は、全国の女性たちにパワーをもらいながら女性たちが自ら考え毎年行ってきた。

以前は集会所事業も活発に地域で取り組んでいたことから、「たたかいの祭り」の発表も盛大に行われていた。一時期中止していた期間もあったが、女性たちの熱い思いが「たたかいの祭り」を復活させた。

しかし現在は、地域での活動も少なくなり、「たたかいの祭り」の開催も危うくなっているが、女性部は県内の女性たちの集える場、つながる場、そして仲間づくりの場、自らの意識の向上の場として工夫しながら開催にむけ奮闘している。

学習会の取り組み

以前、女性部は群馬県女性集会を長年開催してきた。この集会では女性が学びあい、力量をつけていくための集会だった。しかし、今は開催ができていない。自分たちが自らの力をつけていく場を作っていかなければならないと、現在は執行委員会終了後の学習会や女性部研修会などを計画し、部落問題学習に取り組んでいる。この学習会は継続していきたいと思っている。

後継者の問題

女性部の最大の悩みは後継者の問題だ。

「差別に負けず、強く生きてほしい」と願う思いは昔も今も変わらないはずだ。しかし子どもに部落を語れない、語らない親が多くいるのも事実だろう。

多くの先輩たちは子どもたちに差別を乗り越える力をつけさせてきた。それこそが女性部活動を通して私たちの心の中にある宝「自信と誇り」だ。

若い世代の人たちに運動を引き継げていけない理由は何かを、もう一度考えていかなければいけない。

仲間がいる

今の私たちの希望はともに悩み考えていける「なかま」がいることだ。

私たちは先輩たちの想いを受け継ぎ、これまでの闘いに誇りを持ち、自らの心の炎を灯しつづけ、進むべき道を照らし「よき日」の未来のために県内、全国のなかまとともに歩みつづけよう。

（女性部）

参考文献・史料リスト（五十音順）

※著編者名、文献・史料集名、発行者の順で掲載

青原さとし監督『タケヤネの里』（映画）、二〇一一年、民族文化映像研究所

秋定嘉和・西田秀秋編『社会運動の状況 水平社運動』、一九六八年、神戸部落史研究会

朝治武『差別と反逆　平野小剣の生涯』、二〇一三年、筑摩書房。

石田貞「世良田事件における自警団結成の背景」、『明日を拓く』第三一号、一九九九年、東日本部落解放研究所

石田貞・松島一心「神社の祭礼参加と部落」、『明日を拓く』第五六号、二〇〇四年、東日本部落解放研究所

『伊勢崎織物同業組合史』、一九三一年、伊勢崎織物同業組合

内林喜三郎『光を求めて五十年』、一九七二年、群馬県部落問題研究所

大日向純夫「大震災をめぐる警察と民衆—朝鮮人虐殺と自警団」、『法学セミナー』三七九、一九八六年、日本評論社

大熊哲雄「群馬の戦後の解放運動」、『第6回東日本部落問題研究集会報告集』、一九七六年、日本部落問題研究集会実行委員会

大熊哲雄「群馬」、東日本部落解放研究所編『東日本の部落史・Ⅰ』、二〇一八年、東日本部落解放研究所

岡崎陽一「明治大正期における日本人口とその実態」、『人口問題研究』一七八号、一九八六年、国立社会保障・人口問題研究所

岡部赤峰『桐生地方史』、一九二八年、桐生倶楽部

粕川村編『粕川村誌』、一九七二年、粕川村

金井助作編『暁の光』、一九三〇年、関東水平社本部

川元祥一「部落の文化と歴史　草津温泉」1～4、『部落解放』第六三九号～六四七号、二〇一一年、解放出版社

清塚幾太郎「高崎の部落産業と人びとのくらし」、『高崎市内地方水平社創立80周年記念事業誌「高崎の部落解放運動」、序章　倉賀野地区の輪郭』、二〇〇四年、部落解放同盟高崎支部

金仲燮『衡平運動—朝鮮の被差別民・白丁その歴史とたたかい』、二〇〇三年、部落解放・人権研究所編、解放出版社

草津町誌編纂委員会『草津温泉誌（第壱巻）』、一九七六年、草津町

群馬県編『群馬県史』通史編8～10、一九八九年から、群馬県

「群馬県で近年発生した差別事件について」（解放新聞などにみる差別事件と糾弾）、『東京部落解放研究』第七七号、一九九二年、東京部落解放研究会

衡平運動70周年記念事業会編『朝鮮の「身分」解放運動』、一九九四年、解放出版社

古賀芳夫「部落を画す桐生行政　群馬県・桐生市の現状・差別・歴史」、『東日本の被差別部落　現状と課題』、一九九三年、明石書店

小林岩男ほか「伝統芸能「三番叟」を復元して—粕川村込皆戸地区の皆さん」、『明日を拓く』第二七号、一九九九年、東日本部落解放研究所

小松裕『田中正造の近代』、二〇〇一年、現代企画室

酒井真右『日本部落冬物語』、一九五三年、理論社
坂井富雄「同特法下の部落の現状」、『第7回東日本部落問題研究集会報告集』、一九七七年、東日本部落問題研究集会実行委員会
鈴木裕子『水平線をめざす女たち — 婦人水平運動史』増補新版、二〇〇二年、ドメス出版
川元祥一・藤沢靖介「聞き取り／六十三年前の焼打事件をこえる　世良田の「部落史を語る会」」、松島益平・松島一心・木村猛、『東京部落解放研究』第五五・五六号、一九八七年、東京部落解放研究会
全国解放教育研究会編『部落解放教育資料集成』1〜13、一九八三年より、明治図書
田宮武編『新聞記事からみた水平運動』、一九九一年、関西大学出版部
千本秀樹「世良田事件の「融和手打問題」をめぐって」、『明日を拓く』第三一号、一九九九年、東日本部落解放研究所
「群馬県連大会議案書」33回〜41回、『東京部落解放研究』第二〇号〜五七号、一九七九年から、東京部落解放研究会
友常勉「農村社会における被差別部落の位置について—一九一一年の強戸村の「村是」から小作争議への展開過程を題材に—」、『明日を拓く』第三一号、一九九九年、東日本部落解放研究所
成沢栄寿「関東地方水平運動史」、『水平運動史の研究』第五巻研究編（上）、一九七二年、部落問題研究所
萩原進「草津温泉史」、『萩原進著作選集』、一九八〇年、国書刊行会
八箇亮仁「日朝被差別民の提携模索とその意義と限界—「階級闘争論」の陥穽—」、『部落解放研究』二一二号、二〇二〇年、部落解放・人権研究所
林京平「込皆戸の三番叟人形」、『込皆戸の歴史と生活—粕川村込皆戸地区・歴史調査報告書』、一九九四年、東日本部落解放研究所
原田友彦ほか編『近代部落史資料集成』1〜10、一九八四年より、三一書房
東日本部落解放研究所「〈特集〉桐生市被差別部落実態調査報告」、『解放研究』（紀要）第二号、一九八八年、東日本部落解放研究所
東日本部落解放研究所編『込皆戸の歴史と生活—粕川村込皆戸地区・歴史調査報告書』、一九九四年、東日本部落解放研究所
東日本部落解放研究所編『語り伝える込皆戸の生活—粕川村込皆戸地区・歴史調査報告書・別冊』、一九九四年、東日本部落解放研究所
東日本部落解放研究所編『群馬県被差別部落史料—小頭三郎右衛門文書—』、二〇〇七年、岩田書院
藤野豊「関東水平社の思想（一）」、『解放研究』（紀要）創刊号、一九八七年、東日本部落解放研究所
『復刻版　初期水平運動資料集』全5巻・別冊1、一九八九年、不二出版
部落解放同盟群馬県連合会編『群馬県部落解放運動60年史』、一九八二年、部落解放同盟群馬県連合会
部落解放同盟埼玉県連合会編『埼玉県部落解放運動史』、一九八四年、部落解放同盟埼玉県連合会
部落解放・人権研究所　衡平社史料研究会編『朝鮮衡平運動史料集』、二〇一六年、部落解放・人権研究所
部落解放・人権研究所　朝鮮衡平社史料研究会編『朝鮮衡平運動史料集・続』、二〇二一年、部落解放・人権研究所
部落解放同盟中央本部編『写真記録 部落解放運動史 全国水平社創立100年』、二〇二二年、解放出版社
部落問題研究所編『水平運動史の研究』1〜6、一九七二年より、部落問題研究所
部落問題研究所編『戦後部落問題の研究』1〜8、一九七八年より、部落問題研究所
本田豊「連載・関東水平社運動の軌跡1〜7」、『東京部落解放研究』三〇〜六一号、一九八二年から、東京部落解放研究会
本田豊「婦人水平社運動の研究」、『東京部落解放研究』第二九号、一九八二年、東京部落解放研究会

本田豊「世良田事件の研究」、『東京部落解放研究』第五〇・五一号、一九八六年、東京部落解放研究会
真清美智子「婦人と解放運動」、『部落問題をみんなのものに—第5回東日本部落問題研究集会報告集—』、一九七四年、第5回東日本部落問題研究集会実行委員会
松島一心「祭りと部落—群馬県下の聞き取りから」、『部落解放』第二六六号、一九八七年、解放出版社
松島一心「世良田村焼打事件以後」、『解放研究』(紀要)創刊号、一九八七年、東日本部落解放研究所
松島一心「「同和研修」・被差別部落と筬」、布教師養成所『講義録』、一九九二年、曹洞宗宗務庁
松島一心「被差別部落と筬—桐生・伊勢崎を中心に—」、『解放研究』(紀要)第六号、一九九三年、東日本部落解放研究所
松島一心「部落と石苗間—厳冬期の育苗を可能にした技術—」、『明日を拓く』第七号、一九九四年、東日本部落解放研究所
松島一心「古典芸能『式三番叟』を復活—群馬県粕川村込皆戸の歴史と継承の取り組み」、『部落解放』第四五四号、
松島一心「世良田焼打ち事件の背景—地域の歴史・文化・教育—」、『明日を拓く』第三一号、一九九九年、東日本部落解放研究所
松島一心・石田貞「群馬県　世良田事件の地を歩く」、『明日を拓く』第三七号、二〇〇一年、東日本部落解放研究所
松島一心「世良田事件・関東水平社の成立と自警団」、『明日を拓く』第四〇号、二〇〇一年、東日本部落解放研究所
松島一心「同和対策事業をふりかえる」、『明日を拓く』第四二号、二〇〇二年、東日本部落解放研究所
松島一心「群馬県における竹筬製作の源流と技術—農商務省史料を参照しつつ」、『明日を拓く』第四六・四七号、二〇〇三年、東日本部落解放研究所
水野直樹「朝鮮衡平運動の展開と水平社」、『講座 近現代日本の部落問題2 戦時・戦後の部落問題』、二〇二二年、解放出版社
水原徳言「高崎の竹皮編とタウト」、『民藝』四四号、一九五六年、東京民藝協会
宮前千雅子「部落女性と婦人水平社」、『講座　近現代日本の部落問題2　戦時・戦後の部落問題』、二〇二二年、解放出版社
村岡静五郎編『因習打破論』、一九三四年、関東水平社本部
門馬幸夫「桐生の被差別部落民とその周辺」、『解放研究』(紀要)第三号、一九八九年、東日本部落解放研究所
安田耕一「足尾鉱毒事件と被差別部落」、『秘密保護法の日本と教会』、二〇一五年、いのちとことば社
安田耕一「渡良瀬川の慈しみ—流域に刻む物語—」、『部落解放研究』(紀要)第三二号、二〇二一年、東日本部落解放研究所
柳田国男「所謂特殊部落民について」、『柳田国男全集』第二四巻、一九九九年、筑摩書房
吉田勉「維新変革と「解放令」」、『講座 近現代日本の部落問題1 近代の部落問題』、二〇二二年、解放出版社
和田伝『船津伝治平』、一九四一年、新潮社
渡辺徹ほか編『部落問題・水平運動資料集成』1~3、補巻1・2、一九七八年より、三一書房
渡辺俊雄「衡平分社の地域的展開」、『部落解放研究』第二〇八号、二〇一八年、部落解放・人権研究所

写真・図表・解放新聞／掲載リスト

※番号の「○−○−○」／第1部・第2部は「第○部−第○章−掲載順番号」、第3部は「第3部−コラム番号−掲載順番号」

写真（番号、キャプション、掲載書籍・雑誌、提供者の順で掲載）

1−1−1　分村願書写　込皆戸の歴史と生活　東日本部落解放研究所
1−1−2　明治八年物産組合限取調帳　込皆戸の歴史と生活　東日本部落解放研究所
1−1−3　学校間取り　込皆戸の歴史と生活　東日本部落解放研究所
1−1−4　学校分学願書　岡組中　込皆戸の歴史と生活　東日本部落解放研究所
1−2−1　大正・昭和期の込皆戸の白山神社　語り伝える込皆戸の生活　東日本部落解放研究所
1−3−1　全国水平社創立大会へ　写真記録全国水平社１００年　解放出版社
1−3−2　関東水平社創立大会①　写真記録全国水平社１００年　解放出版社
1−3−3　関東水平社創立大会②　写真記録全国水平社１００年　解放出版社
1−3−4　関東水平社創立大会③　写真記録全国水平社１００年　解放出版社
1−3−5　創立大会後の演説会　写真記録全国水平社１００年　解放出版社
1−3−6　群馬県水平社同人の水平歌　初期水平社運動資料集　第四巻　不二出版
1−4−1　徳川家を訪れた水平社幹部（中央が徳川家達、右が村岡静五郎）写真記録全国水平社１００年　解放出版社
1−4−2　世良田村全景　写真記録全国水平社１００年　解放出版社
1−4−3　被害を受けた人々　写真記録全国水平社１００年　解放出版社
1−4−4　被害を受けた家屋　写真記録全国水平社１００年　解放出版社
1−4−5　警備する警官たち　写真記録全国水平社１００年　解放出版社
1−4−6　警備する警官たち　写真記録全国水平社１００年　解放出版社
1−4−7　水平社による調査　写真記録全国水平社１００年　解放出版社
1−4−8　決議文を起草する幹部たち　写真記録全国水平社１００年　解放出版社
1−4−9　『受難乃世良田水平社』表紙　写真記録全国水平社１００年　解放出版社
1−4−10　『受難乃世良田水平社』見開きページ　写真記録全国水平社１００年　解放出版社
2−1−1　部落解放全国委員会行動綱領・宣言・決議　写真記録全国水平社１００年　解放出版社
2−1−2　首相官邸前ハンスト　写真記録全国水平社１００年　解放出版社

2-2-1　第10回部落解放全国大会　写真記録全国水平社１００年　解放出版社
2-3-1　「同対審」答申完全実施要求中央国民行動　写真記録全国水平社１００年　解放出版社
2-3-2　狭山裁判控訴審／日比谷公園に結集した人々　写真記録全国水平社１００年　解放出版社
2-4-1　人権擁護法案の抜本修正を求めるデモ　写真記録全国水平社１００年　解放出版社
2-4-2　異議あり、有事法制のデモ　写真記録全国水平社１００年　解放出版社
2-終-1　綱領・宣言　写真記録全国水平社１００年　解放出版社
3-1-1　『上毛新聞』１９２３年7月18日
3-1-2　祈念鉱毒根絶（１９７７年、毛里田地区鉱毒根絶期成同盟）安田耕一撮影
3-2-1　「苗床」想像図　カット／川原徹三　明日を拓く7
3-2-2　「茄子苗石」に使用した石　明日を拓く7
3-3-1　全朝鮮衡平社第八回定期大会ポスター　法政大学大原社会問題研究所
3-3-2　衡平社と水平社の連携を報道（『朝鮮日報』）金仲燮『衡平運動』　部落解放・人権研究所
3-3-3　京都を訪れた李東煥（前列右）朝鮮衡平運動史料集・続　部落解放・人権研究所
3-4-1　「婦人欄」の掲載が始まる（『水平新聞』）水平新聞、１９２４年6月20日
3-5-1　竹筬　松本勝撮影
3-5-2　工女三人で逃走　東京日日新聞、１９１８年5月7日
3-5-3　工場内に婦人水平社　水平新聞、１９２４年10月20日
3-6-1　竹筬　解放新聞、１９９３年1月4日
3-6-2　居座り機に組み込まれた竹筬　解放新聞、１９９３年1月4日
3-7-1　世良田東照宮　吉田勉撮影
3-7-2　新田氏ゆかりの地　吉田勉撮影
3-7-3　世良田八坂神社／白山神社が合祀されている　吉田勉撮影
3-8-1　小頭三右衛門が建立した供養塔　部落解放６４３号　解放出版社
3-8-2　湯の沢の入口にある煮川の湯　部落解放６４３号　解放出版社
3-9-1　下駄表の賞状（１９２９年3月24日）安田耕一撮影
3-11-1　倉賀野南町山車祭り　解放新聞、２０１７年1月2日　解放新聞社
3-11-2　屋台の飾り物　平井豊撮影
3-12-1　三番叟の上演　小林岩男（故人）ＨＰより
3-12-2　古い人形の頭など　込皆戸の歴史と生活　東日本部落解放研究所
3-12-3　古い人形の衣装　込皆戸の歴史と生活　東日本部落解放研究所
3-13-1　差別落書　部落解放同盟群馬県連合会撮影　部落解放同盟群馬県連合会

3-13-2　Y住宅会社第1回確認会　部落解放同盟群馬県連合会撮影　部落解放同盟群馬県連合会
3-14-1　復活したたかいの祭り　解放新聞、２０１４年12月６日　解放新聞社
2-終-1　全国水平社綱領・宣言　写真記録全国水平社１００年　解放出版社

図表（番号、キャプション、掲載書籍・雑誌、年次、出版社の順で掲載）

1-序-1　同和関係人口の地方別分布（１９９３年調査）図説・今日の部落差別　１９９７年　解放出版社
1-序-2　関東各府県の分布状況（１９３５年調査）中央融和事業協会『全国部落調査』より　１９３５年
1-序-3　群馬県の地形・地盤　ジオテック㈱サイトより
1-序-4　群馬県の部落分布状況　東日本部落解放研究所『東日本の部落史』第1巻　２２０Pの図を加工　２０１７年　現代書館
1-序-5　群馬県の部落の戸数別分布状況　中央融和事業協会『全国部落調査』より作成　１９３５年
1-序-6　群馬県の部落の戸数別分布状況　中央融和事業協会『全国部落調査』より作成　１９３５年
1-序-7　群馬県の部落／郡ごとの分布状況　中央融和事業協会『全国部落調査』より作成　１９３５年
1-序-8　エリア別の生業の特徴　中央融和事業協会『全国部落調査』より作成　１９３５年
1-1-1　旧身分の職分・生業の明治維新以降の変化　吉田勉作成
1-1-2　近世村落における「本村―枝村」関係　吉田勉作成
1-1-3　込皆戸村の農地所持状況（１７７８・天明8年）込皆戸の歴史と生活　１９９４年　東日本部落解放研究所
1-1-4　込皆戸村の農地所持状況（１８７７・明治10年）込皆戸の歴史と生活　１９９４年　東日本部落解放研究所
1-1-5　込皆戸村の「本村―枝村」物産比較表　込皆戸の歴史と生活　１９９４年　東日本部落解放研究所
1-1-6　女淵学校就学状況（１７７６・明治9年）込皆戸の歴史と生活　１９９４年　東日本部落解放研究所
1-5-1　水平運動の諸潮流　写真記録部落解放運動史掲載の図を加工　２０２２年　解放出版社
1-5-2　融和団体の変遷　写真記録部落解放運動史掲載の図を加工　２０２２年　解放出版社
1-5-3　水平社団体一覧（群馬県）社会運動の状況―水平社運動　１９６８年　神戸部落史研究会
2-3-1　専業兼業別農家数及び人口（粕川村）全国同和地区実態調査・抽出地区精密調査報告―農山漁村型―　１９６７年
2-3-2　地区の世帯主職業分類（粕川村）全国同和地区実態調査・抽出地区精密調査報告―農山漁村型―　１９６７年
2-3-3　昭和41年度納税状況（粕川村）全国同和地区実態調査・抽出地区精密調査報告―農山漁村型―　１９６７年
2-3-4　進学状況（粕川村）全国同和地区実態調査・抽出地区精密調査報告―農山漁村型―　１９６７年
2-3-5　榛名山麓の部落の農地耕作状況　坂井富雄「同特法下における部落の現状」、第7回東日本部落問題研究集会報告集　１９７７年
2-3-6　高校進学率（全国）図説・今日の部落差別―各地の実態調査結果より　１９９７年　部落解放研究所編　解放出版社
2-3-7　大学進学率（全国）図説今日の部落差別―各地の実態調査結果より　１９９７年　部落解放研究所編　解放出版社
2-3-8　夫の年齢別・夫婦の出身地の組み合わせ　図説今日の部落差別―各地の実態調査結果より　１９９７年　解放出版社
2-3-9　全国と群馬県の同和地区の概況（１９９３年）図説・今日の部落差別―各地の実態調査結果より　１９９７年　解放出版社

2-3-10　全国と群馬県の同和地区の概況（1935年）中央融和事業協会『全国部落調査』より作成　1935年
3-5-1　熊谷・深谷警察管内・製糸業　「埼玉県工場法適用工場一覧（大正12年8月）」、『新編埼玉県史』資料編19、別冊　1983年　埼玉県

解放新聞（番号、キャプション、縮刷版巻数、ページ、刊行年月日）※提供はすべて解放新聞社

2-1-1　私たちの見た宮郷村　1巻　46頁　1949年10月10日
2-1-2　群馬県連主催の部落解放前夜祭　1巻　154頁　1952年9月15日
2-1-3　長野・群馬で浅間・妙義基地反対闘争　1巻　191頁　1953年6月10日
2-1-4　山林解放ものがたり　1巻　281頁　1955年5月25日
2-2-1　部落の入口にし尿処理場（富岡市）5巻　69頁　1968年6月25日
2-2-2　社会教育に名を借りた差別文書（高崎市）5巻　70頁　1968年6月25日
2-3-1　群馬県連で婦人部結成　5巻　127頁　1969年2月5日
2-3-2　群馬県連青年部を結成　33巻　263頁　2000年7月31日
2-3-3　群馬県同教準備会を結成　17巻　162頁　1984年4月30日
2-3-4　群馬で差別戒名調査　16巻　38頁　1983年1月31日
2-3-5　桐生新市長と交渉　20巻　261頁　1987年7月27日
2-4-1　群馬県交渉／厳しい指摘　34巻　351頁　2001年10月8日
2-4-2　同和教育研究懇談会　36巻　119頁　2003年3月31日
2-4-3　尾島町で人権冊子　38巻　76頁　2005年2月28日
2-4-4　本人通知登録を訴え意見広告　47巻　114頁　2014年4月14日
2-4-5　同宗連が研修会　48巻　330頁　2015年11月2日
2-4-6　関ブロ青年宿泊交流会　50巻　245頁　2017年8月14日
2-4-7　有事法制反対集会　36巻　79頁　2003年3月3日
2-4-8　アイヌ文化とのふれあい　36巻　319頁　2003年9月8日
2-4-9　追悼碑裁判に勝利を　48巻　22頁　2015年1月19日
2-4-10　教育基本法の改悪を許すな　39巻　225頁　2006年7月3日
3-10-1　相馬ケ原事件に抗議を！　1巻　157頁　1957年2月15日
3-14-1　10年へてもう一度／たたかいの祭り復活　47巻　372頁　2014年12月8日

年表

※本年表には本書に掲載された出来事と、歴史的に主な出来事のみ掲載した。

水平社創立以前

一八六七年	一一月九日	大政奉還
一八七一年	五月二二日	戸籍法
	三月一九日	斃牛馬勝手処置令
	七日	廃藩置県
	八月二八日	「解放令」
一八七二年	一一月一〇日	大区小区制
一八七八年	七月二二日	地方三新法（郡区町村編制法・府県会規則・地方税規則）
一八八八年	四月二五日	町村制
一八九九年		「特種（殊）部落」呼称の初出、奈良県「就学児童出席奨励方法」
一九一一年		群馬県が社会課設置
		内務省が全国の被差別部落の調査
一九一四年	六月七日	帝国公道会
	七月二八日	第一次世界大戦
	七月～	米騒動

水平社創立以降（戦前）

一九二二年	三月三日	全国水平社創立大会
	三月二八日	日農支部として山田郡毛里田村に関東農民組合創立
一九二三年	三月八日	高崎区裁判所襲撃事件
	三月二三日	関東水平社創立大会、群馬県水平社創立大会
	八月二八日	関東少年少女水平社創立大会
一九二四年	八月二八日	里見水平社解散声明、群馬県水平社は里見水平社を解散した古島小文治を除名
	一〇月一五日	遠島哲男スパイ事件
一九二五年	一月一八日	世良田事件
	五月七日	全国水平社第四回大会で、南梅吉にかわって、松本治一郎を中央委員会議長に選出
一九二六年	五月二～三日	全国水平社第五回大会、アナ・ボル対立が激化
	四月一四日	全国水平社労農支持連盟が結成
一九二七年	一月五日	南梅吉らが日本水平社結成
	三月一七日	群馬県水平社は日本水平社への加盟を決定
一九二八年	六月二八日	高崎市丸万製糸工場で水平社同人を差別、県水平社は糺弾
一九二九年	七月七日	関東水平社甦生連盟を結成
一九三一年	一〇月二三日	全関東融和促進連盟の発足
	一二月一〇日	全国水平社第一〇回大会、「全水解消論」をめぐり論争
一九三三年	三月三日	全国水平社第一一回大会、部落委員会活動方針
	六月三日	高松差別裁判事件の判決
一九三六年	二月二六日	二・二六事件
一九三七年	七月七日	日中戦争の開始、戦時体制に突入
	八月二八日	全関東部落民代表者会議
一九三八年	三月二三日	関東水平社、関東水平社甦生連盟が解散
一九四〇年	四月七日	北原・朝田らは部落厚生皇民運動全国協議会を発足

	八日	全水本部は大和報国運動へ
一九四一年	三月九日	大和報国運動の群馬県本部を結成
	六月一五日	中央融和事業協会は同和奉公会に改称・改変
	一二月八日	アジア太平洋戦争
一九四二年	一月二八日	全国水平社、自然消滅

戦後

一九四五年	八月一五日	日本が無条件降伏
一九四六年	二月一〇日	部落解放全国委員会を結成
	四日	関東地方部落代表者会議
一九四七年	二日	部落解放委員会群馬県連合会を結成
	四日	松本治一郎、参議院全国区で当選
	この年	群馬県連に婦人部・青年部を結成
一九四八年	一月一〇日	部落解放委員会関東地方協議会を結成
一九四九年	二月二〇日	群馬県下部落代表者会議、松本追放反対闘争委員会を設置
	三月一八日	群馬県人民大会、前橋市にて
一九五一年	一〇月一九日	オールロマンス事件
一九五二年	八月二七・二八日	部落解放前夜祭
一九五三年	五月一四日	妙義・浅間基地反対闘争で群馬県民大会
一九五五年	八月二七・二八日	部落解放全国委員会第一〇回大会で、部落解放同盟と改称
一九五六年	三月一五日	部落解放同盟群馬県連合会と改称
一九五七年	一月三〇日	ジラード事件
一九五八年	この年	勤務評定反対闘争
	八月一〇日	群馬県でも勤務評定反対の一四者会議を結成
一九六一年	九月一〇日	部落解放国策樹立請願運動、九月に西日本隊、一〇月に東日本隊
	一二月七日	同和対策審議会に諮問
一九六三年	五月一日	狭山事件
	五月二三日	狭山事件で石川一雄さんが逮捕

一九六四年	三月一一日	狭山事件の一審で死刑判決
一九六五年	八月一一日	同和対策審議会答申
一九六八年	五月一一日	富岡市し尿処理建設計画を撤回させる
	五月二三日	高崎市差別行政糾弾闘争
一九六九年	一月一日	群馬県連婦人部を結成
	六月一二日	同和対策事業特別措置法
一九七一年	八月八日	群馬県連青年部を結成
一九七二年	四月三〇日	部落解放群馬県企業連合会を結成
一九七四年	九月二六日	狭山裁判二審で無期懲役判決
一九七五年	一一日	部落地名総鑑事件が発覚
一九七六年	七月一〇日	群馬県連は部落地名総鑑問題で前橋地方法務局を追及
	一二月二〇日	「同対審」・狭山群馬県共闘会議を結成
一九八二年	三月三一日	地域改善対策特別措置法
一九八六年	四月二〇日	群馬県同和教育研究協議会の結成
一九八七年	この年	群馬県連の問題提起を受けて、東日本部落解放研究所が桐生市の被差別部落の調査
一九八七年	三月二五日	地域改善対策特定事業に係る国の財政上の特別措置に関する法律
一九九六年	六月六日	群馬県宗教教団連帯会議を結成
	五月一七日	地対協が意見具申を提出
二〇〇〇年	一一月二九日	人権教育・啓発推進法
二〇〇一年	一一月二九日	群馬県連と中央本部、特措法の期限切れ群馬県と交渉
二〇〇二年	三月三一日	地域改善対策特定事業に係る国の財政上の特別措置に関する法律が期限切れ
二〇一一年	一月二二日	在特会が水平社博物館前で差別情宣
	この年	プライム事件が発覚
二〇一五年	この年	鳥取ループが「全国部落調査」をウェブサイトに掲載
	七月一九・二〇日	アイヌ文化とのふれあいin榛名

	一一月一八日	追悼碑裁判勝利をめざす市民集会、前橋市にて
二〇一六年	四月一六日	部落解放同盟が「全国部落調査」復刻版出版差止めと地名リスト削除を求めて東京地裁に提訴
	一二月九日	部落差別解消法
二〇二一年	九月二七日	「全国部落調査」復刻版出版事件裁判、一審判決、ただちに控訴
二〇二三年	三月二三日	群馬県水平社創立一〇〇周年記念集会

「群馬県水平社創立１００年／群馬の部落解放運動史」編纂委員会

代表　内林房吉（部落解放同盟群馬県連合会委員長）
事務局長　平井豊（部落解放同盟群馬県連合会書記長）二〇二一年四月まで
平井勝（部落解放同盟群馬県連合会書記長）二〇二一年五月から
事務次長　深田広明（部落解放同盟群馬県連合会事務局長）
編纂委員　相川之英（相川考古館館長）
大熊哲雄（東日本部落解放研究所）
松島一心（部落解放同盟群馬県連合会書記長））
松本勝（埼玉部落史研究会事務局長）
安田耕一（部落解放同盟群馬県連合会）
吉田勉（東日本部落解放研究所副理事長）

執筆担当

第1部、第2部／吉田勉
第3部　コラム1・9・10・11／安田耕一
コラム2・6／松島一心
コラム3・4・5／松本勝
コラム7・12／吉田勉
コラム8／大熊哲雄
コラム13／深田広明
コラム14／女性部

あとがきにかえて

「群馬県水平社創立１００年　群馬の部落解放運動史」をお届けします。編纂委員会が発足したのが二〇二〇年三月、参考文献・史料、取り上げたい事件・エピソードのリストアップからスタートし、十分できたとは言えませんが聞き取りや調査活動に取り組みながら、本書の編集方針と構成について議論を重ねてきました。

こうした準備を経て、私たちは次のような編集方針を確認しました。

①群馬らしさ、群馬の地域性、群馬の生活の臭いを出す
②写真・図などを多用し、レイアウトをビジュアルにする
③誰もが読みやすい読み物的な叙述を心がける

右記のような編集方針に基づいて、「第1部　群馬県水平社の歴史」、「第2部　群馬の戦後部落解放運動史」、「第3部　コラム／群馬の闘い・生業・女性の活動・文化」の三部構成として、第1部・第2部では群馬県の部落解放運動の通史を、第3部では群馬ならではの闘い・生業・女性の活動・文化にスポットをあてることとしました。

第1部・第2部・第3部を通して、写真・図表・解放新聞記事などを多用し、なるべく読み物的な叙述を心がけ、群馬県連の同盟員のみなさんや、共闘の仲間のみなさんにとって、本書が群馬の部落解放運動史の入門書的な書物として活用してもらえたら幸いです。

また、巻末には、やや詳細な参考文献・史料リストを掲載しました。本書の理解の一助としてもらうとともに、これから群馬の部落解放運動史を学ぶためのテキスト紹介になればとも願っています。

本書に掲載した写真・図表・解放新聞などは別添リストに示したとおりですが、ご協力いただいた組織・機関の方々に、心から感謝申し上げます。

本書は、ここ群馬の地で、部落解放に向けて闘ってきた先輩たちの涙・汗・血の結晶です。最後になりますが、先輩たちへの敬意と感謝をこめて、先輩たちの闘いを継承し、発展させることが私たちの責務であることを再度確認して、あとがきにかえます。

二〇二三年三月二三日

「群馬県水平社創立１００年／群馬の部落解放運動史」編纂委員会

群馬県水平社創立100年

群馬の部落解放運動史 1923–2023

2023年3月23日　第1版第1刷発行

発行　部落解放同盟群馬県連合会

発売　株式会社 解放出版社
〒552-0001
大阪府大阪市港区波除4-1-37 HRCビル3階
電話06-6581-8542　ファクス06-6581-8552
〔東京事務所〕
〒113-0033
東京都文京区本郷1-28-36 鳳明ビル102A
電話03-5213-4771　ファクス03-5213-4777
振替 00900-4-75417

ホームページ　http://kaihou-s.com

装幀・DTP　平澤智正

印刷・製本　モリモト印刷株式会社

ISBN 978-4-7592-4234-8 C0036　NDC分類 361.86 128p 30cm

定価はカバーに表示しています。乱丁・落丁はお取り替えいたします。